河洛墓刻拾零

下

中石署

趙君平　趙文成◎編

北京圖書館出版社

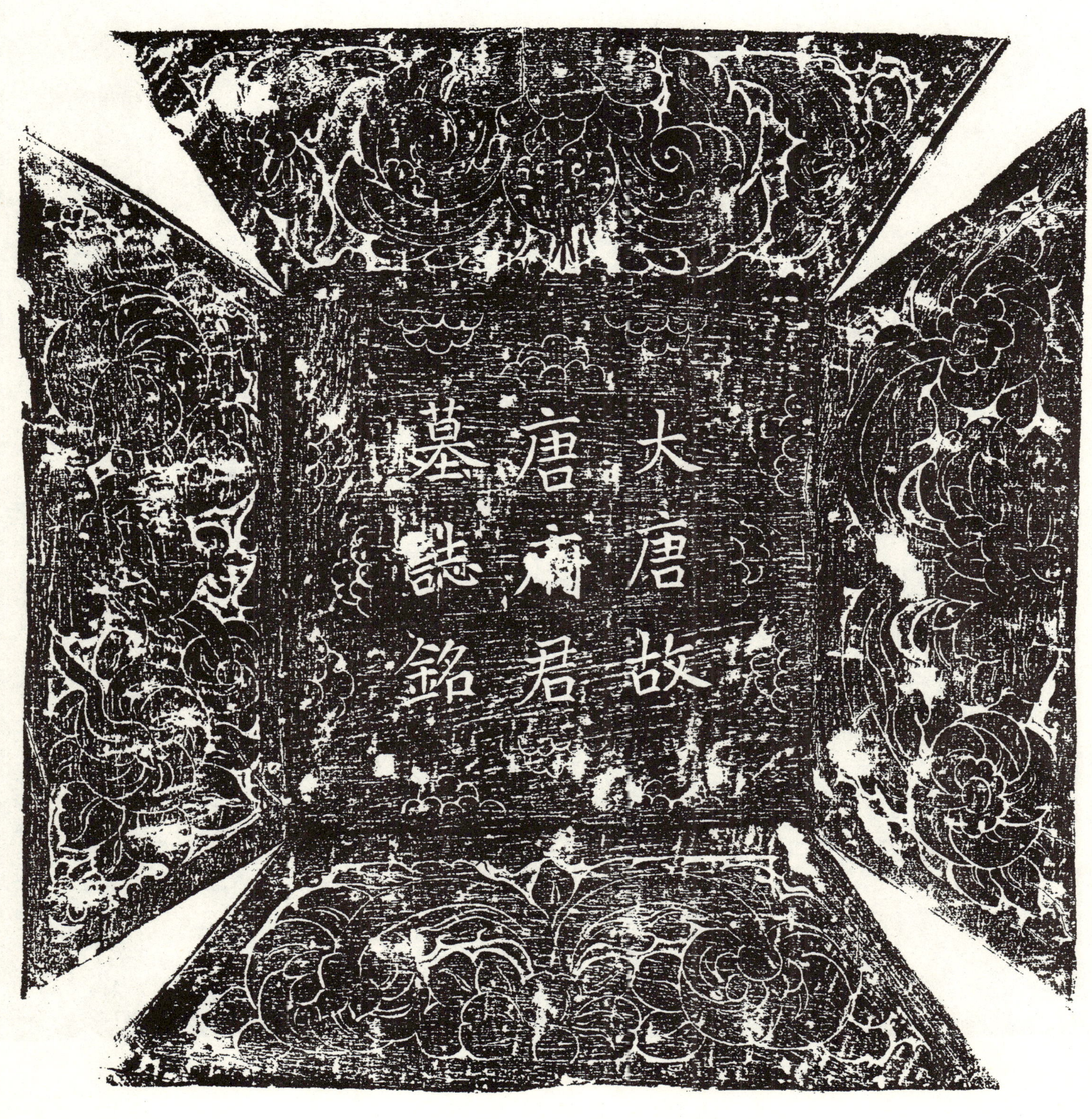

二七二　唐唐不占墓誌并蓋

唐唐不占墓誌并蓋

首題:"大唐故金部員外郎唐府君墓誌銘并序"
共22行,滿行22字　420×420
誌蓋楷書:"大唐故唐府君墓誌銘"　3行,行3字　230×230
垂拱元年(685)四月十九日卒　天寶四載(745)十月二十五日葬
2004年春,河南省洛陽市出土,旋歸孟津劉坡王氏。

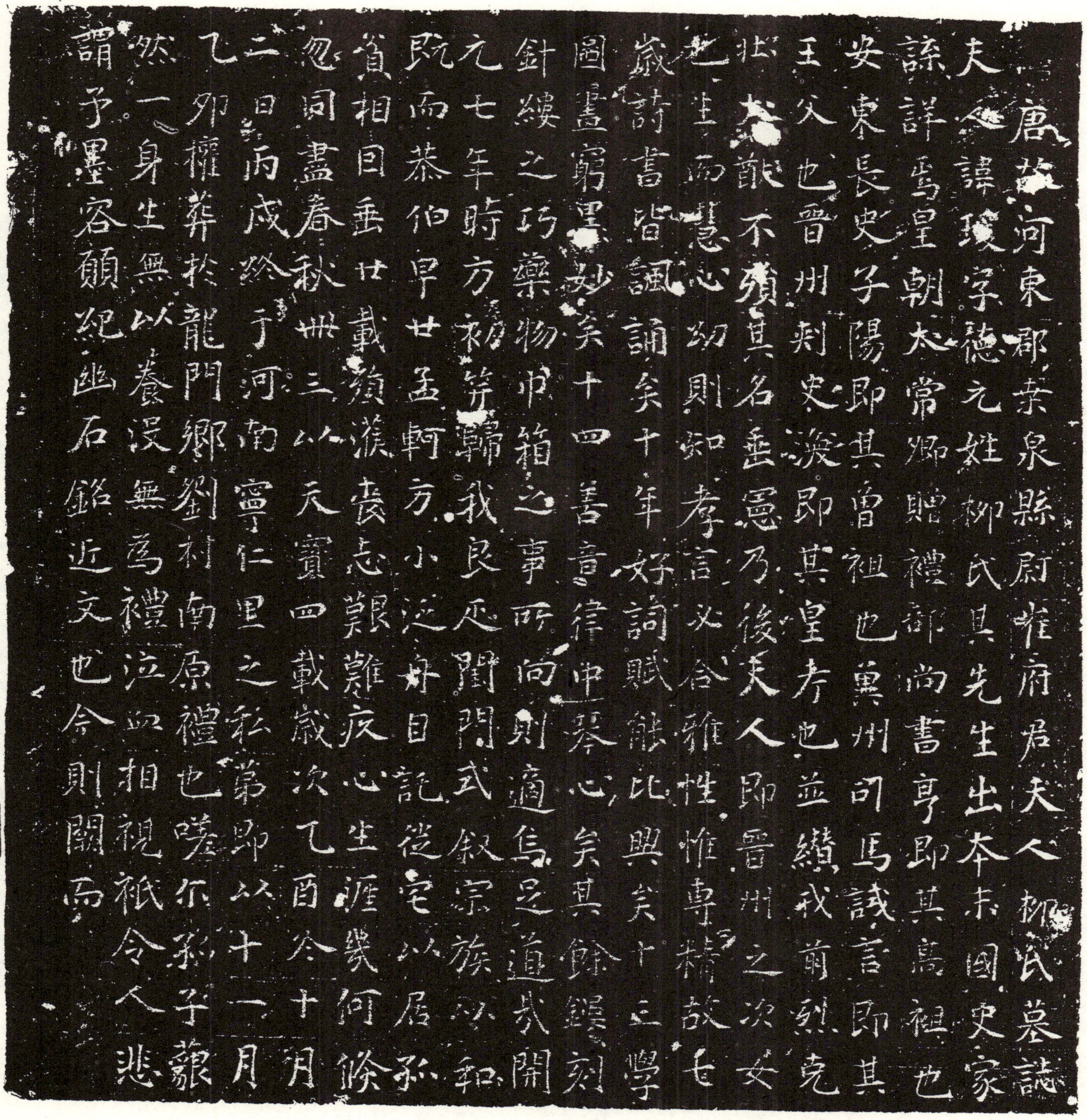

二七三　唐崔君夫人柳瑗墓誌

首題:“唐故河東郡桑泉縣尉崔府君夫人柳氏墓誌”

共18行,滿行19字　435×415

天寶四載(745)十月二日卒　十一月二日葬

2003年秋,河南省洛陽市龍門鎮出土,先歸洛陽古玩城孟氏,旋歸某氏,余於9月21日得拓本二枚。

二七四　唐陳居墓誌

首題："大唐故大理評事陳府君墓誌銘并序"
共 24 行，滿行 25 字　540×540×115
天寶四載（745）十一月六日卒　十二月二十二日葬
1997 年冬，河南省洛陽市孟津縣出土。

二七五　唐徐惲墓誌并蓋

唐徐惲墓誌并蓋

首題:“唐通議大夫使持節陳留郡諸軍事守陳留郡太守河南採訪處置使上柱國徐公墓誌銘并序”

共34行,滿行34字　740×740×165

誌蓋篆書:“大唐故徐府君墓誌銘”　3行,行3字　785×755

天寶四載(745)十月七日卒　天寶五載(746)正月三十日葬

1999年春,河南省洛陽市伊川縣萬安山出土。

二七六　唐馮忻墓誌并蓋

唐馮忻墓誌并蓋

首题："唐故臨汝郡司兵参軍馮公墓誌銘并序"

共23行，滿行23字　600×590×125

誌蓋篆書："大唐故馮府君墓誌銘"　3行，行3字　635×630

天寶六載（747）正月二十日卒　五月二十一日葬　盧□心撰　張沐書　陳希倩鐫

1997年冬，河南省洛陽市伊川縣萬安山出土。

二七七　唐程玄封墓誌并蓋

唐程玄封墓誌并蓋

首題："大唐故朝請大夫行尋陽郡司馬上柱國攝豫章郡司馬程府君墓誌銘并序"

共44行，滿行44字　770×770×170

誌蓋篆書："大唐故程府君墓誌銘"　3行，行3字　830×830

天寶六載（747）三月二十日卒　七月二十八日葬　衛萊撰

1997年，河南省洛陽市孟津縣出土。

二七八　唐許肅之墓誌

首題："大唐前河間郡録事參軍許府君之墓誌并序"

共 17 行，滿行 18 字　330×325

天寶七載（748）三月二日卒　三月二十日葬

2003 年春，河南省洛陽市伊川縣出土，旋歸白馬寺鎮王氏。

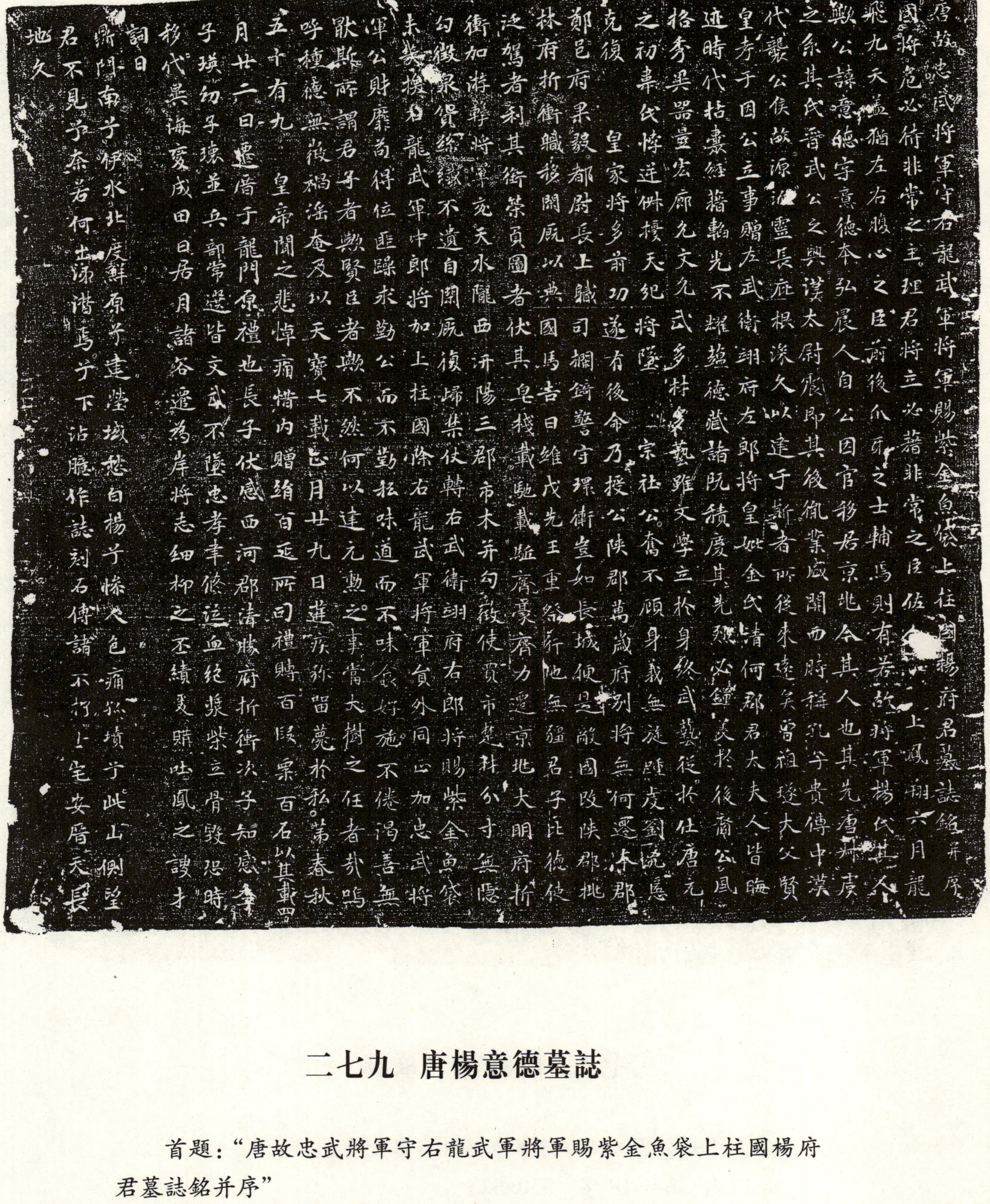

二七九 唐楊意德墓誌

首题:"唐故忠武將軍守右龍武軍將軍賜紫金魚袋上柱國楊府君墓誌銘并序"

共28行,滿行29字 585×595

天寶七載(748)正月二十九日卒 四月二十二日葬

2004年7月,河南省洛陽市龍門鎮出土,旋歸洛陽古玩城李氏。

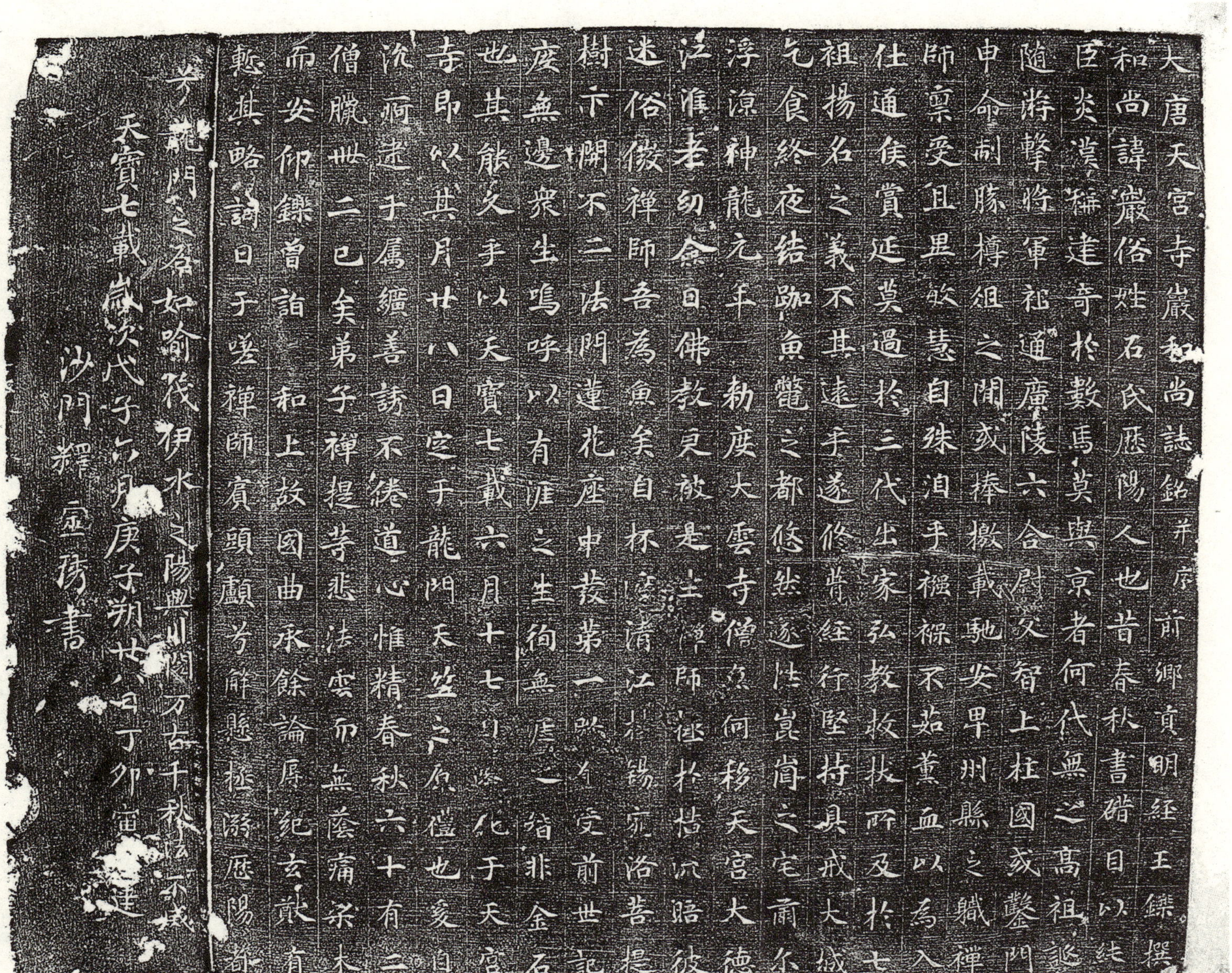

二八〇　唐石巖墓誌

首題："大唐天宫寺巖和尚誌銘并序"

共20行，滿行20字　470×470

天寶七載（748）六月十七日卒　六月二十八日葬　王鑠撰　靈琇書

2006年春，河南省洛陽市龍門鎮出土，旋歸洛陽豫深文博城張氏，余以25元購得拓本一枚。

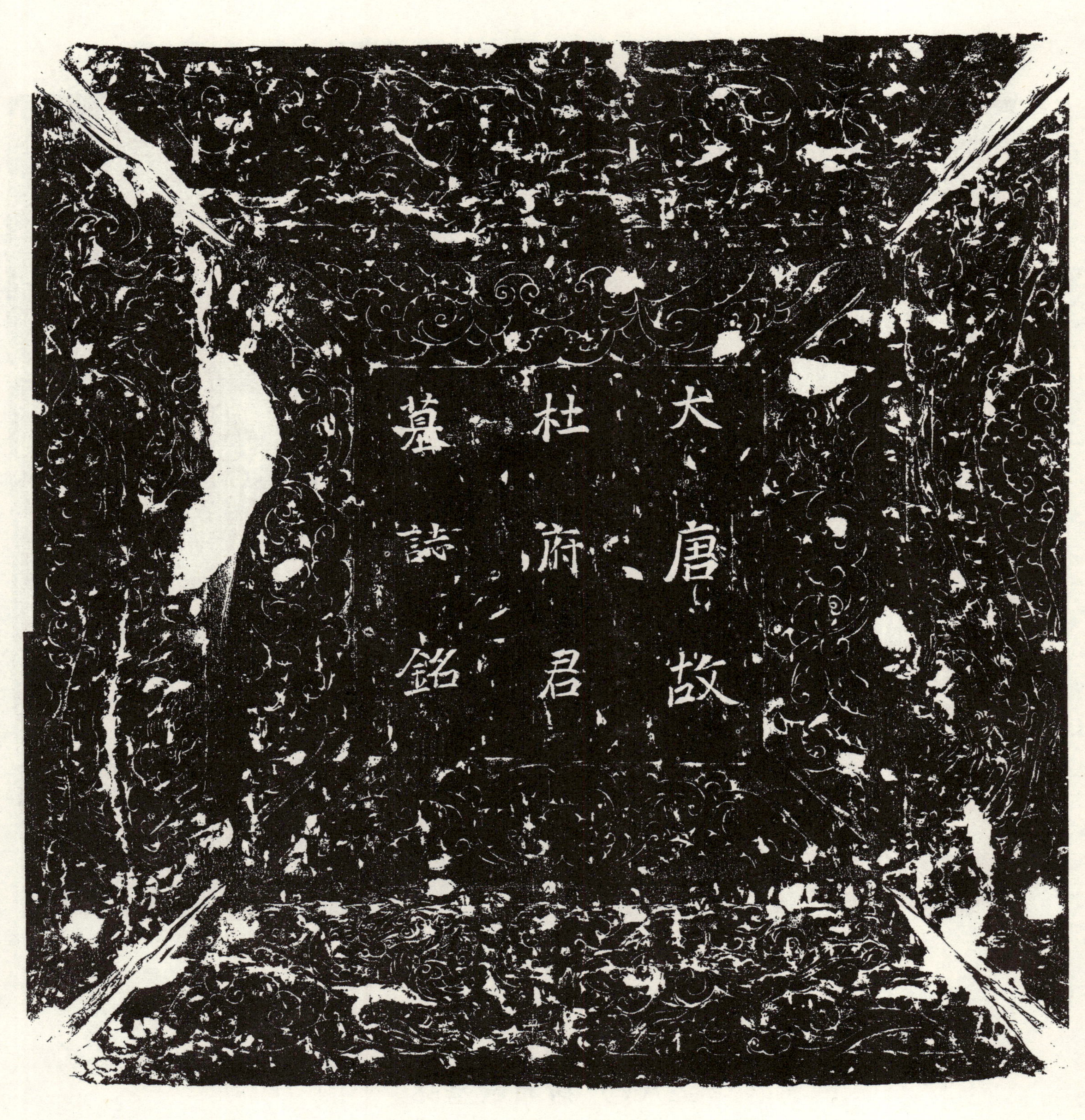

二八一　唐杜暄墓誌并蓋

唐杜暄墓誌并蓋

首題:“唐故濮陽郡臨濮縣令杜府君墓誌銘并序”
共25行,滿行25字 540×550×130
誌蓋楷書:“大唐故杜府君墓誌銘” 3行,行3字 585×590
天寶七載(748)十月五日卒 十一月二十四日葬 薛希昌撰
1997年冬,河南省洛陽市伊川縣萬安山出土。

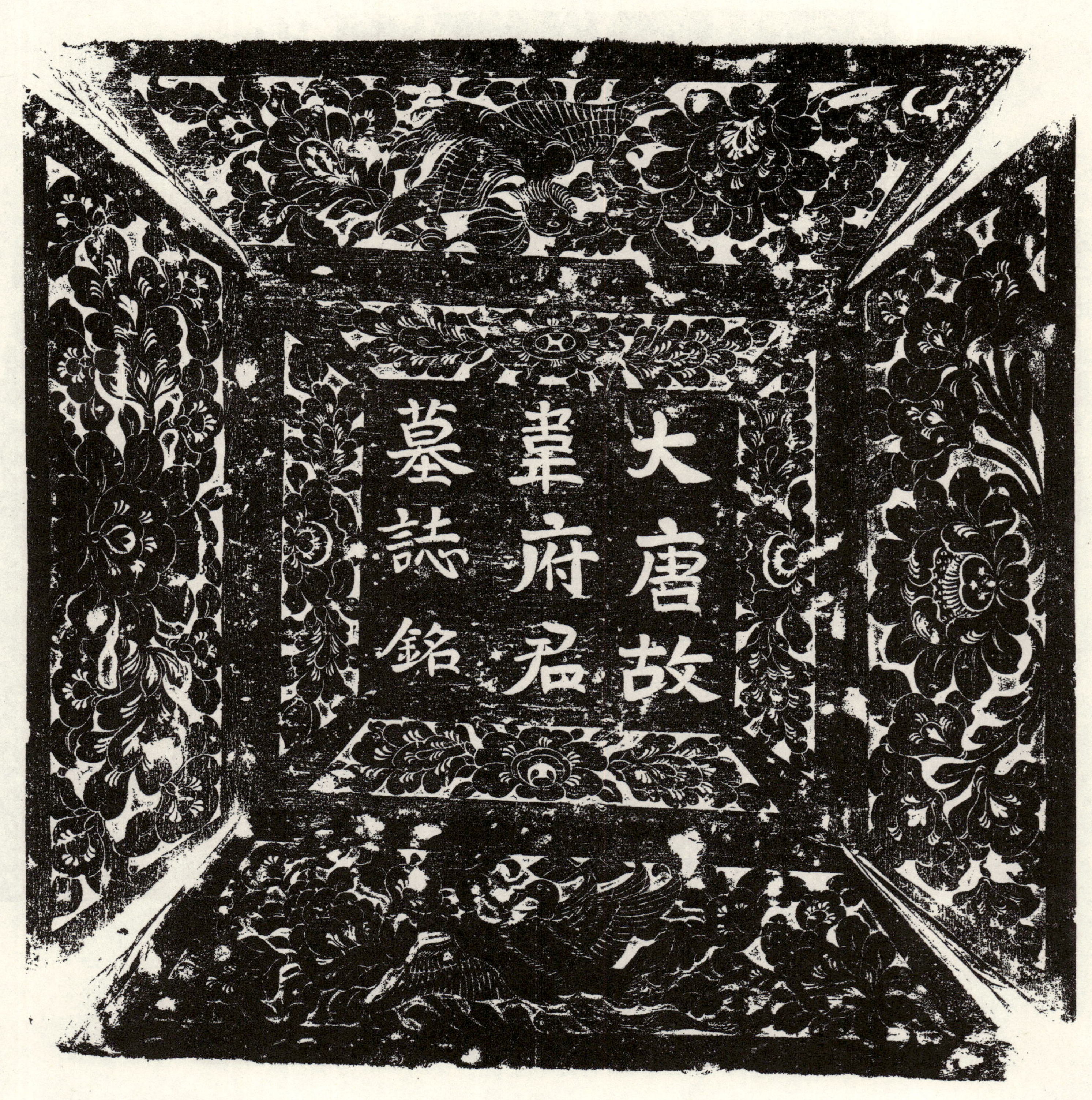

二八二　唐韋衢墓誌并蓋

唐韋衢墓誌并蓋

首題:"大唐故正議大夫殿中監閑廄使群牧都使貶南平郡司馬韋府君墓誌銘并序"

共32行,滿行32字　565×590×130

誌蓋楷書:"大唐故韋府君墓誌銘"　3行,行3字　640×645

天寶七載(748)八月十日卒　天寶八載(749)二月二十五日葬

1997年冬,河南省洛陽市孟津縣出土。

二八三　唐陳鼎墓誌并蓋

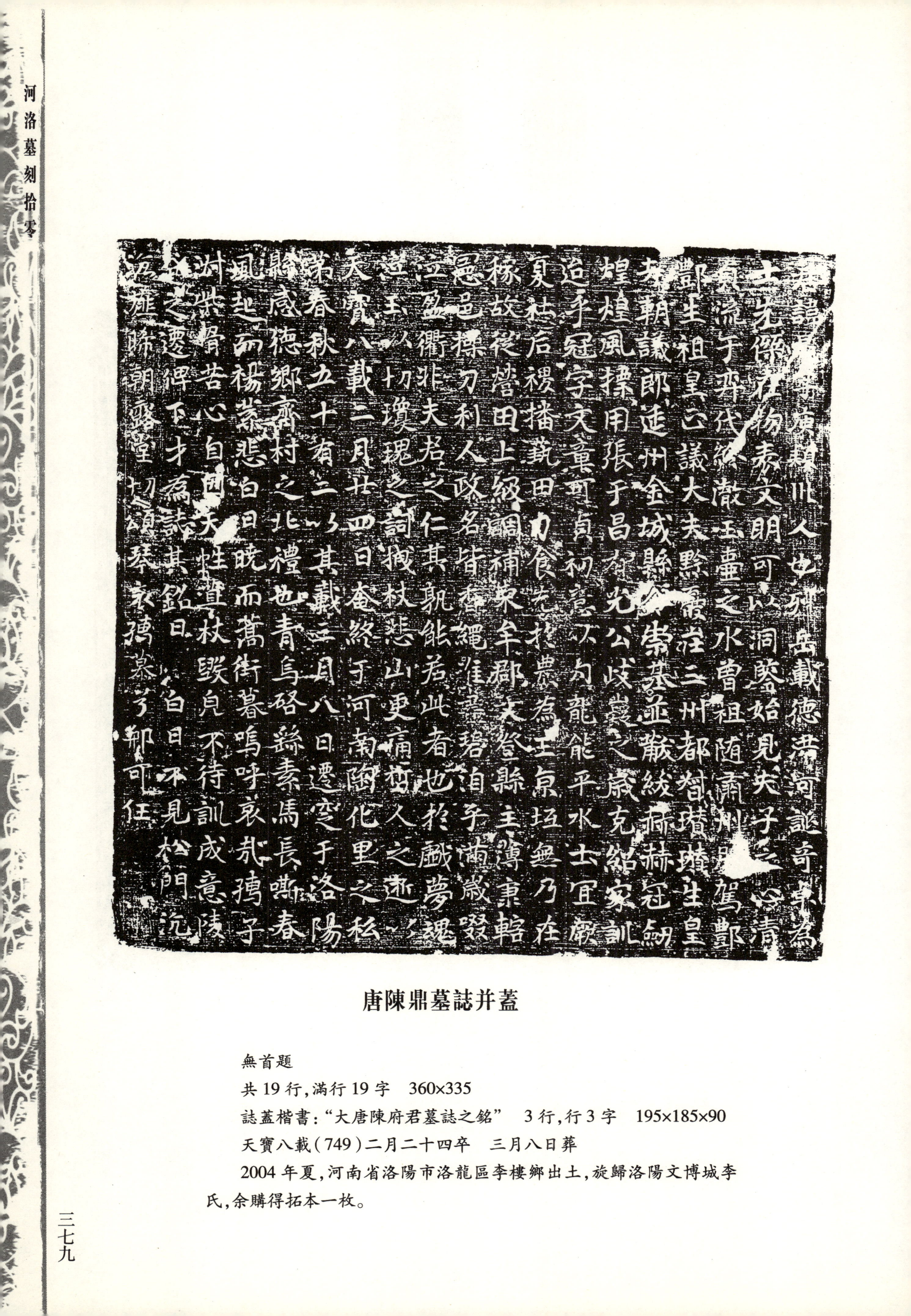

唐陳鼎墓誌并蓋

無首題

共 19 行,滿行 19 字　360×335

誌蓋楷書:“大唐陳府君墓誌之銘”　3 行,行 3 字　195×185×90

天寶八載(749)二月二十四卒　三月八日葬

2004 年夏,河南省洛陽市洛龍區李樓鄉出土,旋歸洛陽文博城李氏,余購得拓本一枚。

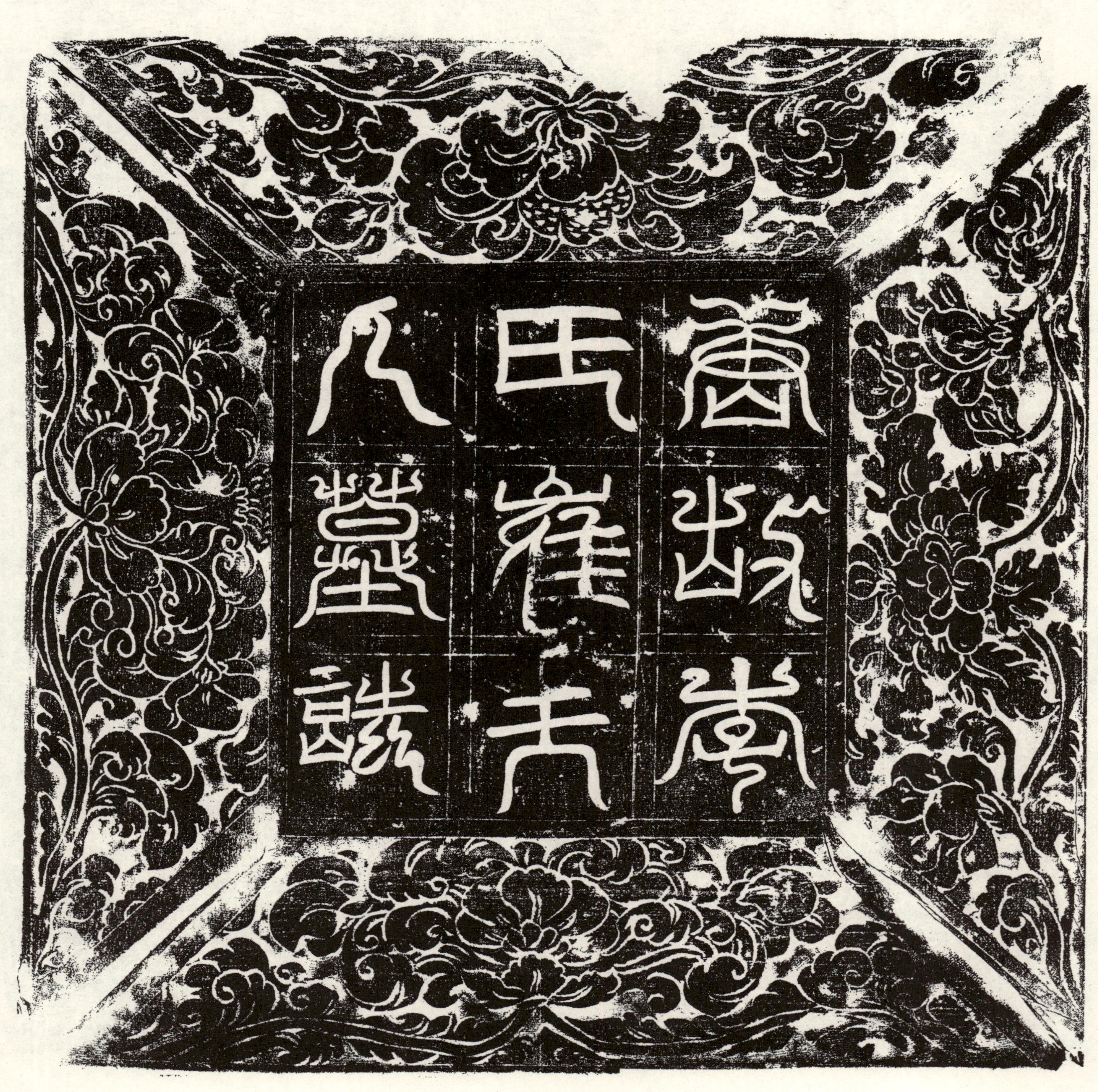

二八四　唐李華妻崔絢墓誌并蓋

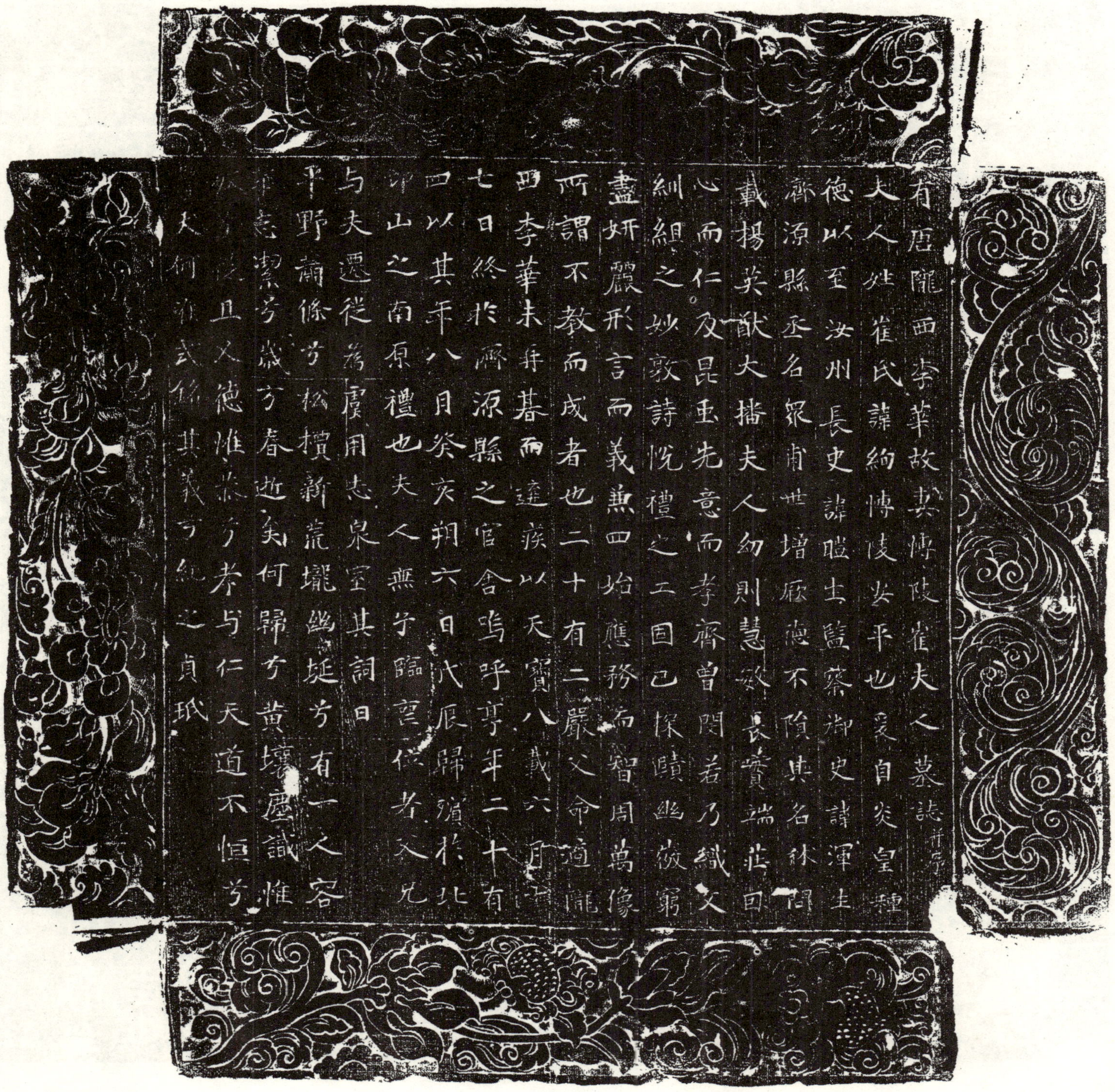

唐李華妻崔絢墓誌并蓋

首題:"有唐隴西李華故妻博陵崔夫人墓誌并序"

共 18 行,滿行 17 字　390×390×75

誌蓋篆書:"唐故李氏崔夫人墓誌"　3 行,行 3 字　405×410

天寶八載(749)六月十七日卒　八月六日葬

1999 年冬,河南省洛陽市孟津縣邙山出土。

二八五　唐沈君妻來三桑墓誌

首題:“故睦州□□沈府君故妻南陽來氏墓誌銘并序”

共18行,滿行18字　310×310

天寶八載(749)七月二十二日卒　十一月十一日葬

2004年春,河南省洛陽偃師市首陽山出土,旋歸洛陽古玩城李氏。該誌出土時有蓋,後被鄭州某氏購去。

二八六　唐來義暉墓誌并蓋

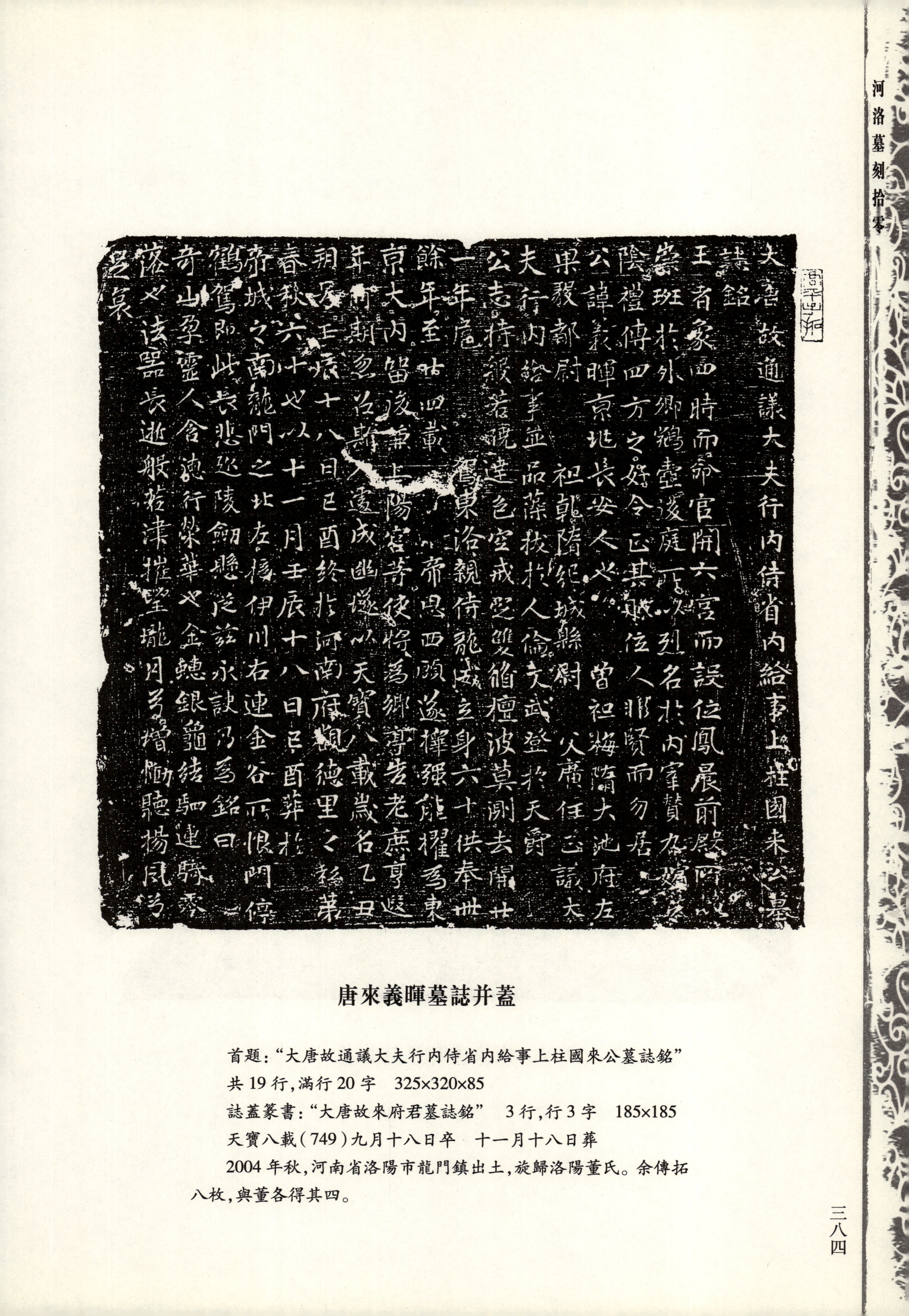

唐來義暉墓誌并蓋

首題："大唐故通議大夫行内侍省内給事上柱國來公墓誌銘"

共19行，滿行20字　325×320×85

誌蓋篆書："大唐故來府君墓誌銘"　3行，行3字　185×185

天寶八載（749）九月十八日卒　十一月十八日葬

2004年秋，河南省洛陽市龍門鎮出土，旋歸洛陽董氏。余傳拓八枚，與董各得其四。

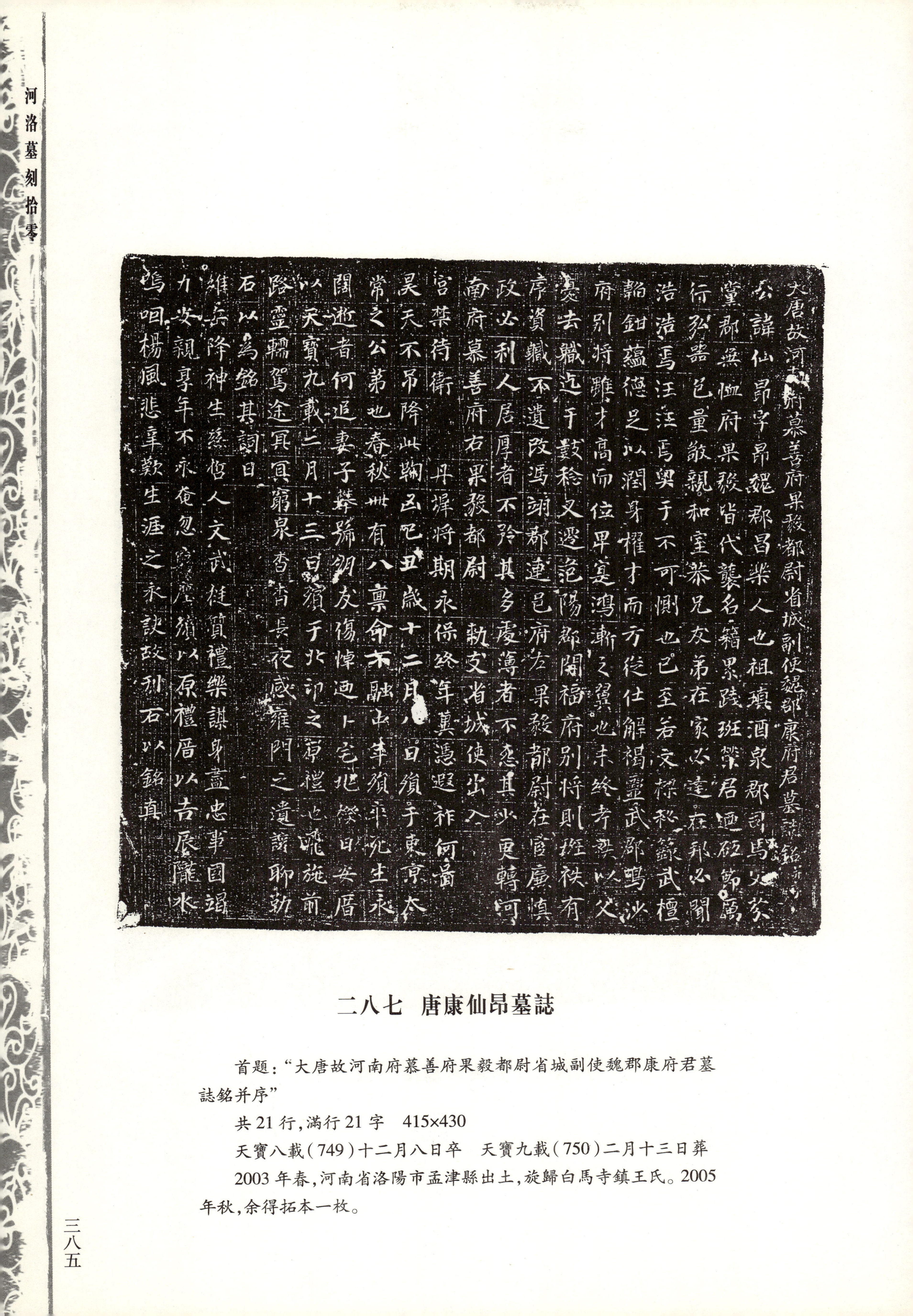

二八七 唐康仙昂墓誌

首題："大唐故河南府慕善府果毅都尉省城副使魏郡康府君墓誌銘并序"

共21行，滿行21字　415×430

天寶八載(749)十二月八日卒　天寶九載(750)二月十三日葬

2003年春，河南省洛陽市孟津縣出土，旋歸白馬寺鎮王氏。2005年秋，余得拓本一枚。

二八八　唐莫藏珍墓誌并蓋

唐莫藏珍墓誌并蓋

首題："唐故東陽郡義烏縣尉莫公墓誌銘并序"

共20行，滿行20字　440×435×100

誌蓋篆書："大唐故莫府君墓誌銘"　3行，行3字　495×495

天寶八載(749)九月二十六日卒　天寶九載(750)二月二十五日葬　陳章甫撰

1997年冬，河南省洛陽市孟津縣出土。

二八九　唐叔孫萬頃墓誌

首题："唐故處士叔孫墓誌序"
共15行，滿行15字　325×330
天寶九載(750)四月七日卒　七月二十二日葬　叔孫弟觀撰
2003年春，河南省洛陽市出土，先歸某氏，後由何氏傳拓，余購得一枚。

二九〇　唐劉言夫人鄧明墓誌并蓋

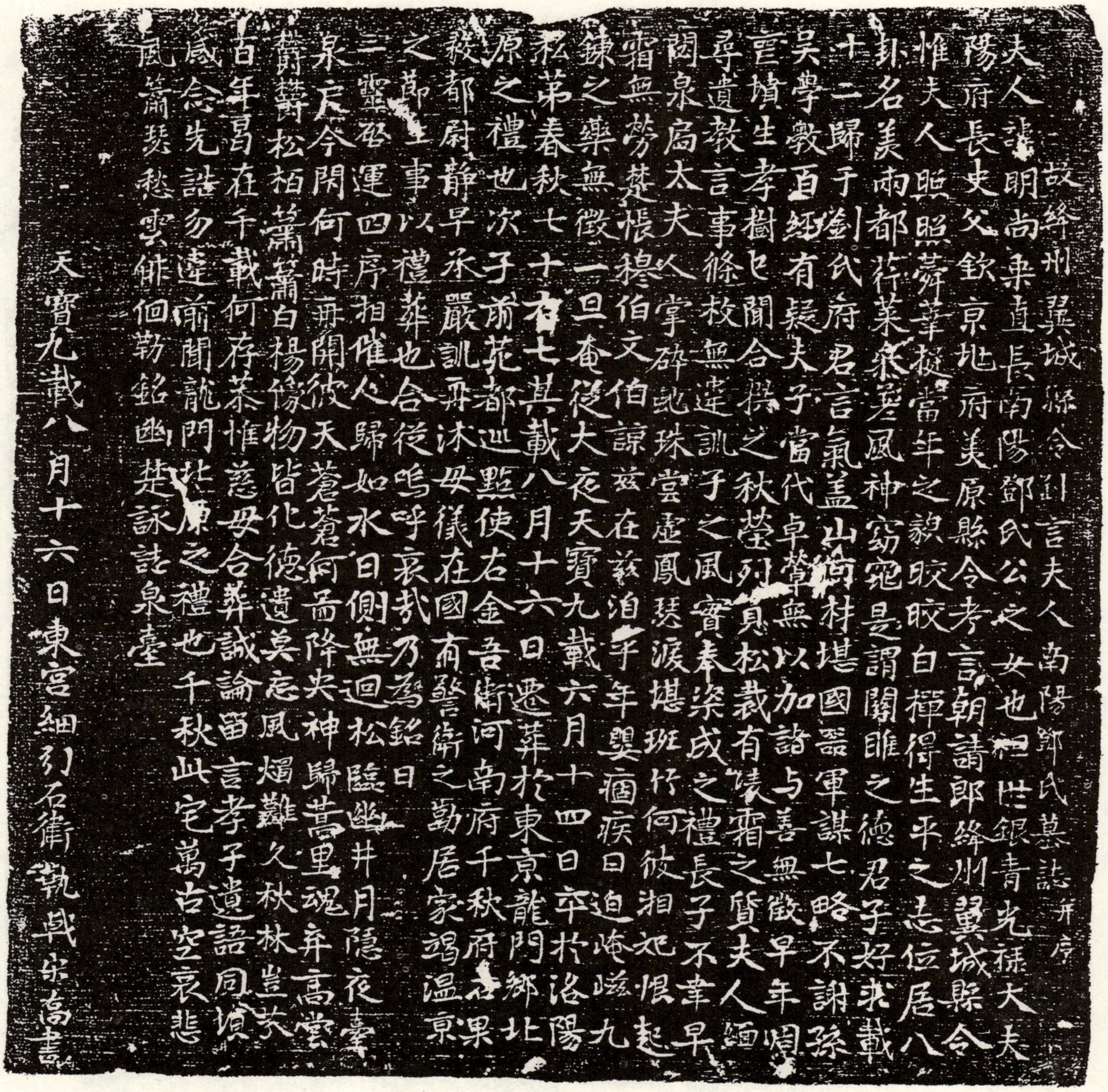

唐劉言夫人鄧明墓誌并蓋

首題："故絳州翼城縣令劉言夫人南陽鄧氏墓誌并序"

共23行，滿行24字　360×360×85

誌蓋篆書："大唐故鄧夫人墓誌銘"　3行，行3字　210×210

天寶九載（750）六月十四日卒　八月十六日葬　宋喬書

2004年11月，河南省洛陽市龍門鎮出土，旋歸洛陽孫氏，余得拓本一枚。

二九一　唐李夷吾墓誌

首题："唐故中散大夫慶王府司馬李府君墓誌銘并序"
共24行，滿行24字　425×420
天寶八載（749）卒　天寶九載（750）葬　李挺撰
2003年春，河南省洛陽市龍門鎮出土，旋歸白馬寺鎮王氏。

二九二　唐杜暄與夫人劉氏合祔墓誌并蓋

唐杜暄與夫人劉氏合祔墓誌并蓋

首題:"大唐故濮陽郡臨濮縣令杜府君墓誌銘并序"

共28行,行28字　625×630×145

誌蓋篆書:"大唐故杜府君墓誌銘"　3行,行3字　685×685

天寶七載(748)十月五日卒　天寶十載(751)四月二十一日合葬　劉棲巖撰

1997年,河南省洛陽市伊川縣萬安山出土。

二九三　唐康留妻趙夫人墓誌

首題:“唐故潁川康府君天水趙夫人墓誌銘”

共19行,滿行18字　440×445

天寶十一載(752)閏三月十四日卒

2003年3月,河南省洛陽市出土,旋歸洛陽民俗博物館。

二九四　唐李日就夫人竇氏墓誌并蓋

唐李日就夫人竇氏墓誌并蓋

首題:"魏郡頓丘縣尉隴西李日就故夫人河南竇氏墓誌銘并序"
共19行,滿行20字　440×437
誌蓋篆書:"大唐故竇夫人墓誌銘"　3行,行3字　465×465
天寶十一載(752)閏三月十二日卒　閏三月二十三日葬
2005年冬,河南省洛陽市龍門鎮出土,旋歸孟氏。

二九五　唐王夫人墓誌并蓋

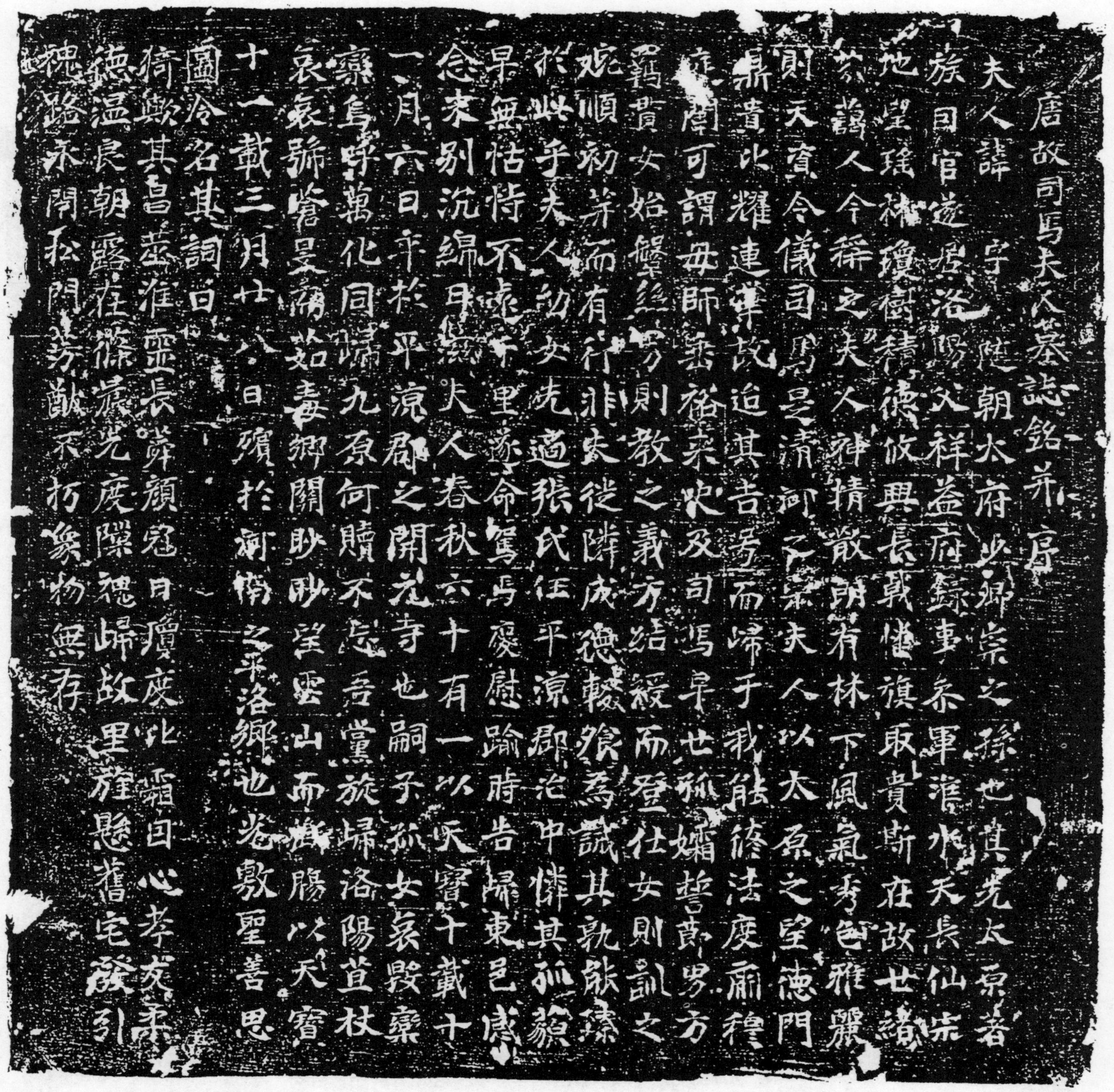

唐王夫人墓誌并蓋

首題:“唐故司馬夫人墓誌銘并序”

共 21 行,滿行 21 字　370×375

誌蓋篆書:“大唐故王夫人墓誌銘”　3 行,行 3 字　230×240

天寶十載(751)十一月六日卒　天寶十一載(752)三月二十八日葬

2003 年冬,河南省洛陽市孟津縣出土,旋歸洛陽古玩城孟氏,余購得拓本三枚。

二九六　唐王奇墓誌并蓋

唐王奇墓誌并蓋

首題："唐太原王府君墓誌銘并序"

共21行，滿行21字　375×365

誌蓋篆書："大唐故王府君墓誌銘"　3行，行3字　375×380

天寶十一載（752）十月二十二日卒　十一月十七日葬　劉液撰

2003年8月，河南省洛陽市孟津縣白馬寺鎮來溝村出土，石藏何氏，余得初拓。

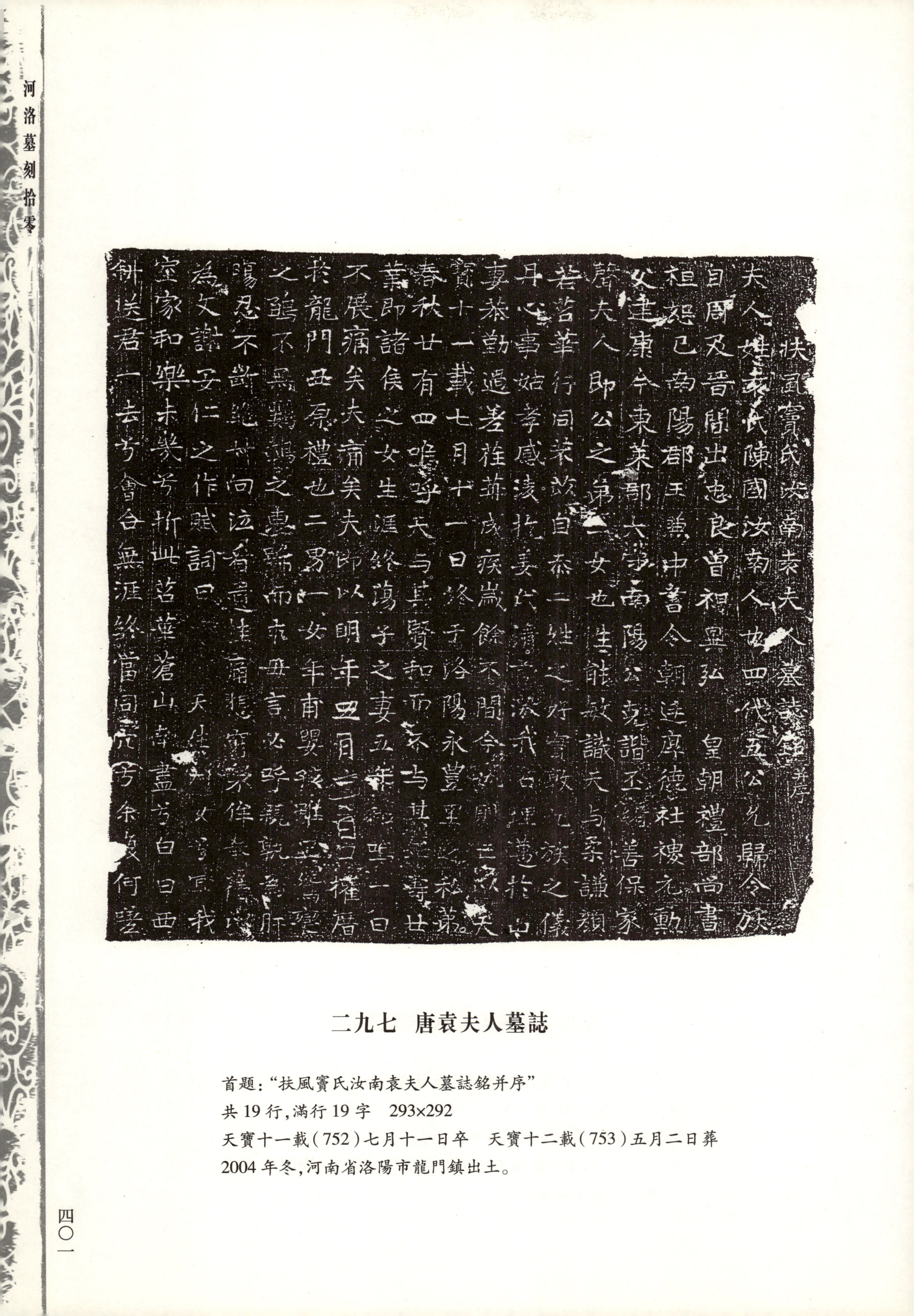

二九七　唐袁夫人墓誌

首題："扶風竇氏汝南袁夫人墓誌銘并序"

共 19 行，滿行 19 字　293×292

天寶十一載（752）七月十一日卒　天寶十二載（753）五月二日葬

2004 年冬，河南省洛陽市龍門鎮出土。

二九八　唐劉氏夫人韓氏墓誌

首题："弘農劉氏夫人昌黎韓氏墓誌文并序"

共20行，滿行20字　340×335

天寶十二載（753）六月二十七日卒　七月三日葬

2003年秋，河南省洛陽市郊出土，先歸塔西馬氏，余冒雨於9月19日夜傳拓得其一枚。

二九九 唐雲遂墓誌并蓋

唐雲遂墓誌并蓋

首題:“唐故朝議大夫泉州刺史上柱國鄱陽縣開國男雲府君墓誌銘并序”

共 33 行,滿行 32 字　635×640

誌蓋篆書:“大唐故雲府君墓誌銘”　3 行,行 3 字　710×690

開元二十六年(738)正月五日卒　天寶十二載(753)八月四日葬　程浩撰

2006 年秋,河南省洛陽偃師市出土,旋歸洛陽豫深文博城唐氏。

三〇〇 唐郭晧墓誌

首題："大唐故處士郭府君墓誌銘并叙"

共22行，滿行23字　580×570

天寶十二載(753)八月六日卒　八月二十二日葬　柳懿撰并書

2005年8月，河南省洛陽市孟津縣出土，旋歸洛陽陳氏。

三〇一　唐李適之墓誌

首题:“唐故光禄大夫行宜春郡太守渭源縣開國公李府君墓誌銘并序”

共31行,滿行33字　620×620×130

天寶五載(746)七月卒　天寶十三載(754)正月十三日葬　房琯撰

2004年11月,河南省洛陽市龍門鎮出土,旋歸洛陽孫氏,余傳拓得之。

按:墓誌僅云李適之“出爲宜春太守,至郡三日,寢疾薨于官舍”,未云具體年月。據《舊唐書·玄宗紀》、《資治通鑑》卷二一五皆云:天寶五載七月“太子少保李適之貶宜春太守,到任,飲藥死”,其卒年月,今定爲天寶五載七月。

三〇二　唐鄭兢墓誌并蓋

唐鄭兟墓誌并蓋

首題："唐故宋州下邑縣尉鄭府君墓誌銘并序"

共25行，滿行27字　470×470

誌蓋篆書："大唐故鄭府君墓誌銘"　3行，行3字　315×320

天寶十二載（753）三月十七日卒　天寶十三載（754）正月十三日葬　盧虛舟撰

2004年冬初，河南省洛陽市孟津縣出土，旋歸洛陽古玩城李氏。

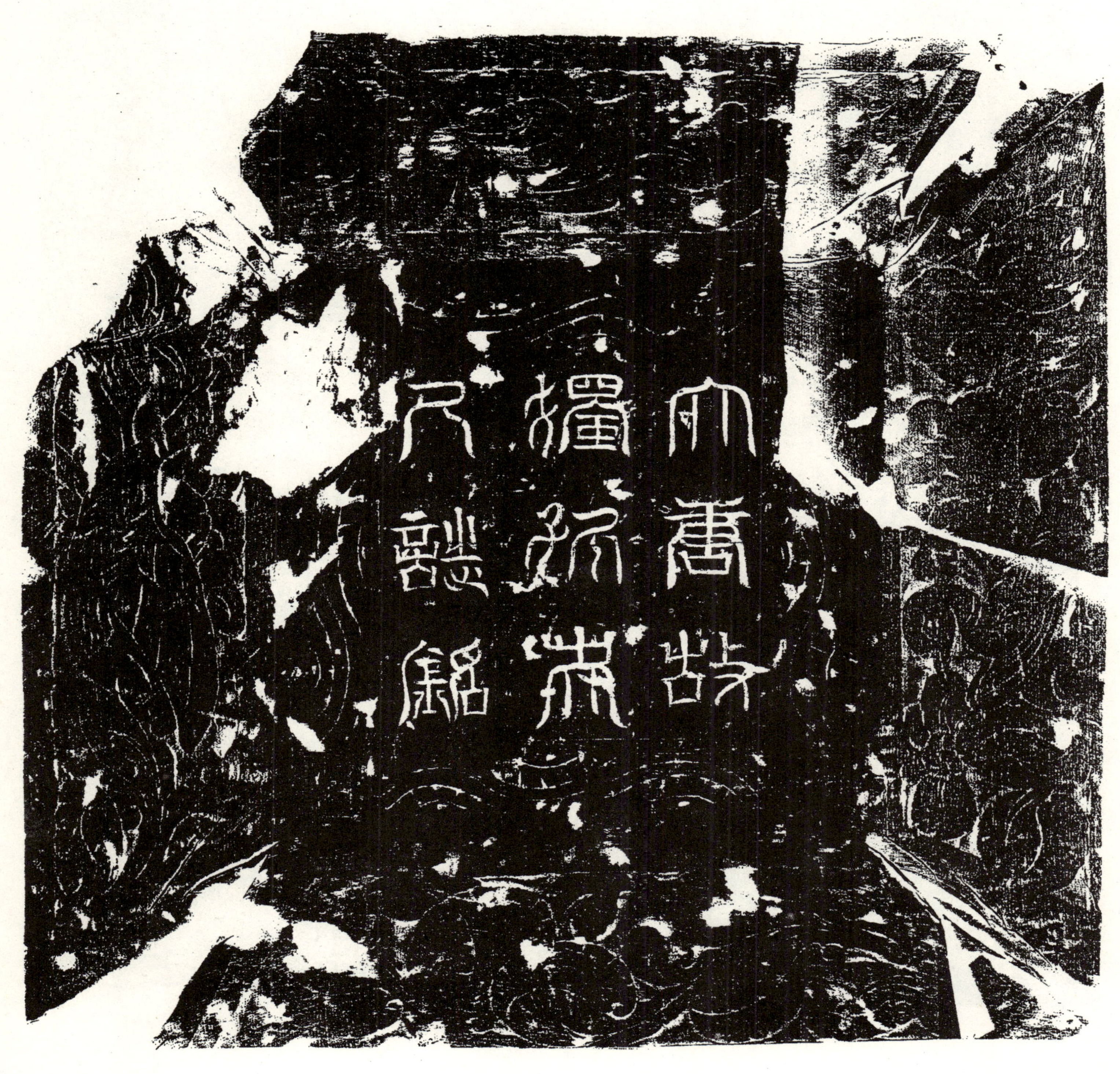

三〇三　唐劉公妻獨孤氏墓誌并蓋

唐劉公妻獨孤氏墓誌并蓋

首题:“唐文部選劉公故妻河南獨孤夫人墓誌銘并序”

共20行,满行20字　295×295

誌蓋篆書:“大唐故獨孤夫人誌銘”　3行,行3字　350×350

天寶十三載(754)二月十二日卒　二月二十四日葬　賀蘭叔時撰

2003年秋,河南省洛陽市孟津縣前海資村出土,旋歸何氏。

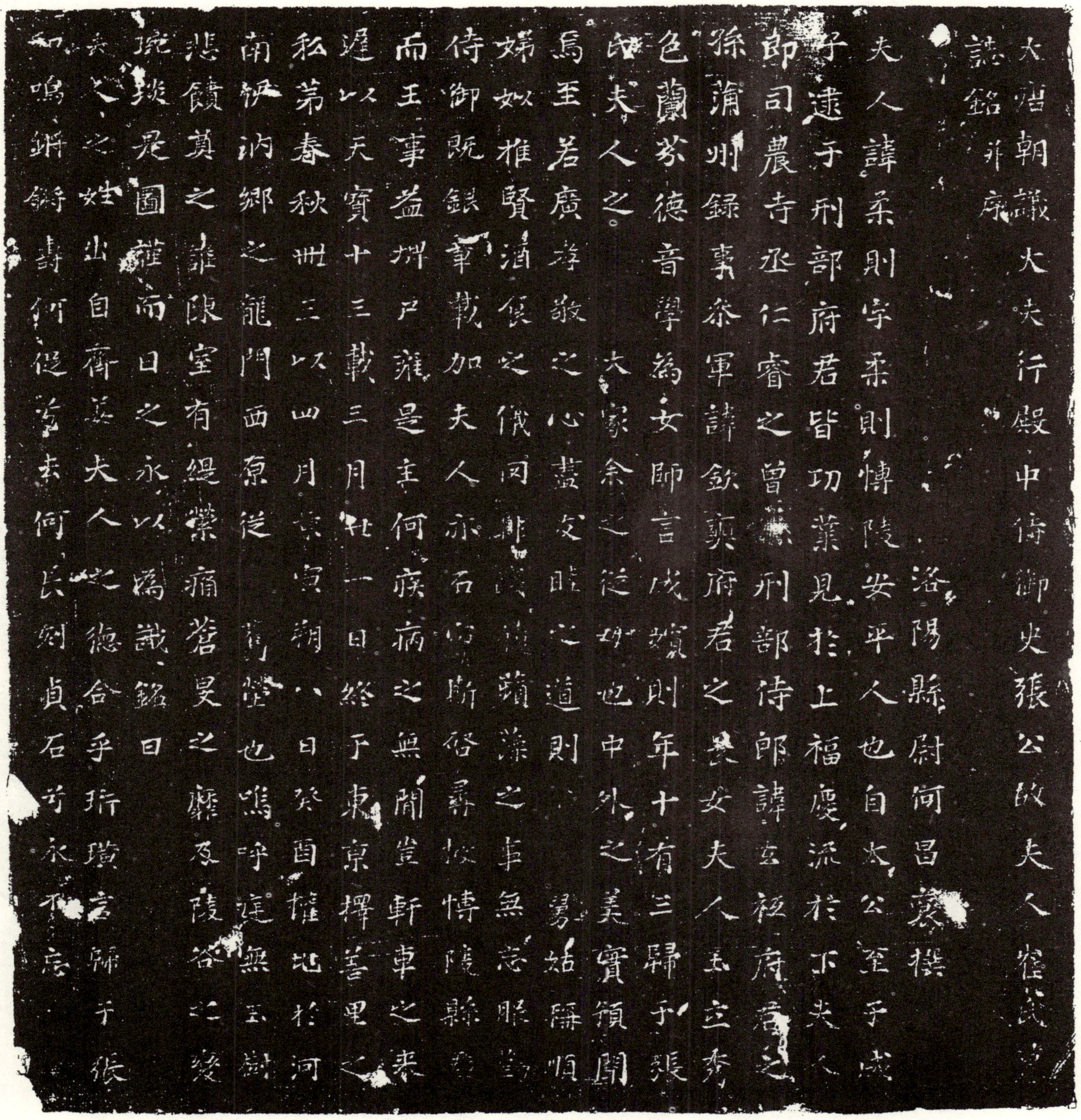

三〇四 唐崔柔則墓誌

首題:“大唐朝議大夫行殿中侍御史張公故夫人崔氏墓誌銘并序”

共 20 行,滿行 20 字　475×460

天寶十三載(754)三月二十一日卒　四月八日葬　何昌衰撰

2004 年春,河南省洛陽市洛龍區龍門鎮張溝村出土,旋歸孟津劉坡王氏。

三〇五　唐趙才林及夫人王氏墓誌并蓋

唐趙才林及夫人王氏墓誌并蓋

首題："唐故鄭州中牟縣令天水趙府君太原王夫人墓誌銘并叙"

共27行，滿行27字　495×495

誌蓋篆書："大唐故趙府君墓誌銘"　3行，行3字　310×305

開元十九年(731)八月二十八日卒　天寶十三載(754)十月二十二日合葬

2004年冬，河南省洛陽市孟津縣出土，旋歸洛陽何氏。

三〇六　唐薛丹墓誌

首題:“唐故華陰郡司兵參軍任城縣開國男薛府君墓誌銘并序”

共25行,滿行24字　520×525

天寶十三載(754)九月二十八日卒　閏十一月二十九日葬　薛向撰

2005年冬,河南省洛陽市龍門鎮出土。

三〇七　唐李興墓誌并蓋

唐李興墓誌并蓋

首題:“大唐故臨淮郡漣水縣令李府君墓誌銘并序”
共 26 行,滿行 26 字　530×540×110
誌蓋篆書:“大唐故李府君墓誌銘”　3 行,行 3 字　575×570
天寶十三載(754)六月八日卒　十二月十九日葬　劉庭玲撰
1997 年冬,河南省洛陽市孟津縣出土。

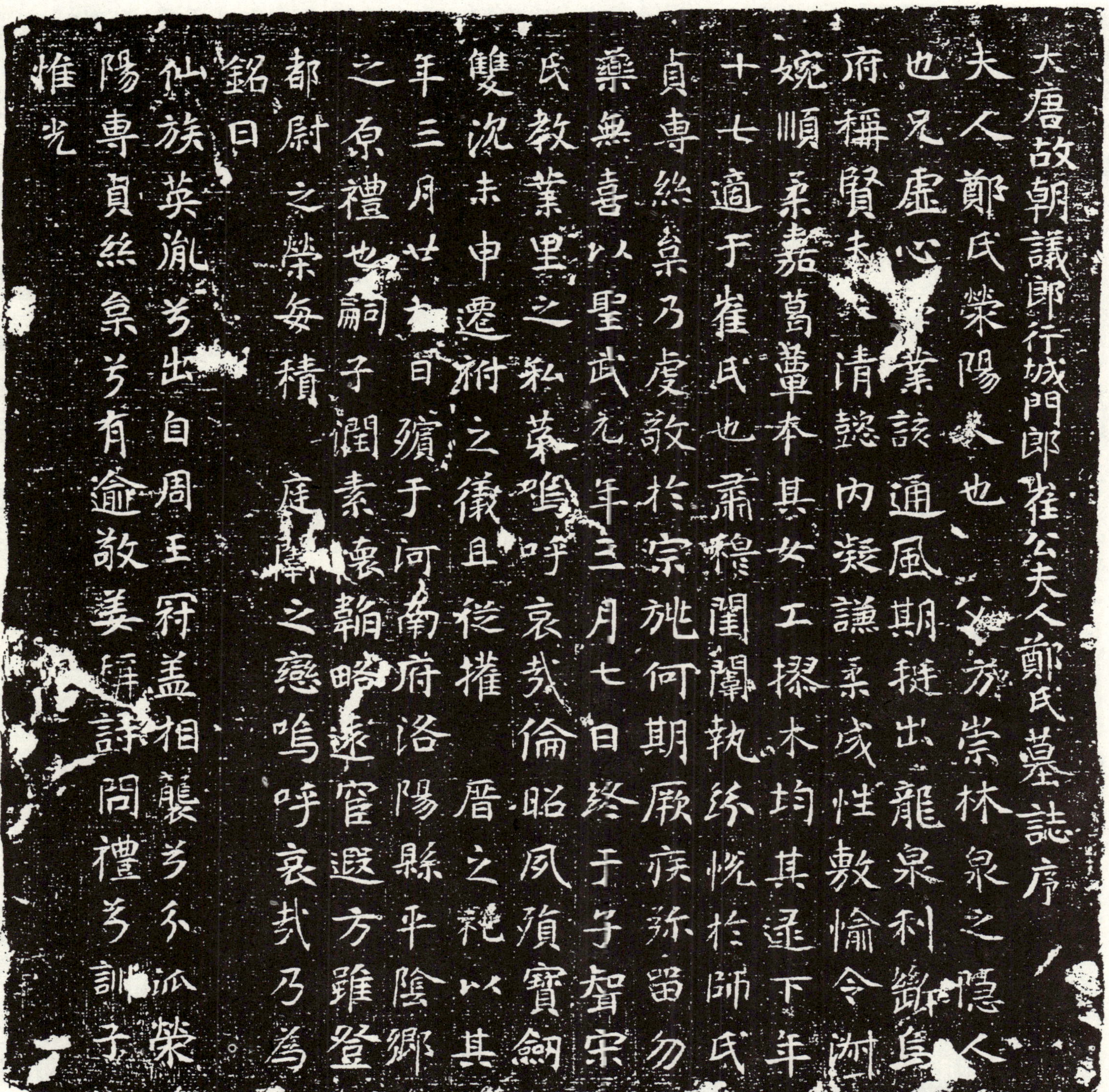

三〇八　唐崔公夫人鄭氏墓誌

首題："大唐故朝議郎行城門郎崔公夫人鄭氏墓誌序"

共 17 行，滿行 17 字　355×350

聖武元年（756）三月七日卒　三月二十九日葬

2003 年冬，河南省洛陽市孟津縣出土，旋歸洛陽古玩城孟氏。

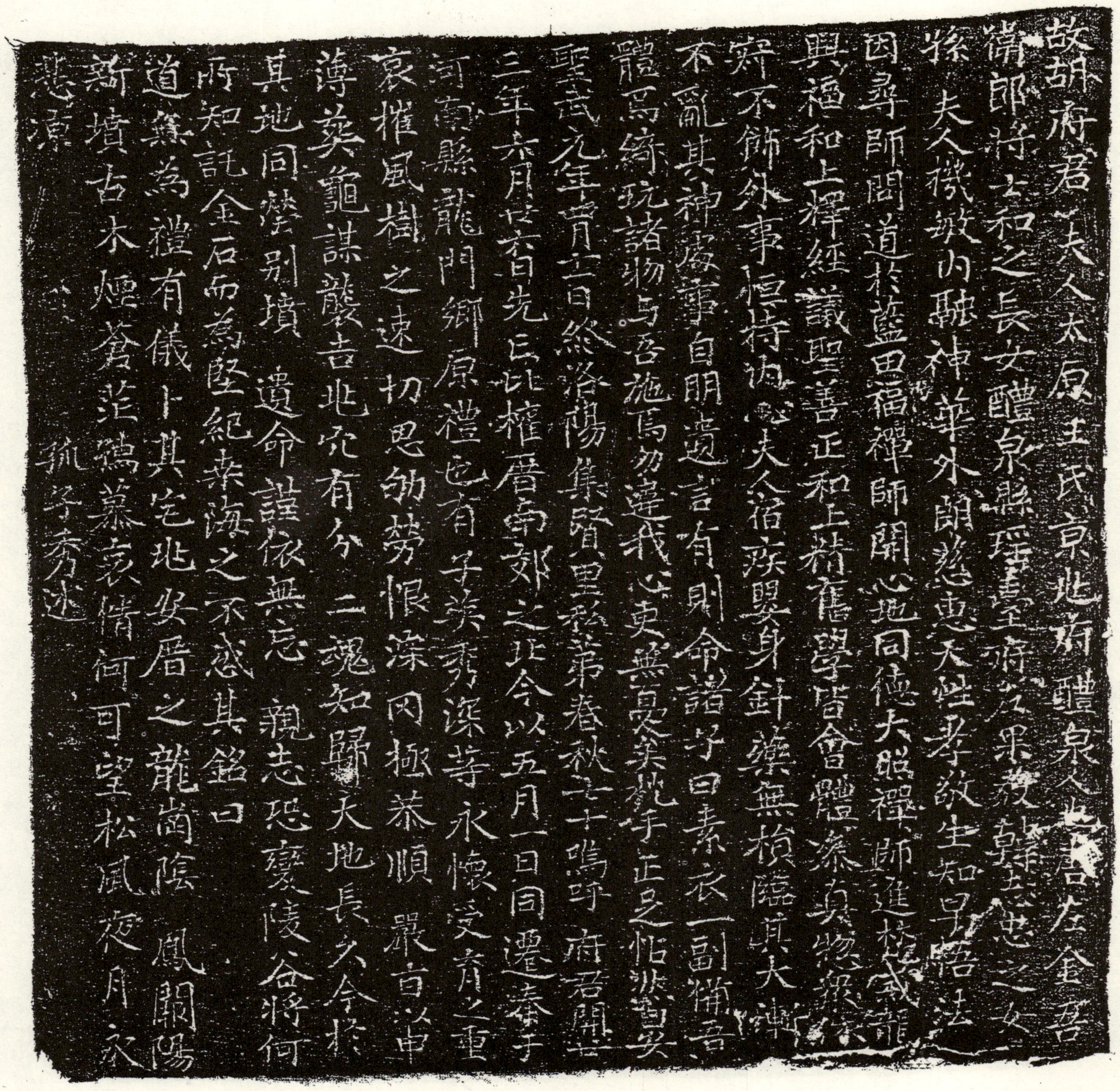

三〇九　唐胡君夫人王氏墓誌

無首題

共18行，滿行22字　298×298

聖武元年（756）四月十一日卒　五月一日葬　胡秀撰

2005年春，河南省洛陽市龍門鎮出土，先歸洛陽古玩城金氏，旋歸洛陽董氏留根。

三一〇　唐陳希喬墓誌

首題："唐故恒州真定縣丞穎州陳公墓誌文"

共 22 行，滿行 22 字　350×360

卒年不詳　聖武元年（756）十一月十日葬　賈□撰

2004 年秋，河南省洛陽市孟津縣出土，旋歸洛陽古玩城孟氏，余購得拓本一枚。

三一一　唐張義琛墓誌

首題："唐故楚州司馬吴郡張公墓誌銘并序"

共22行，滿行23字　410×415×70

開元十八年（730）八月五日卒　聖武二年（757）十月十六日葬　祁順之撰

1995年冬，河南省洛陽市孟津縣出土。

三一二 唐薛鄭賓墓誌

首題："大唐故通議大夫守道州刺史上柱國河東薛府君墓誌銘并序"

共 31 行，滿行 31 字　730×720

至德二年（757）閏八月二十九日卒　乾元二年（759）五月十九日葬

王邑撰　柳曄書

2002 年冬，河南省洛陽市出土，先歸洛陽何氏，旋歸洛陽師範學院。

大唐故懷州武陟縣令愛州長史陽公墓誌銘并序
公諱璡字璡北平無終人也 曾祖茂隨朝陵州通守
祖徽隨朝齊王友 父才 皇朝原州平高縣令皆靖恭
列位好是正直馴致之慶以逮於 公公少精墳史尤善
韜略是非周於妙用動静合於神機永徽中州舉賢良待
詔登科屬 王師有伐遼之役詔以謀從軍還例授上柱
國尋拜懷州武陟縣令坐不之任左遷愛州長史亭伯長
岑既如失職子堅白水且遂杜門憲令當黜無非命也
公循涯而往所至皆安桂冠將契於道原謫宦自達於真分
昊天不弔殲我良圖以 遘疾薨於官舍
夫人安定張氏如玉之潤如蘭之芬閨儀母德柔嘉成範
以景龍二年十二月廿二日薨於楊州來鳳里以廣德元年
十月十五日改葬合祔於河南府洛陽縣平陰鄉原禮也夫
有賢人之德而未及顯位則必福流于後故 公之嗣孫
朝散大夫攝侍御史密州刺史濟其弟都水使者兼海州
別駕復等並志業端愨邁迹以忠幹時之具濟物之識未
易量也風樹不静追遠增哀託予爲銘敢志遺烈詞曰
猗有朗陵陳有太丘德重位卑用敷遺後人休惟
公之德始終惟則果有令孫生此 王國孝予惟孝
北域古往今來莫不以此爲終極

三一三　唐陽璡墓誌

首題："大唐故懷州武陟縣令愛州長史陽公墓誌銘并序"

共 20 行，滿行 22 字　390×395

景龍二年（708）十二月二十二日卒　廣德元年（763）十月十五日葬

2004 年春，河南省洛陽市孟津縣出土，旋歸洛陽古玩城孟氏。

三一四　唐豆盧項墓誌

首題："故泉州司馬豆盧府君墓誌文并序"
共18行，滿行18字　375×380
大曆三年（768）七月十一日卒　十一月十八日葬
2003年冬，河南省洛陽市伊川縣出土，旋歸洛陽古玩城孟氏。

三一五　唐豆盧愿墓誌

首題:“唐故汝州司倉參軍豆盧公墓誌銘并序”
共 21 行,滿行 22 字　385×375×75
卒年不詳　大曆四年(769)十月二十六日葬　張翔撰　豆盧巽書
1997 年冬,河南省洛陽市龍門鎮出土。

三一六　唐李挺墓誌并蓋

唐李挺墓誌并蓋

首題：“唐故監察御史李府君墓誌銘并序”

共28行，满行28字　460×460

誌蓋楷書：“大唐李府君墓誌之銘”　3行，行3字　295×295

大曆二年（767）卒　大曆六年（771）五月十二日葬　李澣撰

2003年夏，河南省洛陽偃師市南蔡莊鎮邢溝村出土。7月28日何漢儒傳拓贈余，石藏何氏。2004年1月8日，以600元歸藏洛陽師範學院。

三一七　唐范公夫人吕氏墓誌

首题："大唐金紫光禄大夫太僕卿前懷州長史上柱國高平郡開國侯范公妻故東平郡君夫人吕氏墓誌銘并序"

共16行，滿行17字　325×325

天寶十三載（754）六月十二日卒　大曆七年（772）正月二十四日葬

2005年秋，河南省洛陽偃師市亳邑鄉出土，旋歸洛陽古玩城孟氏。

三一八　唐盧日超墓誌并蓋

唐盧日超墓誌并蓋

首題漫漶
共 26 行，滿行 26 字　410×440
誌蓋篆書："大唐故盧府君墓誌銘"　3 行，行 3 字　175×180
大曆六年（771）三月十日卒　大曆七年（772）五月一日葬
2003 年，河南省洛陽偃師市亳邑鄉出土，旋歸洛陽古玩城李氏。

三一九 唐蕭安親墓誌

首題："大唐故汝州司馬蕭府君墓誌并序"

共25行，滿行26字 590×590×125

大曆四年(769)九月二十二日卒 大曆八年(773)二月十四日葬 庾何撰

1998年，河南省洛陽市孟津縣出土。

三二〇　唐裴友讓墓誌

首題："唐故朝散大夫成都府犀浦縣令河東裴府君墓誌銘并序"
共 23 行，滿行 24 字　365×360
寶應元年（762）卒　大曆八年（773）七月二十九日葬　李僖撰
1999 年，河南省洛陽市伊川縣萬安山原出土。

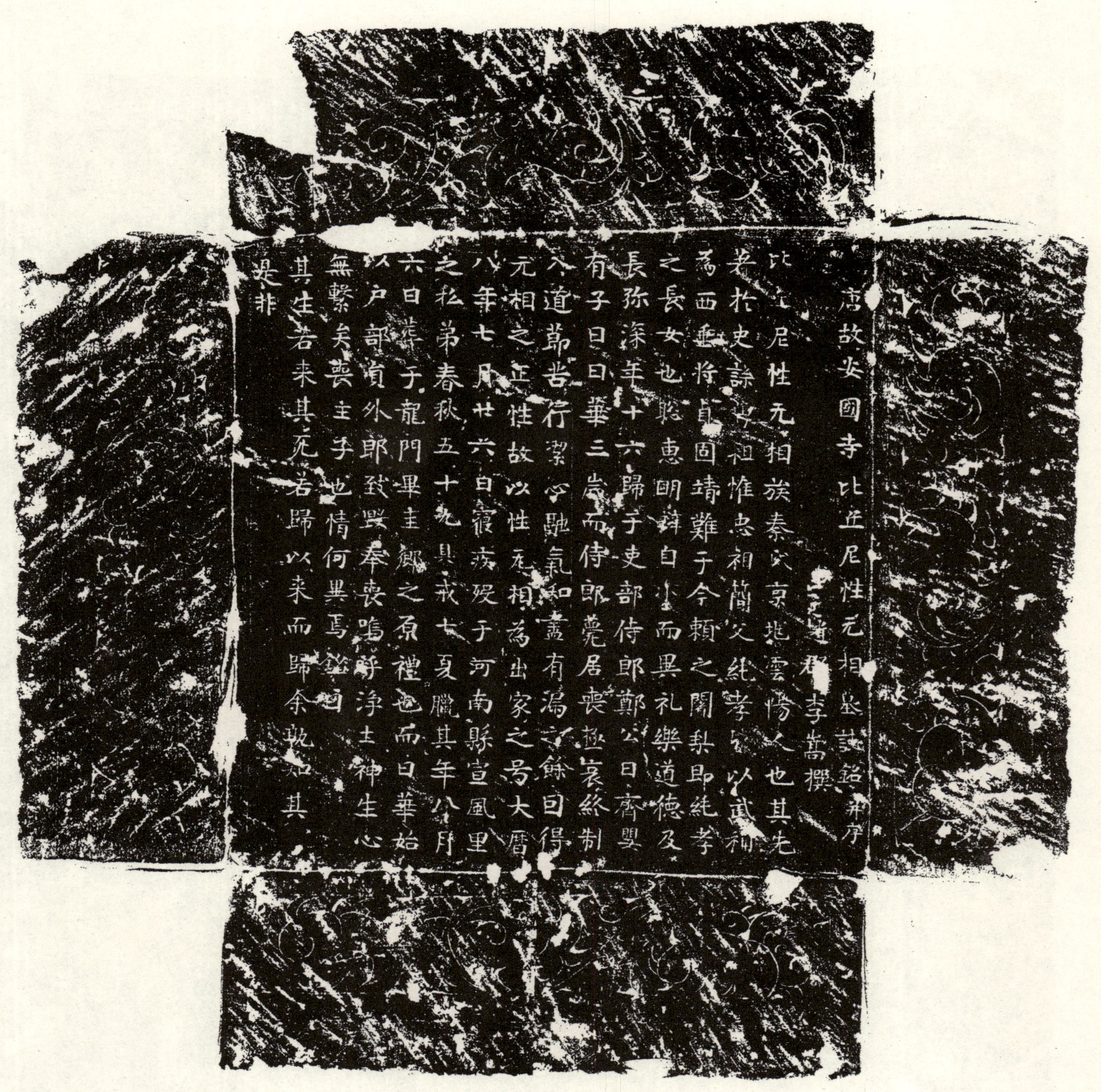

三二一　唐比丘尼性无相墓誌

首题:"唐故安國寺比丘尼性无相墓誌銘并序"

共17行,滿行17字　340×330×105

大曆八年(773)七月二十六日卒　八月六日葬　李嵩撰

1998年冬,河南省洛陽市龍門鎮出土。

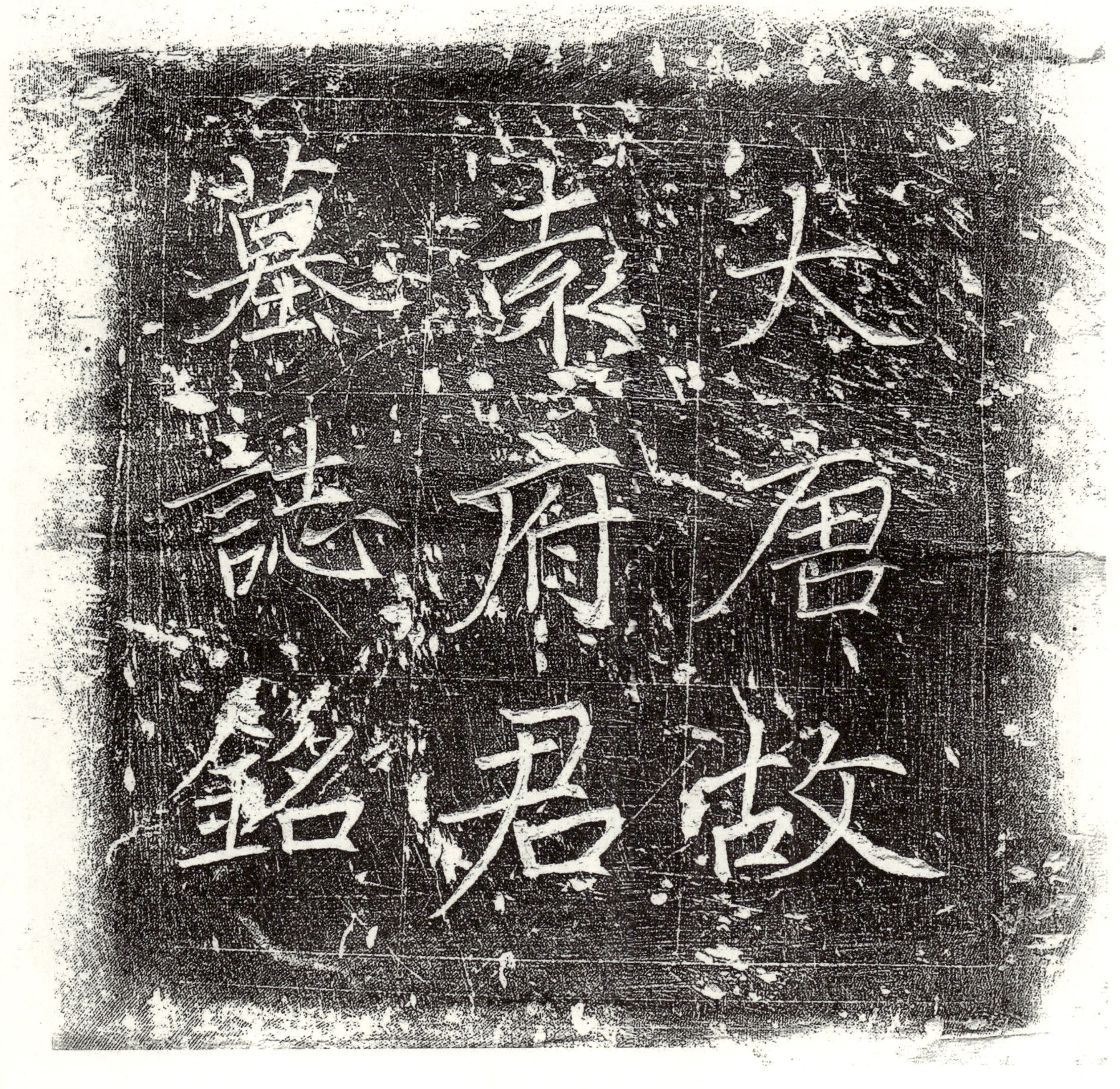

三二二　唐袁倕墓誌并蓋

唐袁倕墓誌并蓋

首题："唐故瀛州長史袁府君墓誌銘并序"

共20行，滿行21字　420×425

誌蓋楷書："大唐故袁府君墓誌銘"　3行，行3字　225×225

大曆八年（773）四月二十七日卒　大曆九年（774）五月四日葬　郭雄撰

2006年秋，河南省洛陽市龍門鎮出土，旋歸洛陽豫深文博城李氏。

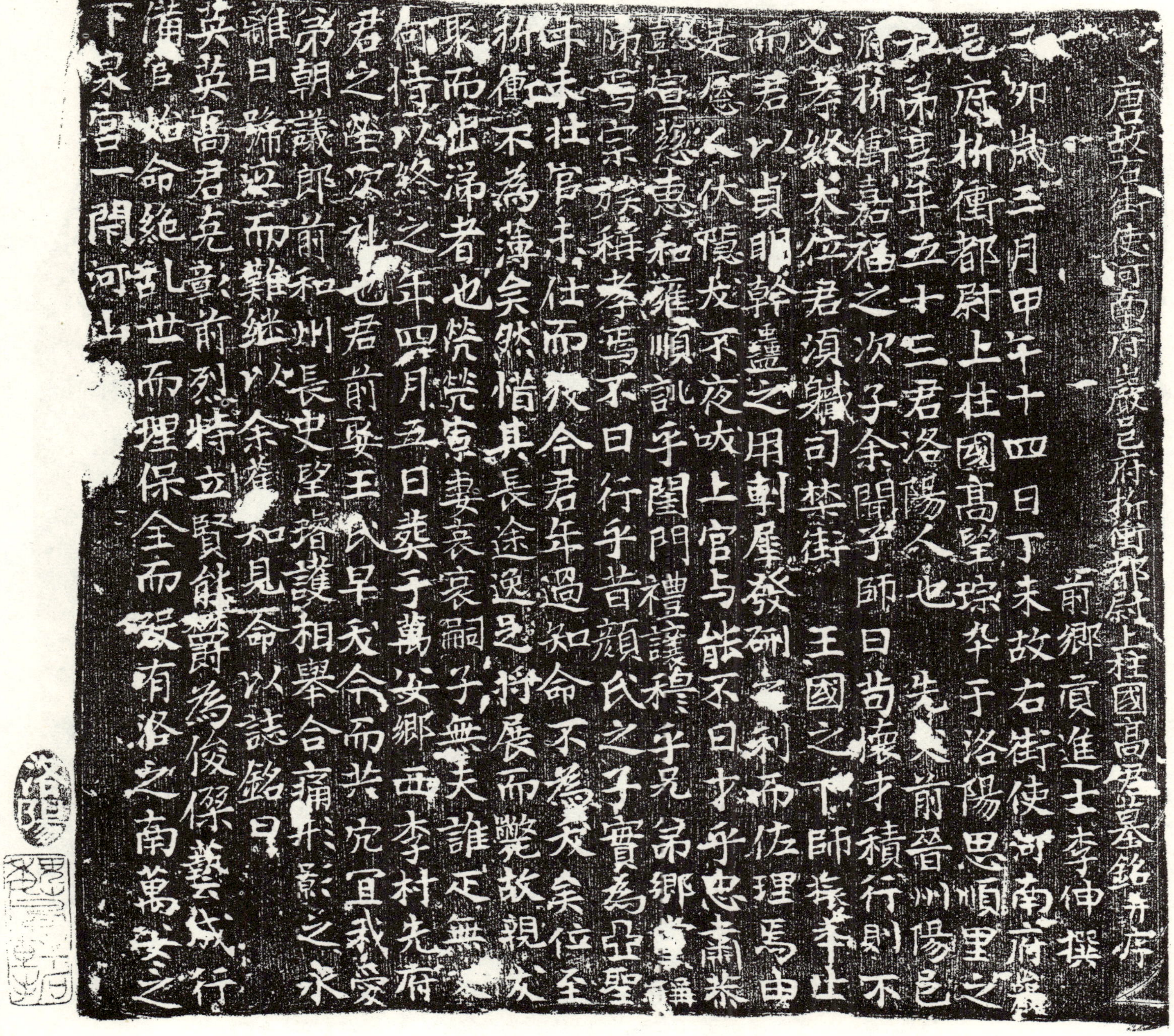

三二三　唐高望琮墓誌

首題："唐故右街使河南府巖邑府折衝都尉上柱國高君墓銘并序"

共21行，滿行20字　295×310

大曆十年（775）三月十四日卒　四月五日葬　李伸撰

2003年冬，河南省洛陽偃師市李村出土，旋歸洛陽古玩城孟氏。

三二四　唐裴宜墓誌

首題："唐故楊府録事參軍裴府君墓誌銘并序"

共 20 行，滿行 21 字　345×345×80

大曆十年（775）三月五日卒　六月十一日葬

1998 年冬，河南省洛陽市伊川縣萬安山出土。

三二五　唐陶貢夫人裴氏墓誌

無首題

共31行，滿行31字　600×600

大曆十年（775）正月十四日卒　十月十日葬

2002年春，河南省洛陽市邙山出土，歸偃師張氏。

三二六 唐比丘尼法通墓誌

首題:“大唐故尼法通墓誌并序”

共14行,滿行13字 285×285×76

卒年不詳 大曆十年(775)十月十三日葬

1997年,河南省洛陽市伊川縣萬安山出土。

三二七　唐盧喦墓誌

首題："大唐故鄧州穰縣丞盧府君墓誌銘并序"

共21行，滿行21字　365×365×85

大曆九年（774）正月五日卒　大曆十年（775）十月十三日葬　庾何撰

1998年冬，河南省洛陽市伊川縣萬安山出土。

三二八　唐盧㨖夫人王氏墓誌并蓋

唐盧楫夫人王氏墓誌并蓋

首題："大唐故盧府君夫人瑯琊王氏墓誌銘并序"

共24行，滿行25字　465×465×90

誌蓋篆書："唐盧府君王夫人墓誌"　3行，行3字　490×495

大曆六年（771）正月二十二日卒　大曆十年（775）十月十八日葬　趙衮撰

1997年，河南省洛陽市孟津縣邙山出土。

三二九　唐盧濤墓誌

首題："唐故太原府司録先府君墓誌銘并序"

共23行，滿行23字　600×605

天寶十二載(753)十月五日卒　大曆十一年(776)十一月十六日葬　盧杞撰并書　龐英幹鎸

2003年冬，河南省洛陽市伊川縣彭婆鄉楊營出土，旋由何氏傳拓，余得其一。

三三〇　唐徐惲夫人姚氏墓誌并蓋

唐徐惲夫人姚氏墓誌并蓋

首題:"唐故河南採訪汴州刺史徐公夫人嘉興縣君墓誌銘并序"

共20行,滿行24字　605×605×120

誌蓋篆書:"唐故夫人姚氏墓誌銘"　3行,行3字　340×340

大曆九年(774)三月十八日卒　大曆十三年(778)七月一日葬

陸長源撰　徐珙書

1998年,河南省洛陽市伊川縣萬安山出土。

三三一　唐蔡君妻韋夫人墓誌

首題："唐故京兆府武功縣令蔡府君韋夫人墓誌銘并序"

共23行，滿行22字　455×450

天寶元年（742）四月一日卒　大曆十三年（778）十一月十八日葬　李貢撰

2002年冬，河南省洛陽市出土，旋歸洛陽豫深文博城張氏。

三三二　唐魏系墓誌并蓋

唐魏系墓誌并蓋

首題："唐故伊闕縣令鉅鹿魏府君墓誌銘并序"

共25行，滿行26字　590×590×105

誌蓋篆書："唐伊闕令魏府君墓銘"　3行，行3字　445×450

大曆十三年（778）九月十日卒　十一月十八日葬　張莒撰　劉長卿書

2003年秋，河南省洛陽偃師市出土，旋歸洛陽張氏。

三三三　唐鄭液墓誌并蓋

唐鄭液墓誌并蓋

首題:“唐故鄭居士墓誌銘”

共 24 行,滿行 24 字　510×510×105

誌蓋篆書:“唐故鄭府君墓誌之銘”　3 行,行 3 字　575×570

大曆十一年(776)十一月二十五日卒　大曆十四年(779)五月二十日葬　虞當撰

1997 年冬,河南省洛陽市伊川縣萬安山出土。

三三四　唐馬紹墓誌

首題：“唐故鄭州司士參軍馬府君墓誌銘并序”

共20行，滿行19字　350×345

大曆十四年（779）閏五月十三日卒　七月六日葬　竇謨撰

2003年冬，河南省洛陽市孟津縣出土，旋歸洛陽古玩城孟氏。

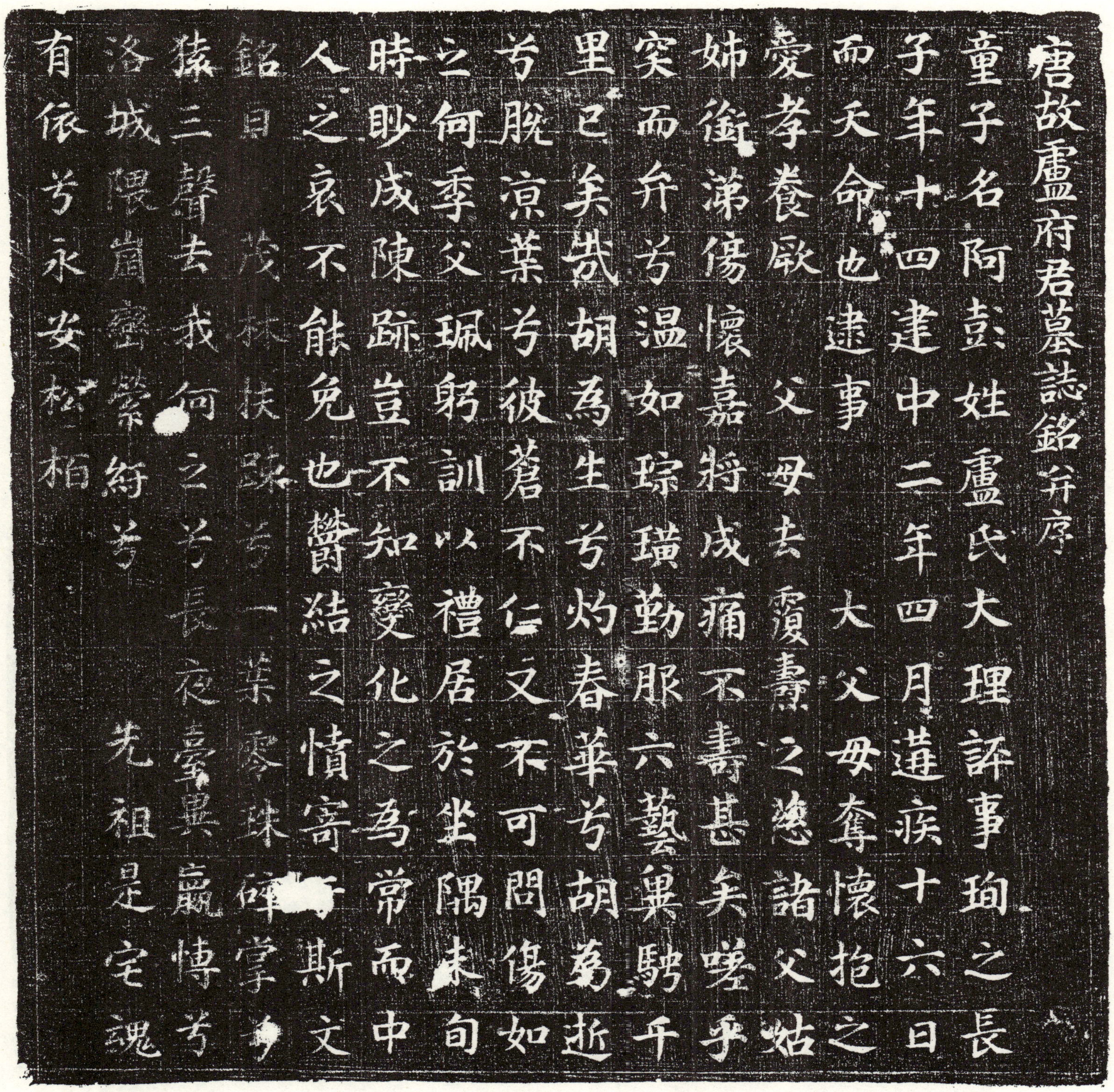
唐故盧府君墓誌銘并序
童子名阿彭姓盧氏大理評事珣之長
子年十四建中二年四月遘疾十六日
而夭命也逮事　大父母奪懷抱之
愛孝養厥　父母去覆燾之戀諸父姑
姊銜藻傷懷嘉將成痛不壽甚矣嗟乎
突而弁兮温如琮璜勤那六藝異騁千
里已矣哉胡為生兮灼春華兮胡為逝
兮脆凉葉兮彼蒼不仁又不可問傷如
之何季父珮躬訓以禮居於坐隅未旬
時聊成陳跡豈不知變化之為常而中
人之哀不能免也鬱結之情寄于斯文
銘曰茂林扶疎兮一葉零珠碎掌兮
猿三聲去我何之兮長夜臺異嬴博兮
洛城隈崗巒縈紆兮　先祖是宅魂
有依兮永安松柏

三三五　唐盧阿彭墓誌

首題："唐故盧府君墓誌銘并序"

共16行，滿行15字　302×300

建中二年（781）四月十六日卒

2004年秋，河南省洛陽市出土，旋歸洛陽豫深文博城賈氏。

三三六　唐裴君夫人陽氏墓誌并蓋

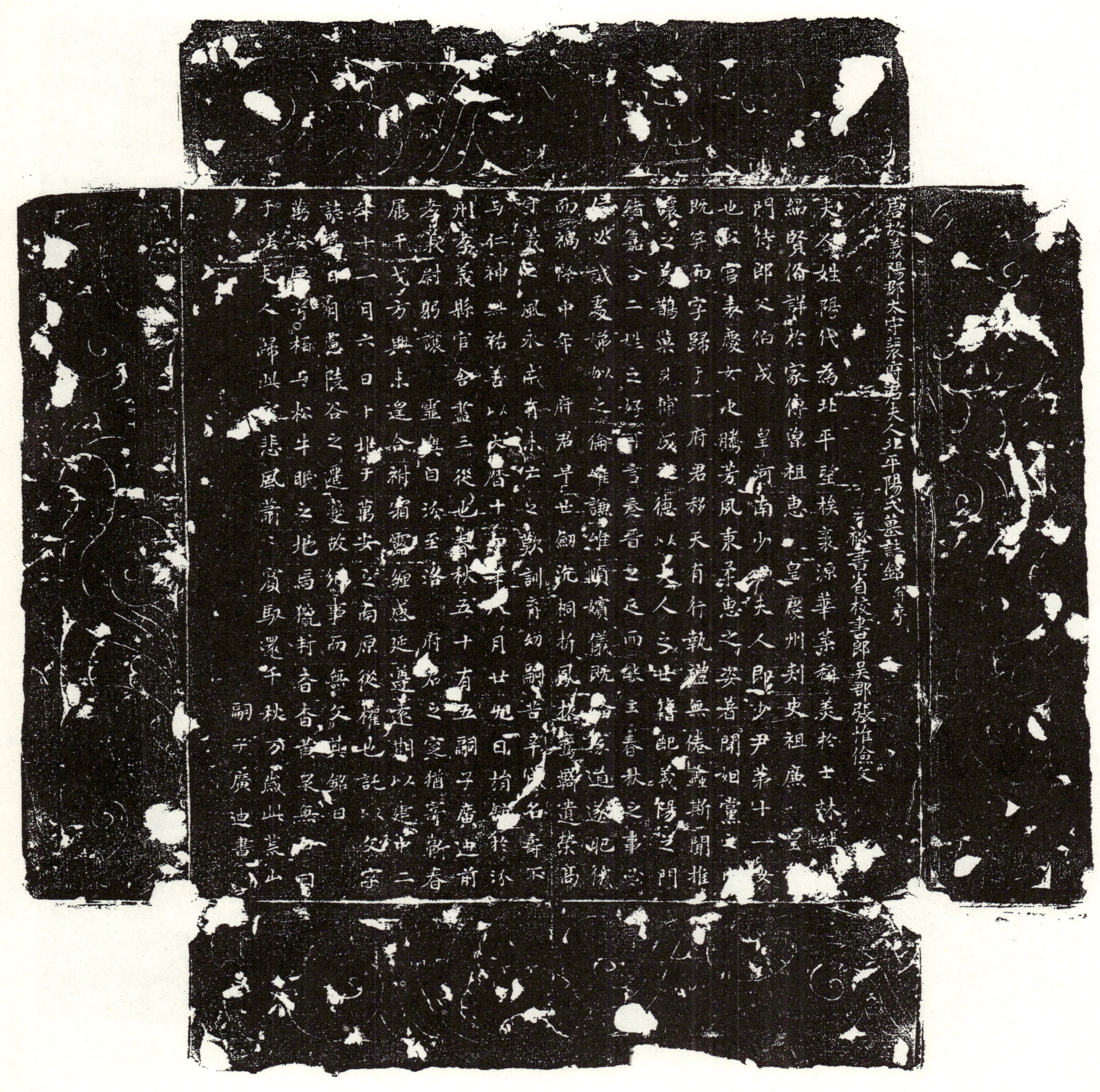

唐裴君夫人陽氏墓誌并蓋

首題："唐故義陽郡太守裴府君夫人北平陽氏墓誌銘并序"

共21行,滿行21字　390×390×90

誌蓋篆書："大唐故陽夫人墓誌銘"　3行,行3字　500×505

大曆十四年(779)八月二十九日卒　建中二年(781)十一月六日葬　張惟儉撰　裴廣迪書

1998年秋,河南省洛陽市伊川縣萬安山出土。

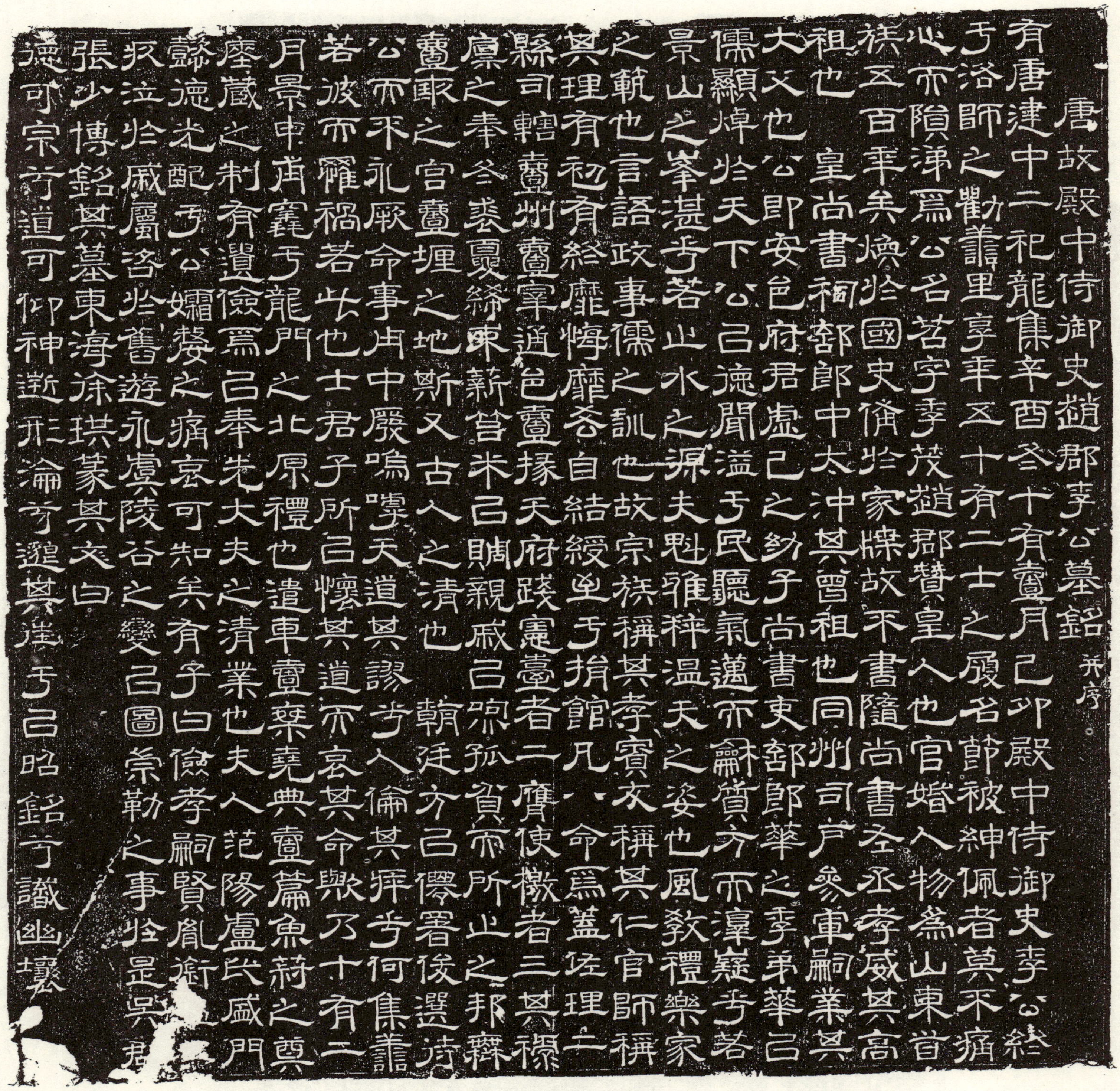

三三七 唐李苕墓誌

首題:“唐故殿中侍御史趙郡李公墓銘并序”

共22行,滿行25字　640×645

建中二年（781）十一月二十五日卒　十二月十二日葬

張少博撰　徐珙書

2003年秋,河南省洛陽市出土,先歸劉坡王氏。余得拓十枚,石旋歸張氏。

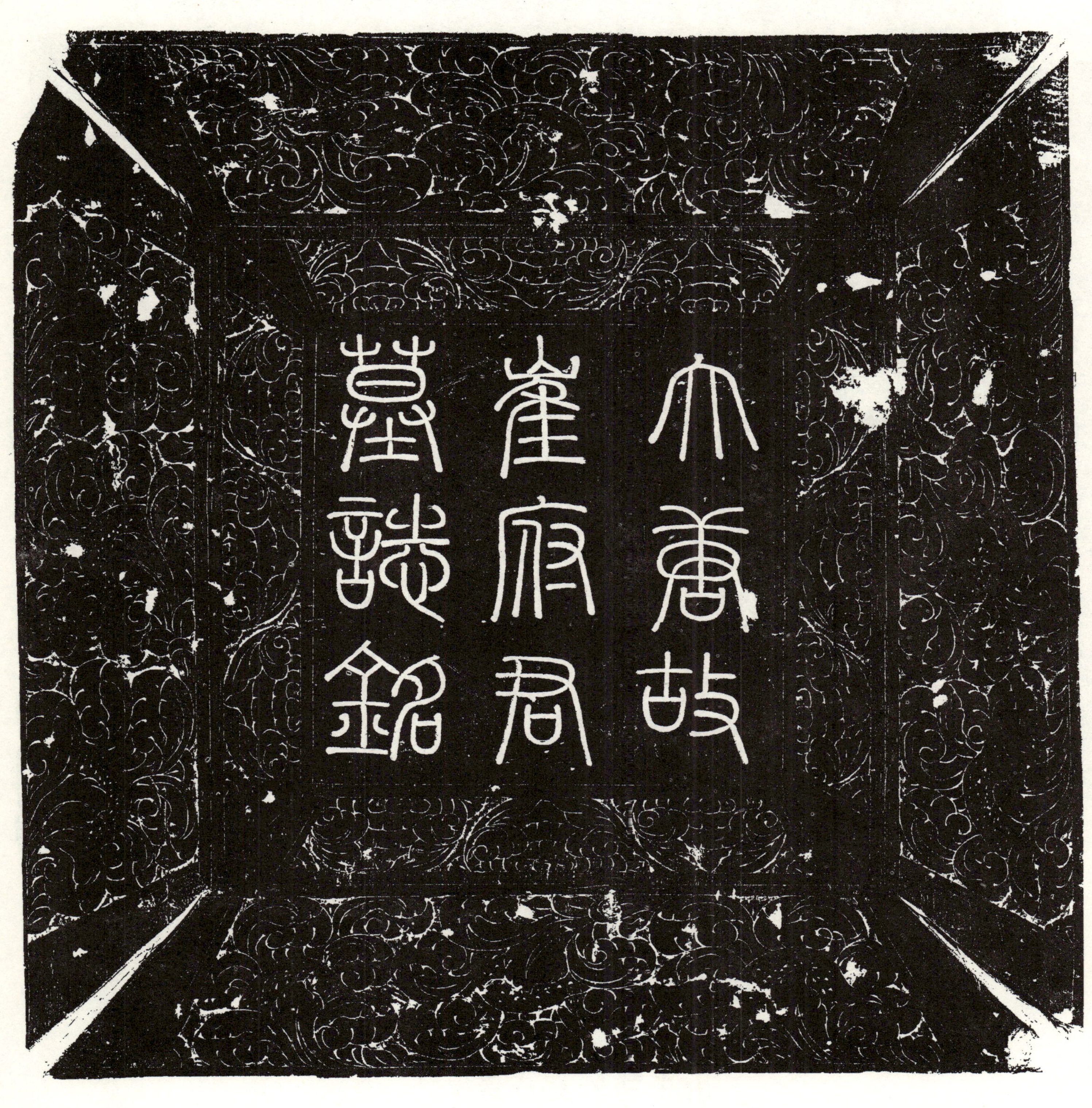

三三八　唐崔譒墓誌并蓋

唐崔譎墓誌并蓋

首题:“故蘇州司法參軍崔君墓誌銘并序”

共23行,滿行27字　615×610×95

誌蓋篆書:“大唐故崔府君墓誌銘”　3行,行3字　695×695

建中二年(781)十二月三十日卒　建中三年(782)閏正月葬　趙匡撰

1998年,河南省洛陽市伊川縣萬安山出土。

三三九　唐李公夫人鄭遷墓誌

首題："唐尚書户部員外郎兼侍御史趙郡李公故夫人滎陽鄭氏墓誌銘并序"

共 26 行，滿行 25 字　540×530

建中四年（783）正月四日卒　四月二十一日葬　武少儀撰

2004 年冬，河南省洛陽市洛龍區龍門鎮出土，旋歸洛陽古玩城某氏。

三四〇 唐程懷憲夫人崔氏墓誌

首題：“唐前潤州長史程公故夫人博陵崔氏墓誌銘并序”

共16行，滿行15字　375×375×110

興元元年（784）卒　貞元元年（785）十月十七日葬

2004年1月，河南省洛陽市龍門西山出土，旋歸洛陽古玩城李氏，同年2月23日歸藏洛陽師範學院。

三四一　唐程懷憲墓誌

首題："故澧州别駕廣平程府君墓誌銘并序"

共20行，滿行20字　295×315×85

建中五年(784)卒　貞元六年(790)四月十九日葬

2004年1月，河南省洛陽市龍門西山出土，旋歸洛陽古玩城李氏，同年2月23日歸藏洛陽師範學院。

按：建中僅四年，五年已改興元元年(784)。

三四二　唐溫君妻李氏合祔墓誌并蓋

唐溫君妻李氏合祔墓誌并蓋

首題:“唐故宋州寧陵縣令溫府君趙郡李夫人合祔墓誌銘并叙”

共30行,滿行30字　450×455

誌蓋篆書:“唐溫府君李夫人墓誌”　3行,行3字　500×500

寶應元年(762)八月十五日卒　貞元六年(790)四月二十四日葬

2006年春,河南省洛陽市孟津縣出土,旋歸洛陽古玩城李氏。

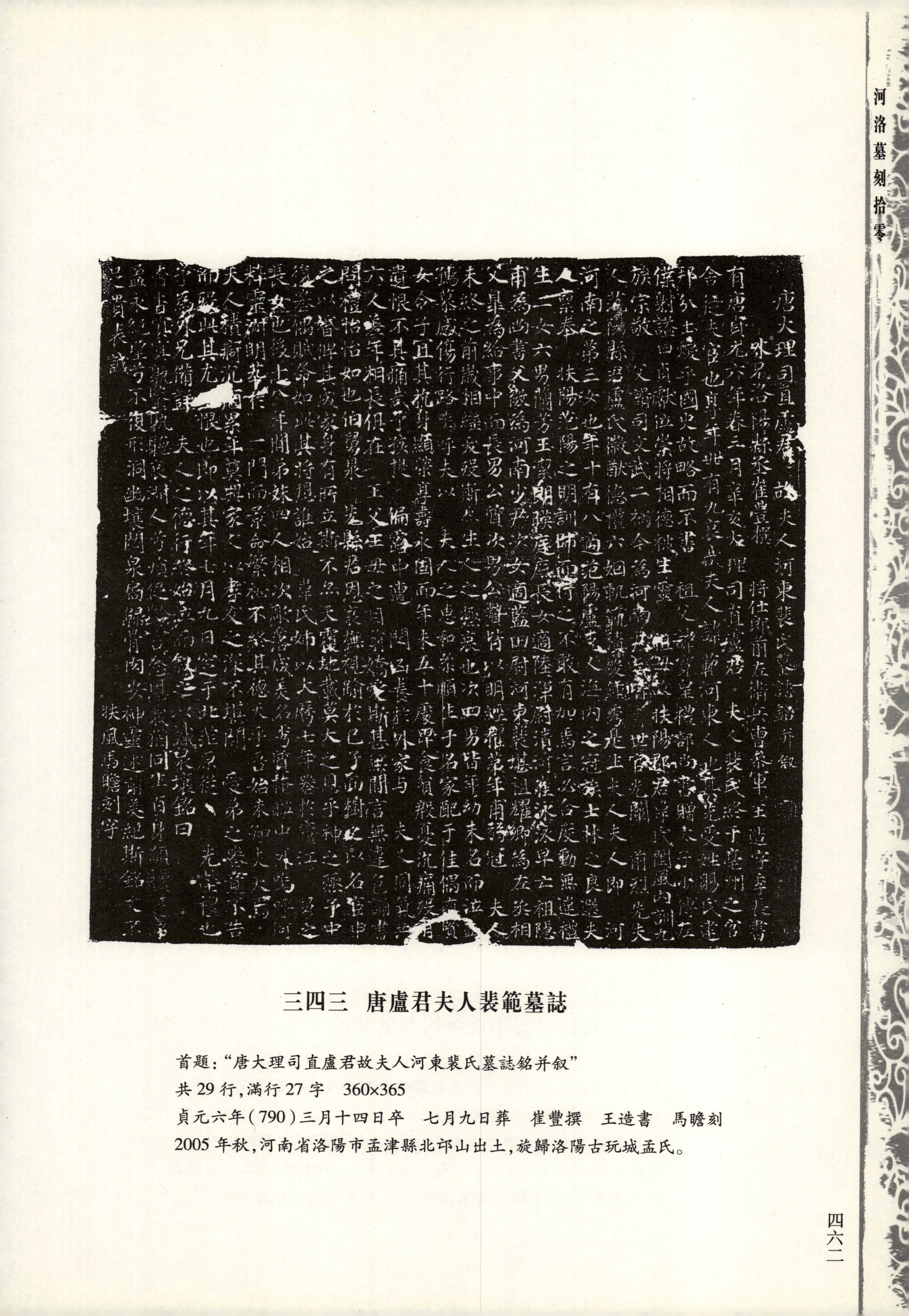

三四三　唐盧君夫人裴範墓誌

首題："唐大理司直盧君故夫人河東裴氏墓誌銘并叙"

共 29 行，滿行 27 字　360×365

貞元六年(790)三月十四日卒　七月九日葬　崔豐撰　王造書　馬瞻刻

2005 年秋，河南省洛陽市孟津縣北邙山出土，旋歸洛陽古玩城孟氏。

三四四　唐盧頊妻李初墓誌

首題："唐前鄉貢進士范陽盧頊故妻隴西李氏墓誌銘并叙"

共 23 行，滿行 22 字　370×375×90

貞元六年（790）八月十八日卒　十一月十日葬　盧頊撰并書

2002 年秋，河南省洛陽市孟津縣送莊鄉出土，旋歸洛陽豫深文博城張氏。2003 年 1 月 14 日歸藏洛陽師範學院。

三四五　唐錢君夫人万俟氏墓誌并蓋

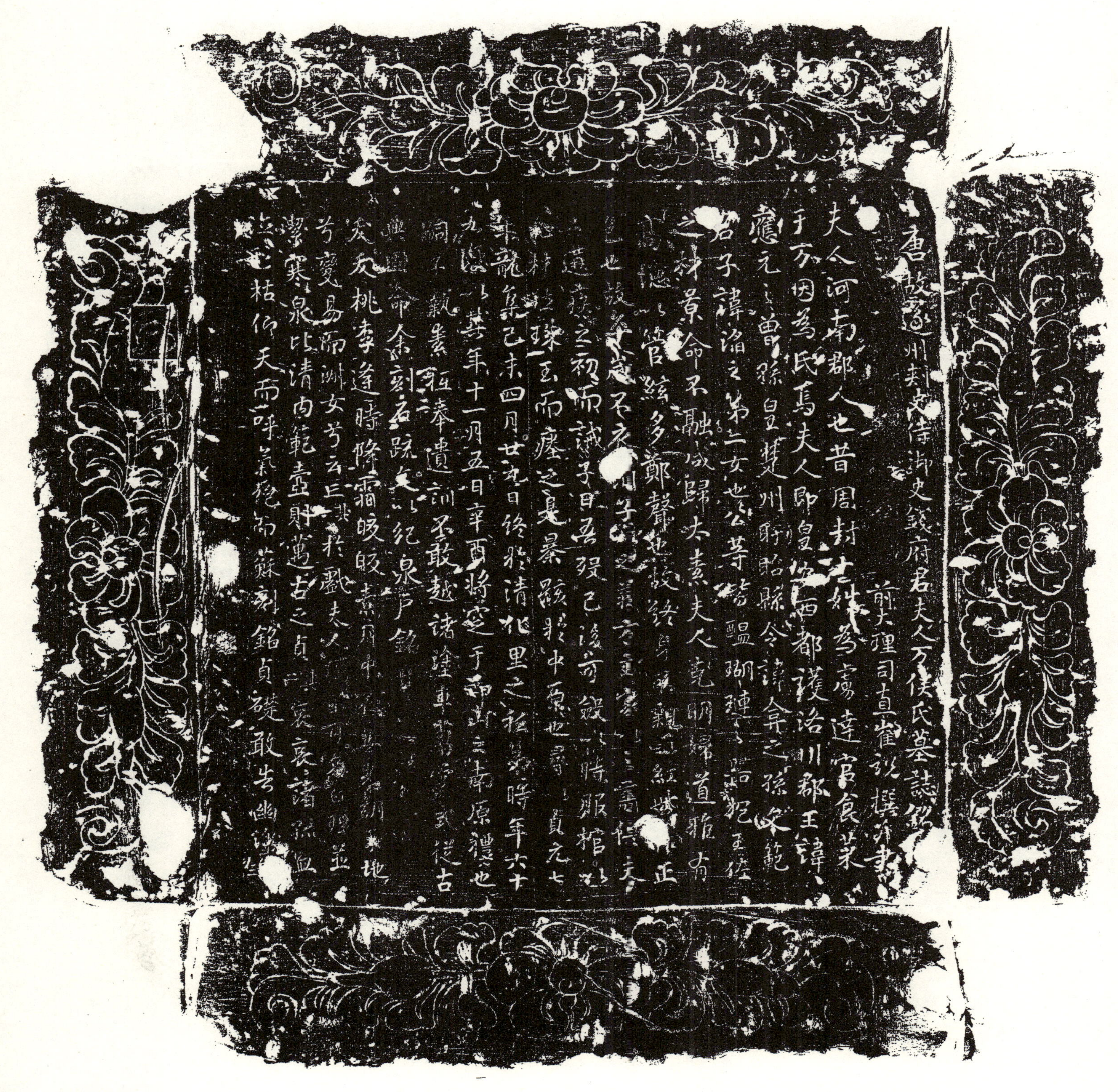

唐錢君夫人万俟氏墓誌并蓋

首題："唐故遂州刺史侍御史錢府君夫人万俟氏墓誌銘"
共 19 行，滿行 19 字　360×360×75
誌蓋行書："河南万俟氏之墓誌銘"　3 行，行 3 字　420×415
貞元七年（791）四月二十九日卒　十一月五日葬　崔説撰并書
1997 年秋，河南省洛陽市孟津縣出土。

三四六　唐劉復墓誌

首题:“唐故尚書水部員外郎以著作郎致仕彭城劉府君墓誌文”
共 31 行,满行 31 字　525×525×90
貞元九年(793)二月六日卒　六月葬
1996 年秋,河南省洛陽市孟津縣出土。

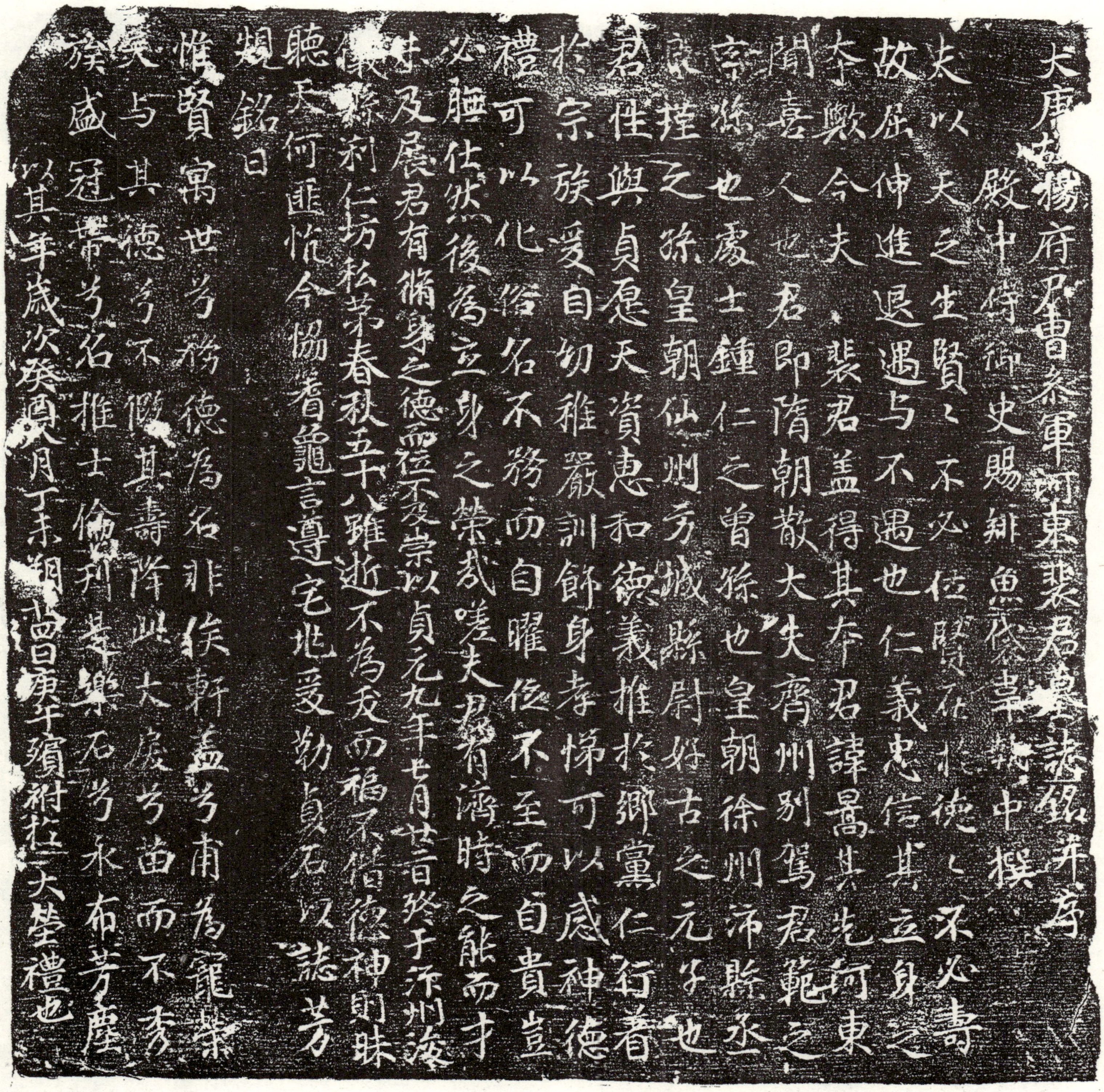

大唐故揚府戶曹參軍河東裴君墓誌銘并序
殿中侍御史賜緋魚袋韋執中撰
夫以天之生賢賢不必位賢位於德德不必壽
故屈伸進退遇与不遇也仁義忠信其立身之
本歟合夫裴君蓋得其本君諱暠其先河東
聞喜人也君即隋朝散大夫齊州別駕君範之
玄孫也處士鍾仁之曾孫也皇朝徐州沛縣丞
良挫之孫皇朝仙州方城縣尉好古之元子也
君性與貞慤天資惠和德義推於鄉黨仁行著
於宗族爰自幼稚嚴訓飾身孝悌可以感神德
禮可以化俗名不務而自曜位不至而自貴豈
必膺仕然後為立身之榮哉嗟夫君有濟時之能而才
未及展君有脩身之德而位不及崇以貞元九年七月廿二日終于汴州浚
儀縣刹仁坊私第春秋五十八雖逝不為夭而福不借德神明昧
聽天何匪忱今協著龜言遵宅兆爰勒貞石以誌芳
規銘曰
惟賢寓世兮務德為名非侯軒蓋兮甫為寵榮
奚与其德兮不假其壽降此大疾兮苗而不秀
族盛冠帶兮名推士倫刊其樂石兮永布芳塵
以其年歲次癸酉八月丁未朔廿四日庚午殯祔於大塋禮也

三四七　唐裴暠墓誌

首題："大唐故揚府户曹參軍河東裴君墓誌銘并序"

共 20 行，滿行 25、18 字不等　360×355

貞元九年（793）七月二十二日卒　八月二十四日葬　韋執中撰

2005 年秋，河南省洛陽市出土。

三四八　唐張頖墓誌

首題："唐故秘書省著作佐郎兼殿中侍御史張公墓誌銘并序"
共23行，滿行22字　440×435
貞元九年（793）八月十二日卒　九月二十七日葬　馬宇撰
2003年，河南省洛陽市孟津縣出土，旋歸白馬寺鎮王氏。

三四九　唐盧岳夫人崔氏合祔墓誌

首題："唐故太子司議郎兼河中府倉曹參軍鄧州穰縣丞范陽盧府君夫人博陵崔氏合祔墓誌銘并序"

共22行，滿行25字　370×370×75

貞元十年（794）十月二十日合葬　盧堪撰

1997年，河南省洛陽市伊川縣萬安山黄花堆出土。

三五〇 唐崔霸墓誌

無首題

共 18 行,滿行 19 字　385×390

貞元九年(793)五月七日卒　貞元十年(794)十一月十六日葬

1996 年,河南省洛陽市孟津縣出土。

三五一　唐元意墓誌

無首題

共16行，滿行17字　330×330

貞元十二年（796）四月二十八日卒　五月十二日葬　元稹撰

2005年秋，河南省洛陽市孟津縣邙山出土，旋歸洛陽豫深文博城唐氏。

三五二　唐李君夫人崔氏墓誌并蓋

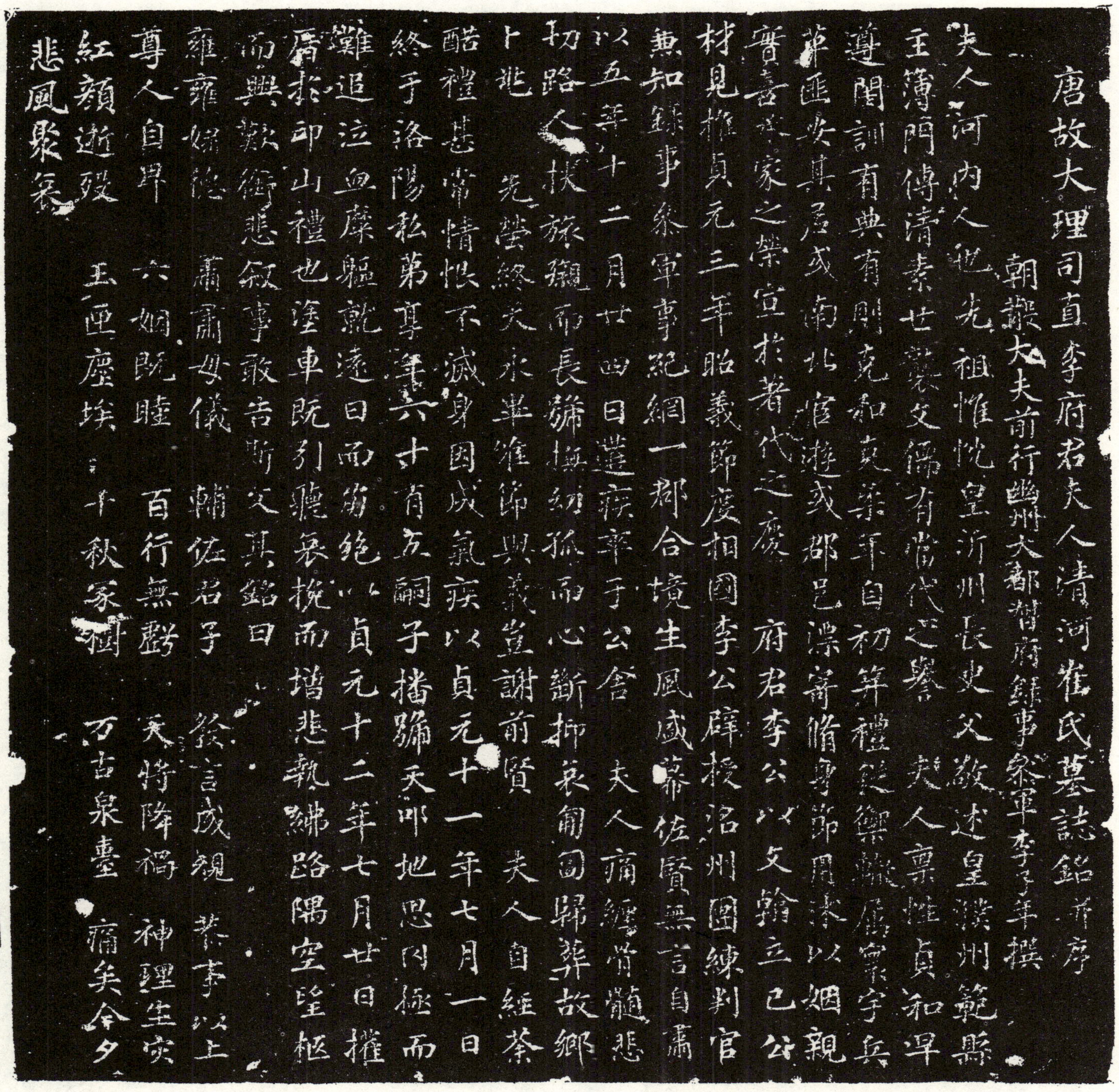
唐故大理司直李府君夫人清河崔氏墓誌銘并序
朝議大夫前行幽州大都督府錄事參軍李子年撰
夫人河內人也先祖惟忱皇沂州長史父敬述皇濮州範縣
主簿門傳清素世襲文儒有當代之譽夫人稟性貞和早
遵閨訓有典有則克和克柔年自初笄禮從樂嫁屬宗宇兵
革匪安其居或南或北惶避或都邑漂寄脩身節用迺以姻親
實吾家之榮宜於著代之慶府君李公以文翰立己公
材見推貞元三年昭義節度相國李公辟授洺州團練判官
無知錄事參軍事紀綱一郡合境生風盛幕佐賢無言自肅
以五年十二月廿四日遘疾卒于公舍夫人痛纏骨髓悲
切路人扶旅孀而長號撫幼孤而心斷抑哀匍匐歸葬故鄉
卜兆先塋終天永畢惟節與義豈謝前賢夫人自經荼
酷禮甚常情悵不滅身因成氣疾以貞元十一年七月一日
終于洛陽私第享年六十有五嗣子播號天叩地罔極而
躃退泣血㱟軀就遠日而殯絕以貞元十二年七月廿日權
厝於邙山禮也塗車既引聽哀挽而增悲執紼路隅空望柩
而興歎銜悲叙事敢告斯文其銘曰
雍雍婦德肅肅母儀輔佐君子發言成規蒸事以上
尊人自畢六姻既睦百行無虧天將降禍神理生灾
紅顏遊歿玉匣塵埃千秋冢樹萬古泉臺痛矣今夕
悲風聚哀

唐李君夫人崔氏墓誌并蓋

首題："唐故大理司直李府君夫人清河崔氏墓誌銘并序"

共21行，滿行23字　392×390

誌蓋篆書："大唐故崔夫人墓誌銘"　3行，行3字　215×225

貞元十一年（795）七月一日卒　貞元十二年（796）七月二十日葬　李子年撰

2003年秋，河南省洛陽市孟津縣出土，歸洛陽古玩城孟氏，余購得拓本七枚。

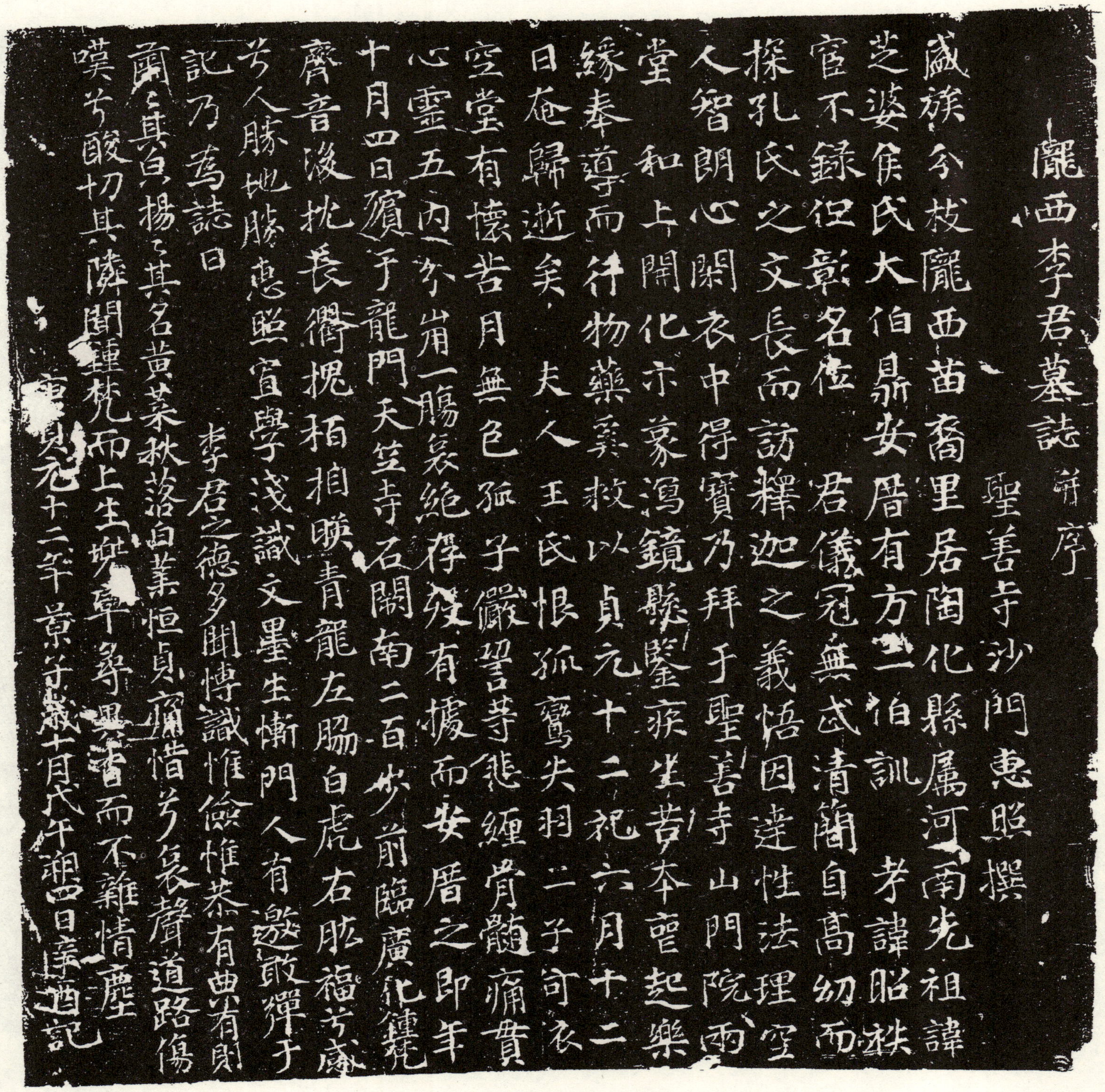

三五三 唐李君墓誌

首題："隴西李君墓誌并序"

共19行，滿行19字 355×355

貞元十二年（796）六月十二日卒 十月四日葬 惠照撰

2003年，河南省洛陽市龍門鎮天竺寺石闕南二百步出土，石歸洛陽劉氏。

三五四　唐李胄妻鄭氏墓誌

首題："故刑部郎中兼侍御史知雜事夫人滎陽鄭氏改葬誌"

誌文共15行，滿行13字　下半石爲題記，共24行，滿行10字

卒年不詳　貞元十二年（796）十月四日改葬　張惟儉撰　屈賁書并刻　李胄題記

2004年秋，河南省洛陽市伊川縣郭寨村出土，旋歸何漢儒傳拓，余購得拓本一枚。

三五五　唐鄭忠佐墓誌

首題："大唐故滑州白馬縣尉鄭府君墓誌銘并序"

共24行，滿行24字　430×435×85

貞元十一年（795）九月十九日卒　貞元十二年（796）十月十三日葬　盧時榮撰

1998年冬，河南省洛陽市關林鎮出土。

三五六　唐盧弼墓誌并蓋

唐盧弼墓誌并蓋

首題:“唐故和州含山縣主簿盧府君墓誌銘并序”

共26行,滿行26字　350×355×75

誌蓋篆書:“唐故范陽盧府君墓銘”　3行,行3字　410×410

貞元八年(792)卒　貞元十二年(796)十一月二十八日葬　盧則撰

1998年,河南省洛陽市伊川縣萬安山出土。

三五七　唐劉莒墓誌

首題："唐故徐泗節度營田巡官試大理評事劉公墓誌銘并序"

共28行，滿行32字　480×490×65

貞元十二年(796)七月四日卒　十二月十五日葬　杜兼撰

2005年冬，河南省孟州市出土，旋歸洛陽古玩城張氏。余以25元購得拓本一枚。

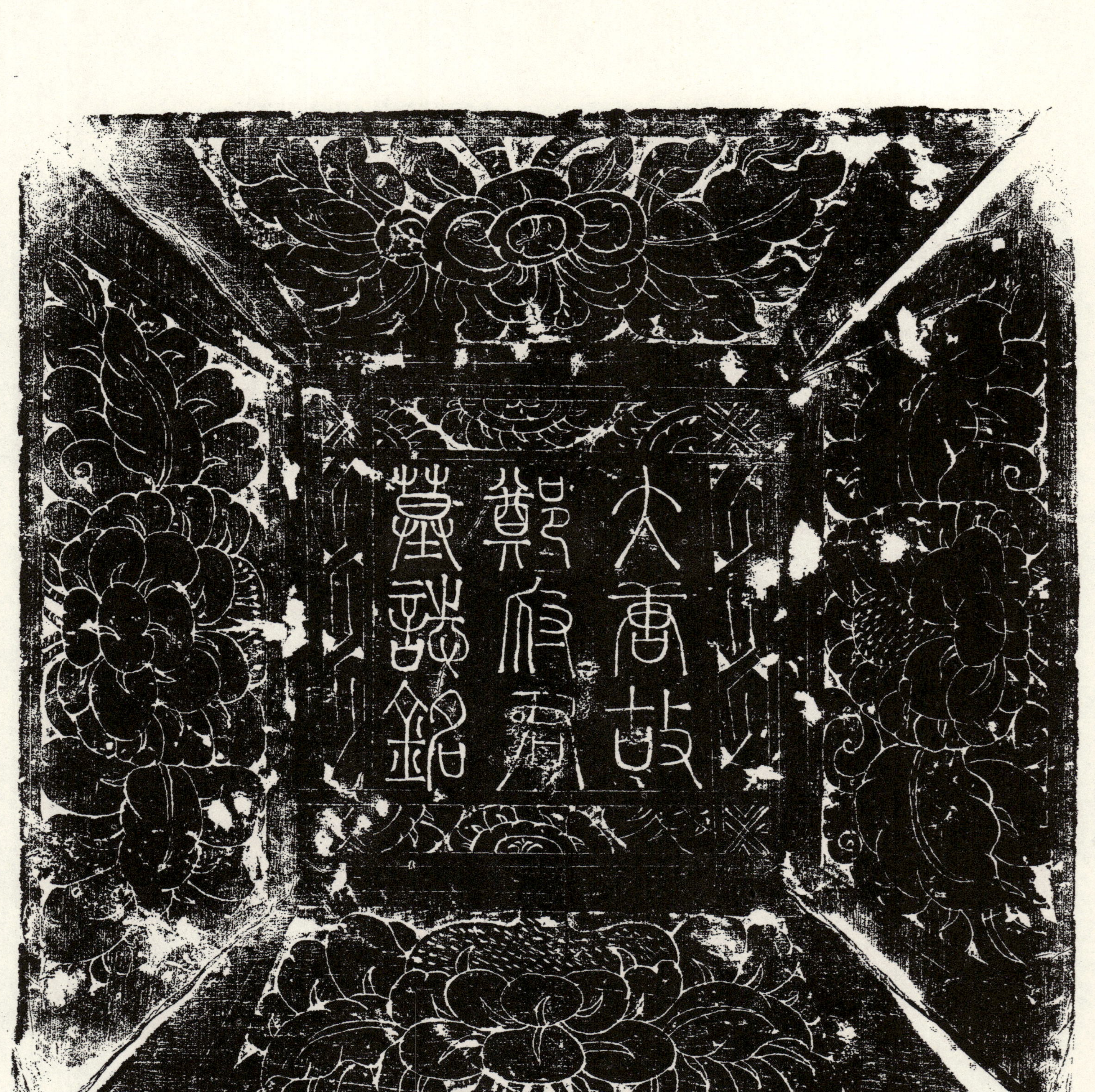

三五八　唐鄭鉷墓誌并蓋

唐鄭鉷墓誌并蓋

首題："唐故右金吾衛録事參軍鄭府君墓誌銘并序"

共29行，滿行29字　455×450×105

誌蓋篆書："大唐故鄭府君墓誌銘"　3行，行3字　235×220

貞元十三年（797）十月二十一日卒　貞元十四年（798）二月十九日葬　盧珂撰

2004年冬，河南省洛陽市伊川縣萬安山南原出土，旋歸洛陽古玩城李氏。

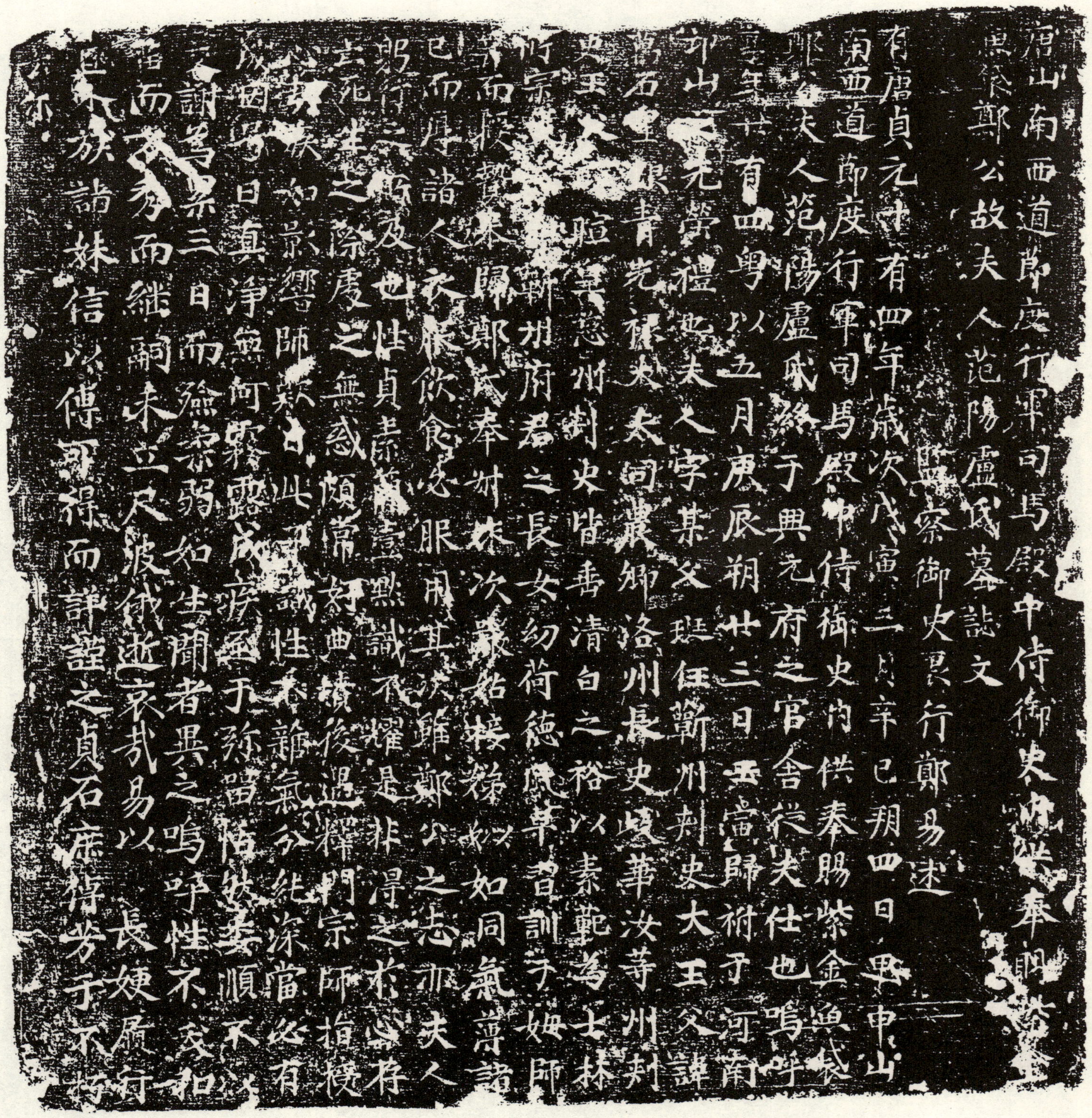

三五九　唐鄭公夫人盧氏墓誌

首題：“唐山南西道節度行軍司馬殿中侍御史内供奉賜紫金魚袋鄭公故夫人范陽盧氏墓誌文”

共 20 行，满行 22 字　365×360

貞元十四年（798）三月四日卒　五月二十三日葬　鄭易撰

2002 年冬，河南省洛陽市邙山出土，先歸某氏，旋歸洛陽豫深文博城張氏。

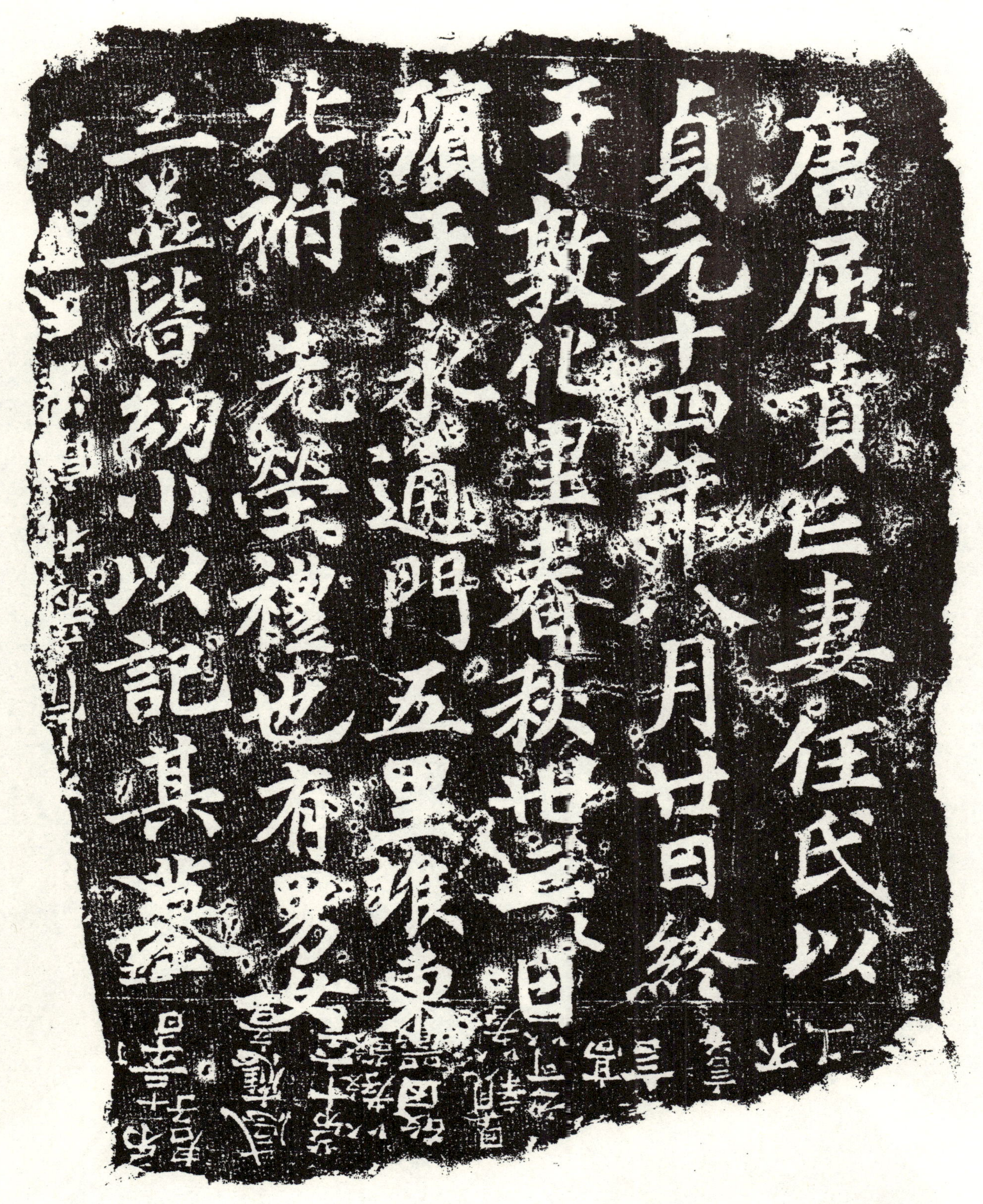

三六〇 唐屈賁妻任氏墓誌

無首題

共6行,滿行10字 260×250

貞元十四年(798)八月二十日卒

2004年秋,河南省洛陽市出土,旋歸洛陽豫深文博城馬氏,余於12月5日傳拓得之。

按:《唐代石刻官署及所轄刻工考》載:"隸屬於將作監的刻工還有馬贍、屈賁、范及等。"《嗣曹王墓誌》署名:"鎸字人屈賁、馬贍。"屈賁既與馬贍列名同刻,所刻又是嗣曹王李昊之墓誌,則有充分理由認定他也是將作監之内作匠人。值得一提的是,屈賁還能書法,其名見《金石録》、《書史會要補遺》。他所刻石有貞元十四年(798)《少林寺廚庫記》、貞元十五年(799)《徐浩碑》以及本書《唐李胄妻鄭氏墓誌》。

三六一　唐李澄墓誌并蓋

唐李澄墓誌并蓋

首題:“唐故扶風郡司法参軍李公墓誌銘并序”

共26行,滿行26字　450×450×105

誌蓋楷書:“唐故隴西李府君墓誌”　3行,行3字　540×540

天寶六載(747)七月六日卒　貞元十五年(799)正月十六日葬

鄭士林撰

1999年春,河南省洛陽市伊川縣萬安山出土。

唐故程府君墓誌銘并序
前大理評事崔述述
公諱琛即隸州廣平人曾祖孝並略而不述
公涵道沖和博通文武於人則信於事必成暨
弱冠之年觭控戎幕後退身養性居從洛陽夫
人王氏早歸萬里公洗心齋戒聲色都泯訓彼
令子鄉黨有聞嗚呼道之不行遘疾斯亟禱神
莫効嘗藥無徵貞元十六年仲冬廿四日終于
尊賢別業春秋七十八男宗宏口絶粒泣血攀
號追思昊天俄將殞絶貞元辛巳歲正月五
日與新婦同歸窆穸以其年仲春二旬七日厝
于龍門北原禮也孫懷充等六人毀甚藥𦗐思
纏松檟恐陵谷之推遷勒斯銘于泉戶銘云
猗歟盛德武列文昭既羅弓劍退身道遥其一宜
家早奄公訓偏露忠孝名揚歸之嚴父其二嚴父
既殁愛男旋終孫孫慟哭聲震蒼穹其三卜擇何
處龍門高崗青松朧月兮玄夜長兕婦存亡兮
恒在傍

三六二 唐程琛墓誌

首題："唐故程府君墓誌銘并序"

共18行，滿行18字 360×355

貞元十六年(800)十一月二十四日卒 貞元十七年(801)二月七日葬 崔述撰

2003年秋，河南省洛陽市龍門鎮出土，先歸洛陽張氏，余於10月4日以拓本易得。

三六三　唐鄭君墓誌

首题："唐冀州阜城縣令滎陽鄭君墓誌銘并序"

共 19 行，满行 19 字　395×390

貞元九年（793）六月二日卒　貞元十八年（802）正月四日葬

民國年間河南省洛陽县北邙山出土，石佚。余 2005 年春得拓本於市。

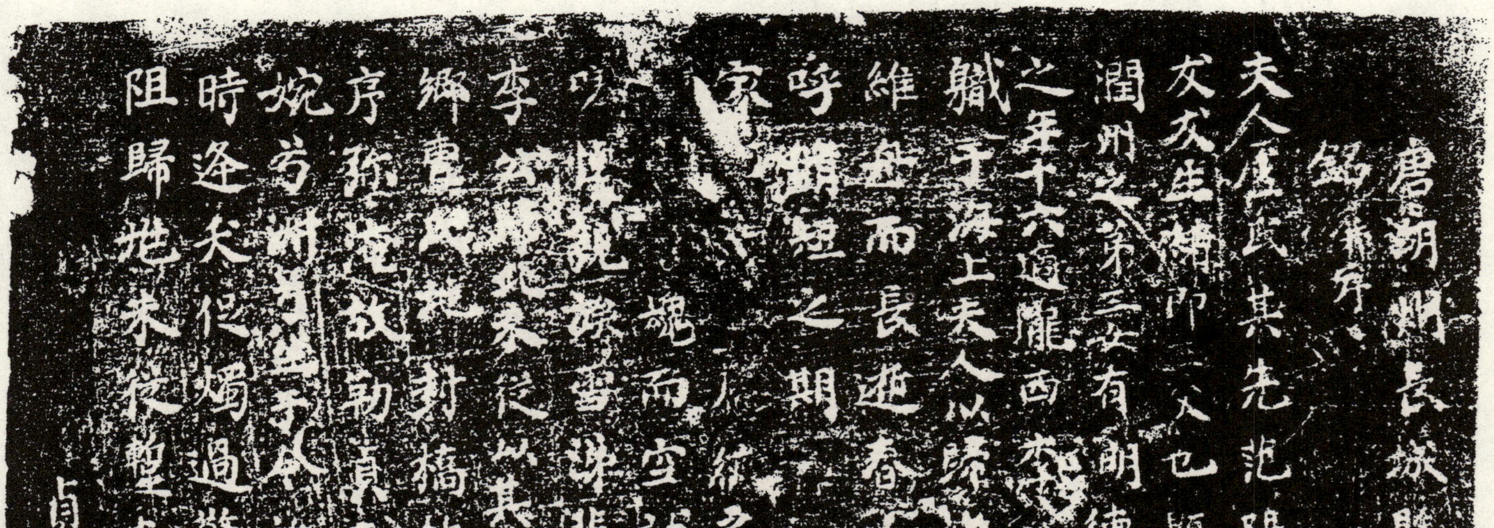

三六四　唐李玄就妻盧氏墓誌

首題："唐湖州長城縣尉李公亡夫人范陽盧氏墓誌銘并序"

共 19 行，滿行 23 字　370×360

貞元二十年（804）四月二十六日卒　五月十一日葬　李貫撰

2003 年春，河南省洛陽市孟津縣出土，該誌原葬蘇州，後遷邙山。

三六五　唐崔鍠墓誌

首題:"唐故蔡州郾城縣尉博陵崔府君合祔墓誌銘并序"

共30行,滿行31字　540×530

卒年不詳　貞元二十年(804)五月十一日葬　穆賞撰

1999年冬,河南省洛陽市出土。

三六六　唐韓憬妻李夫人墓誌

首題："唐故舒州刺史兼御史中丞韓府君繼室隴西李夫人墓誌銘并序"

共 20 行，滿行 20 字　395×395×100

貞元二十一年（805）五月八日卒　永貞元年（805）八月二十四日葬　韓炅撰

2002 年冬，河南省洛陽市孟津縣出土，旋歸洛陽某氏，由何漢儒先生拓贈。2003 年 8 月 15 日，歸藏洛陽師範學院。

三六七　唐王興滿妻何氏墓誌

首題：“唐故宣節校尉守右領軍衛邠州金池府左果毅内飛龍廄宿衛王府君夫人何氏墓記銘并序”

共19行，滿行19字　355×355

貞元三年（787）十月二十八日卒　永貞元年（805）九月十八日葬

從美峰撰

2005年秋，河南省洛陽市關林鎮出土，旋歸洛陽豫深文博城張氏。

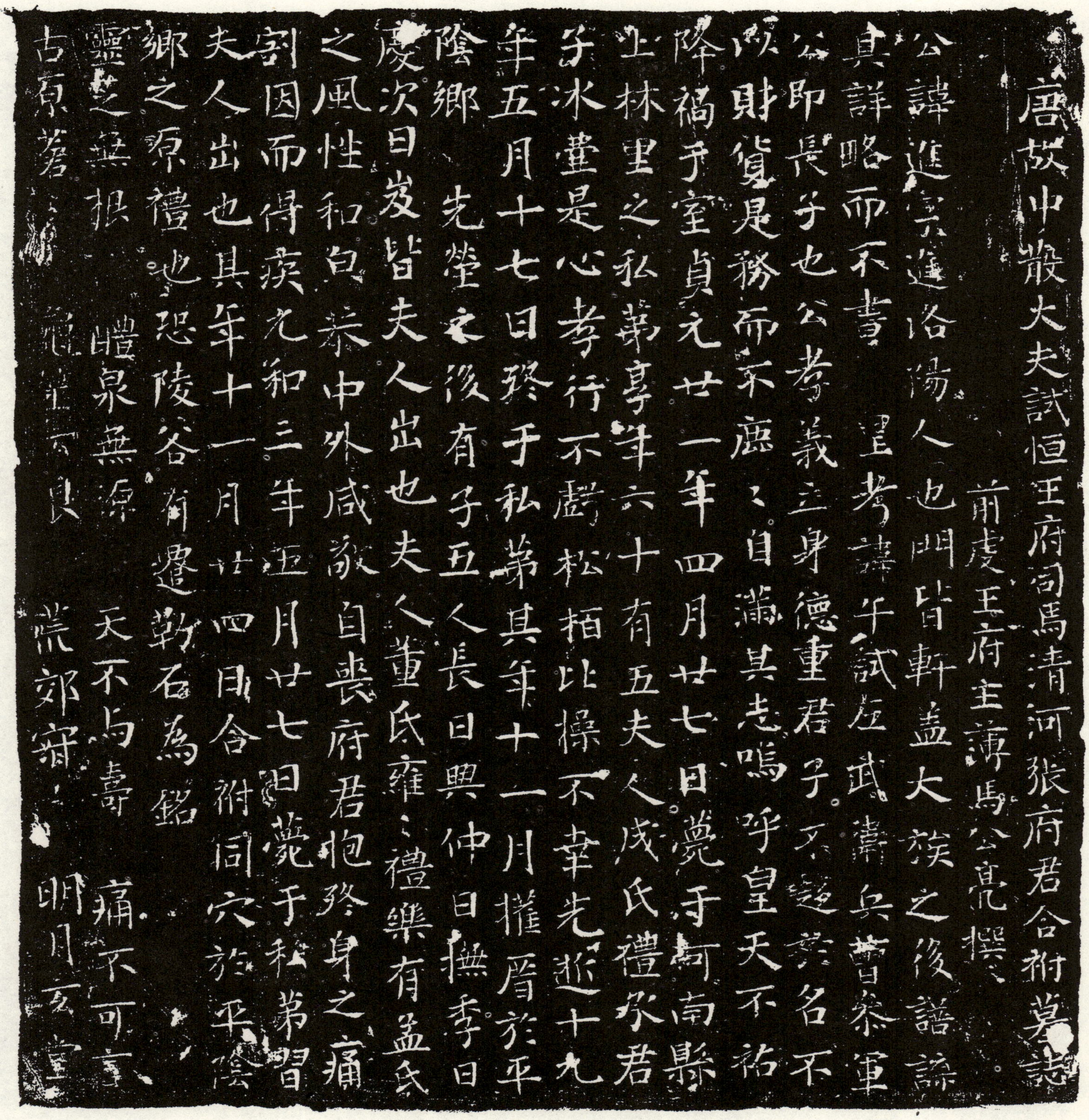

三六八　唐張進及妻成氏合祔墓誌

首題："唐故中散大夫試恒王府司馬清河張府君合祔墓誌"

共 18 行，滿行 20 字　350×335

貞元二十一年（805）四月二十七日卒　元和三年（808）十一月二十四日葬　馬公亮撰

2004 年秋，河南省洛陽市孟津縣出土，旋歸洛陽古玩城孟氏，余購得拓本一枚。

三六九　唐李成鈞墓誌

首題:“大唐故同州文學李君墓誌銘”
共 16 行,滿行 16 字　365×370
元和五年(810)正月二十九日葬
2003 年春,河南省洛陽市孟津縣平樂鎮出土,旋歸洛陽何氏。

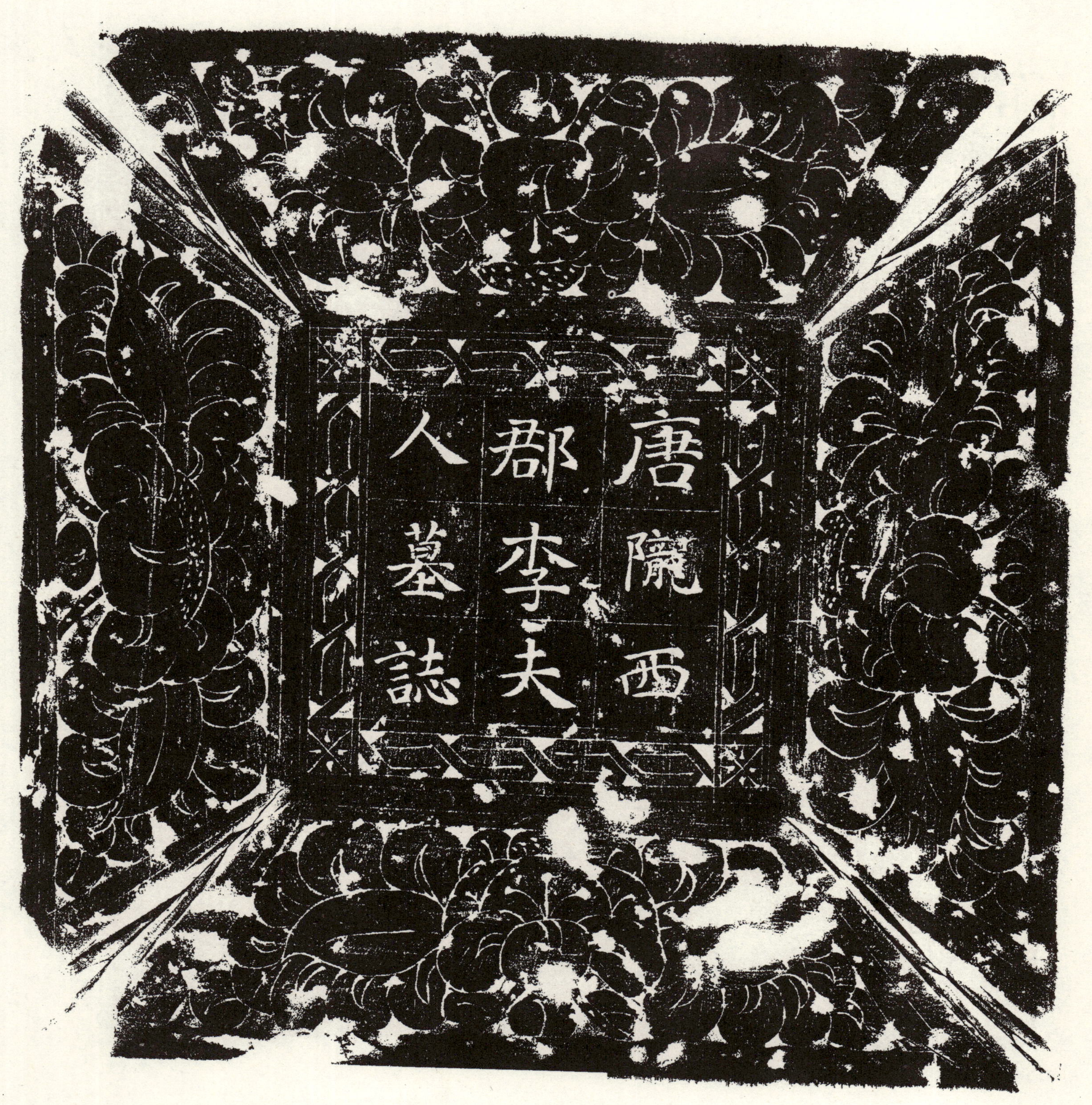

三七〇　唐劉君妻李智玄墓誌并蓋

唐劉君妻李智玄墓誌并蓋

首題："唐故鄭州滎陽縣令劉府君夫人隴西李氏墓誌文"

共18行，滿行17字　305×305×65

誌蓋楷書："唐隴西郡李夫人墓誌"　3行，行3字　330×330

元和八年（813）正月七日卒　二月十三日葬　劉陟撰

1998年，河南省洛陽市孟津縣出土。

三七一　唐裴廣迪墓誌

首題："唐故登封縣尉裴府君墓誌銘并序"

共18行，滿行18字　325×325×60

元和七年（812）五月二十九日卒　元和八年（813）二月十八日葬　樊能撰

1997年冬，河南省洛陽市伊川縣萬安山出土。

三七二　唐雷渾墓誌

首题：“唐故前恒王府典軍左親事員外置同政員賜紫金魚袋雷府君墓誌銘并序”

共24行，滿行24字　420×415

元和七年（812）三月二十五日卒　元和八年（813）十月五日葬　雷恒撰

2002年，河南省洛陽市伊川縣出土，先歸洛陽豫深文博城張氏，余2003年11月23日得一拓本。

庚氏亡妻隴西李夫人墓誌銘并序
老甥滁州刺史武功蘇繫銘
有唐元和八年歲直癸巳六月廿八日洪府録事參軍新
野庚仲畬妻隴西李氏夫人遇疾終于夫之官舍
我髙祖神堯皇帝第十三王諱元懿分封于鄭即
夫人受氏枝宗系也　烈祖懿鄭州內鄉縣令生江陵
府枝江縣丞府君諱義需　夫人即　枝江府君之
息女廣平宋氏之出也　出之祖顧河南府密縣丞
內外清華儀範所則作嬪君子淑慎宜家初笄之歲歸于
庚年廿七逝于洪姻族痛悼同乎遠近以其年十二月五
日歸葬東都定鼎門之南原祔于　祖姑之塋側從
權禮也　令滁州牧武功蘇公即　夫人之　外
皇祖妣之昆弟行列當老甥悼亡即弥甥噫追存曩日矧
自幼及長鞠育婚娶至于今之日尒視予猶父也予不得
視猶子也望　旅櫬發讜奠庀喪具助行役皆
我公垂悲念之所至仍慮歲月徂謝陵谷遷變乃命棐文
之士叙厥事刻金石復　翳衿軫懷屬辞比事銘識泉
壤其詞曰
嗟嗟夫人兮
吾姊之孫生齒及笄兮不離我門何敏慧兮不享夫祿念
之如子兮今復奚言嗚呼哀哉
東海徐瑺叙并書

三七三　唐庚仲畬妻李氏墓誌

首題："庚氏亡妻隴西李夫人墓誌銘并序"

共22行，滿行22字　460×460

元和八年（813）六月二十八日卒　十二月五日葬　蘇繫銘　徐瑺叙并書

1997年，河南省洛陽市關林鎮出土。

三七四 唐袁公和墓誌

首題："唐故將仕郎試太常寺奉禮郎袁府君墓誌銘并序"

共22行，滿行23字 350×350×60

元和八年（813）十二月二十日卒 元和九年（814）正月十三日葬 郭璠撰

1997年冬，河南省洛陽市龍門鎮出土。

唐故處士傅公夫人路氏合祔墓誌銘并序
公諱鋆,自軒皇立姓,継代王侯,家傳具詳,故略而不
書。厥後因官于秦,命乃爲秦人焉。祖考皆隱居不
名之於誌焉。公即弟十四子也。公乃高節抱義,閑居
不趨軒冕之榮,自樂逍遥之志。公惟性聡朗,好古多
聞,兄藹孝友之風度,和温讓之道,愛敦詩閲禮,吐鳳
而成文。何圖上天不愍,忽因寢疾不瘉,元和八年十
一月廿二日嗚呼奄終於南鄽私弟,享年六十六。時
子女叫絶,十死九蘇,朋合巷陌,莫不驚駭矣。先夫人
安定路氏,貞元中先於府君而殁。後夫人陳留蔡氏,
貞元廿年三月十日終於府君之室。皆德行有聞,禮
奉君子。公有子仲和,貞[illegible][illegible]年五月十七日先逝,瘞
於蔡家塋内。今継嗣一人曰封清。有女三人,長曰出
適潁川韓惟政,次女出塵,法名常省,小女在室,猶未
稽古。蔡氏之弟曰君亮,承眷恩深,與封清以來年甲
午二月十二日合祔二夫人於府君 先塋之次。君
亮恐陵谷遷易,万古無誌,刻兹貞石於宅,乃銘曰:
蒼蒼上天,所降[illegible]仁。府君茂德,莫竆無伸。
終天不曉,永[illegible]良晨。[illegible]泉門[illegible]閟,万古千春。

三七五 唐傅鋆與夫人路氏蔡氏合祔墓誌

首題:“唐故處士傅公夫人路氏合祔墓誌銘并序”

共19行,满行20字 380×370

元和八年(813)十一月二十二日卒 元和九年(814)二月十二日葬

2005年秋,河南省洛陽市出土,旋歸洛陽豫深文博城張氏。

三七六　唐李宙墓誌

首題："故唐朝議郎滑州酸棗縣令李公墓誌銘并序"

共26行，滿行25字　425×420×75

元和十年（815）二月二十七日卒　四月二十日葬　鄧同撰

1998年，河南省洛陽市龍門鎮出土。

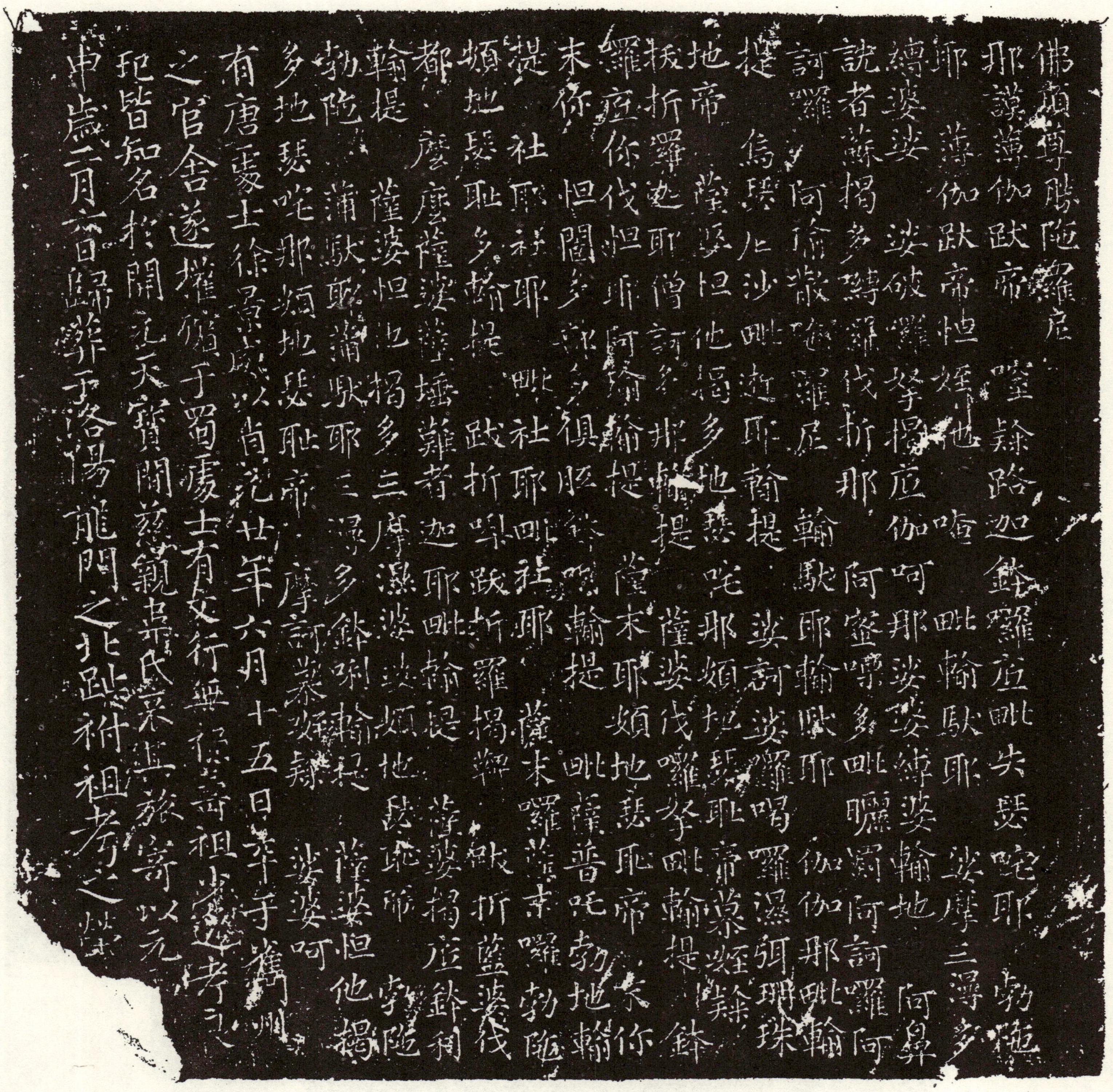

三七七　唐徐景威墓誌

無首題

共21行,滿行22字　340×340

貞元二十年(804)六月十五日卒　元和十一年(816)二月六日葬

2004年秋,河南省洛陽市龍門之北原出土,旋歸洛陽古玩城孟氏,余購得拓本一枚。

按:此誌甚奇特,誌文前十七行爲《佛頂尊勝陁羅尼經》,後四行爲誌主,亦爲誌中之僅見。

大唐貞元十七年五月六
日河中衛公諱叔良殁於
臨睘坊私第享年三十三
祖思立 父崇寔其年權
殯於吕樂村弟叔貞叔達
以元和十二年丁酉七月
十五日改葬於洛陽縣感
德鄉伊川村祔 大塋之
後禮也故刻石爲記永鎮
玄堂

三七八　唐衛叔良改葬記

無首題

共10行,滿行10字　290×290

貞元十七年(801)五月六日卒　元和十二年(817)七月十五日葬

衛叔貞、衛叔達撰

2004年9月,河南省洛陽市伊川縣出土,旋歸洛陽古玩城孟氏。

三七九　唐張汶墓誌并蓋

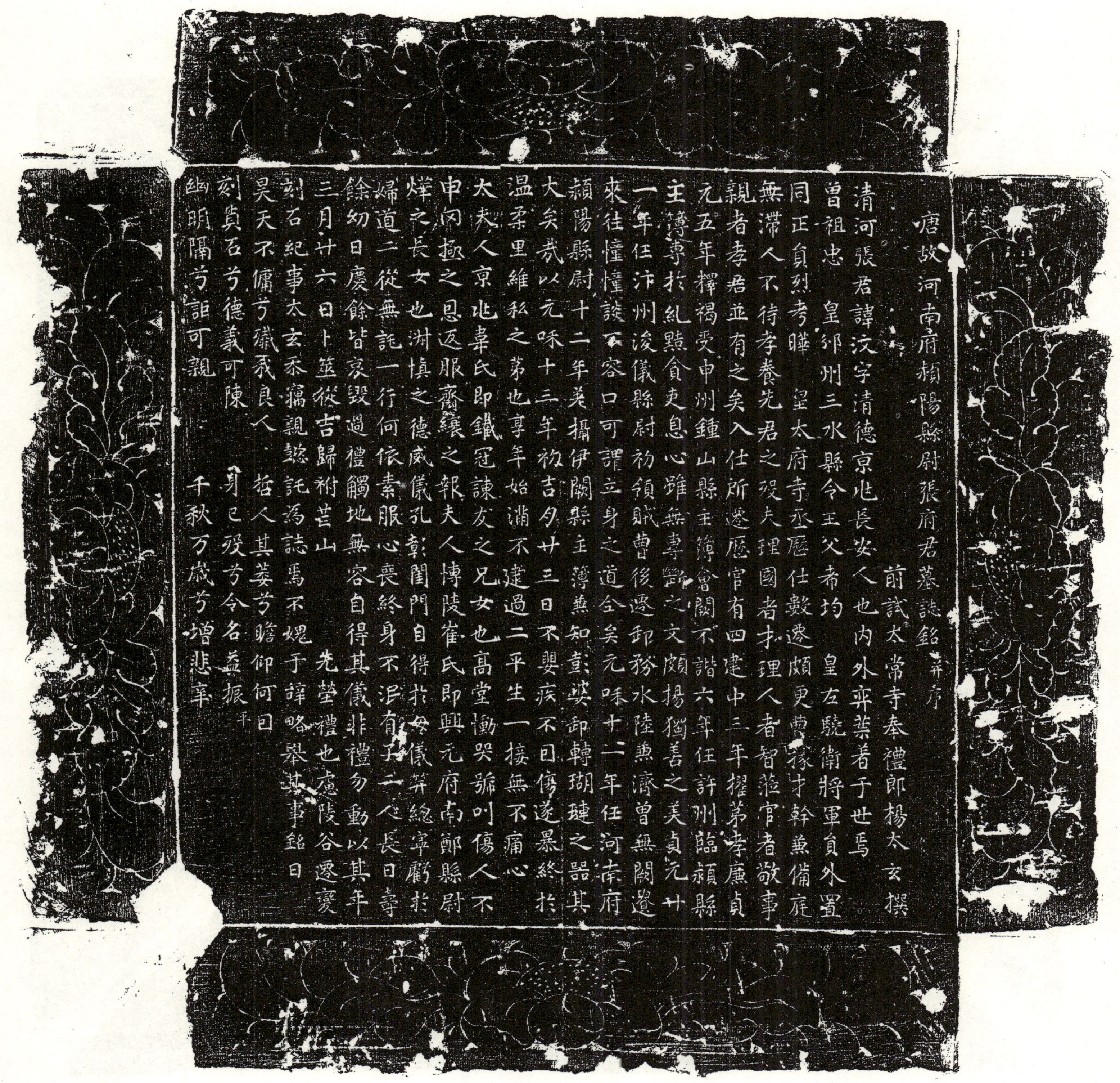

唐張汶墓誌并蓋

首題:“唐故河南府穎陽縣尉張府君墓誌銘并序”

共 24 行,滿行 25 字　450×450×80

誌蓋篆書:“大唐故張府君墓誌銘”　3 行,行 3 字　500×500

元和十三年(818)正月二十三日卒　三月二十六日葬　楊太玄撰

1998 年冬,河南省洛陽市孟津縣出土。

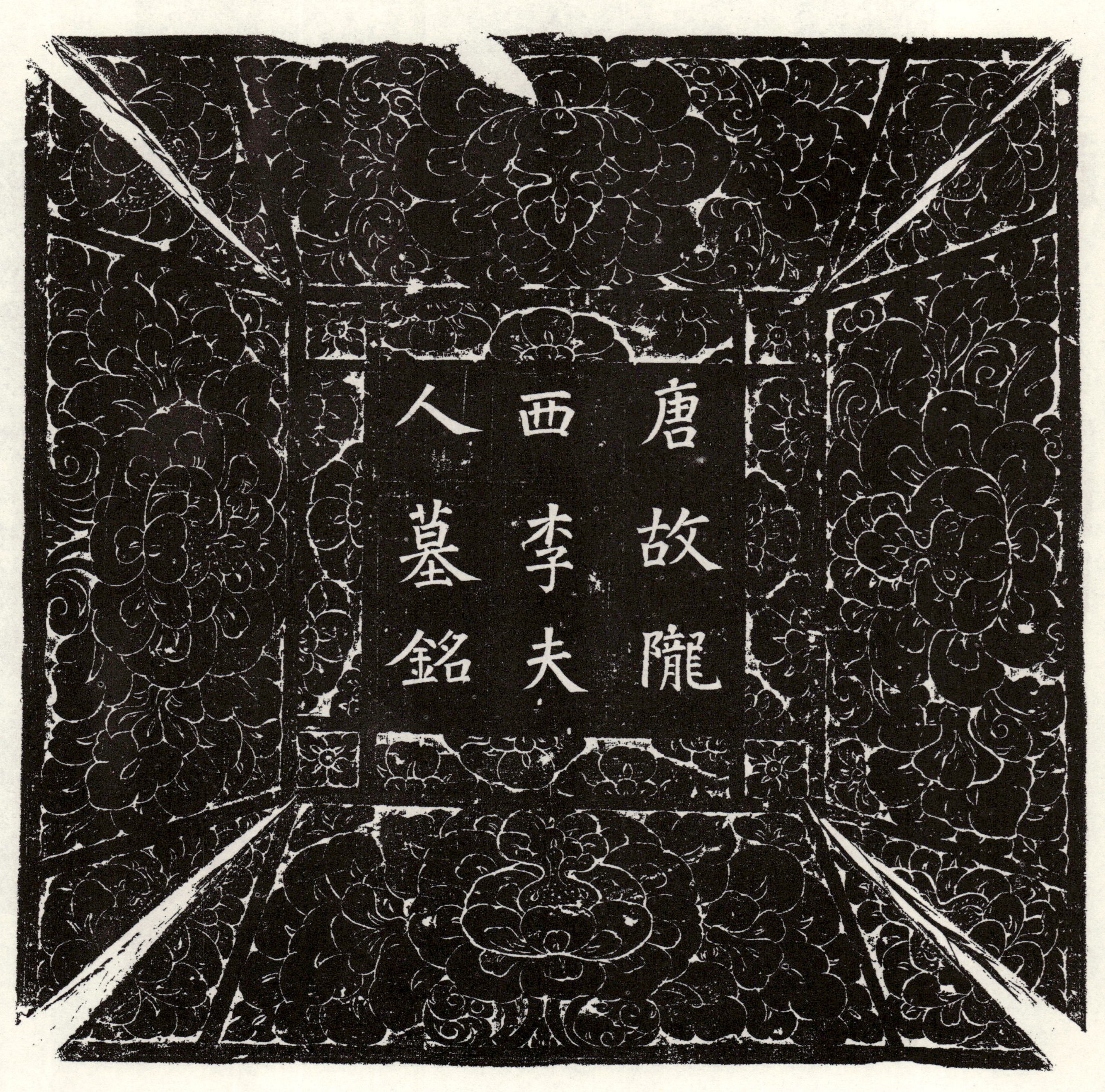

三八〇 唐崔君夫人李氏墓誌并蓋

唐崔君夫人李氏墓誌并蓋

首題:“唐試大理評事崔君夫人隴西李氏墓銘并序”

共 23 行,滿行 23 字　525×525×105

誌蓋楷書:“唐故隴西李夫人墓銘”　3 行,行 3 字　535×535

元和十三年(818)八月二日卒　元和十四年(819)五月二十五日葬　劉積中撰

1998 年,河南省洛陽市伊川縣萬安山出土。

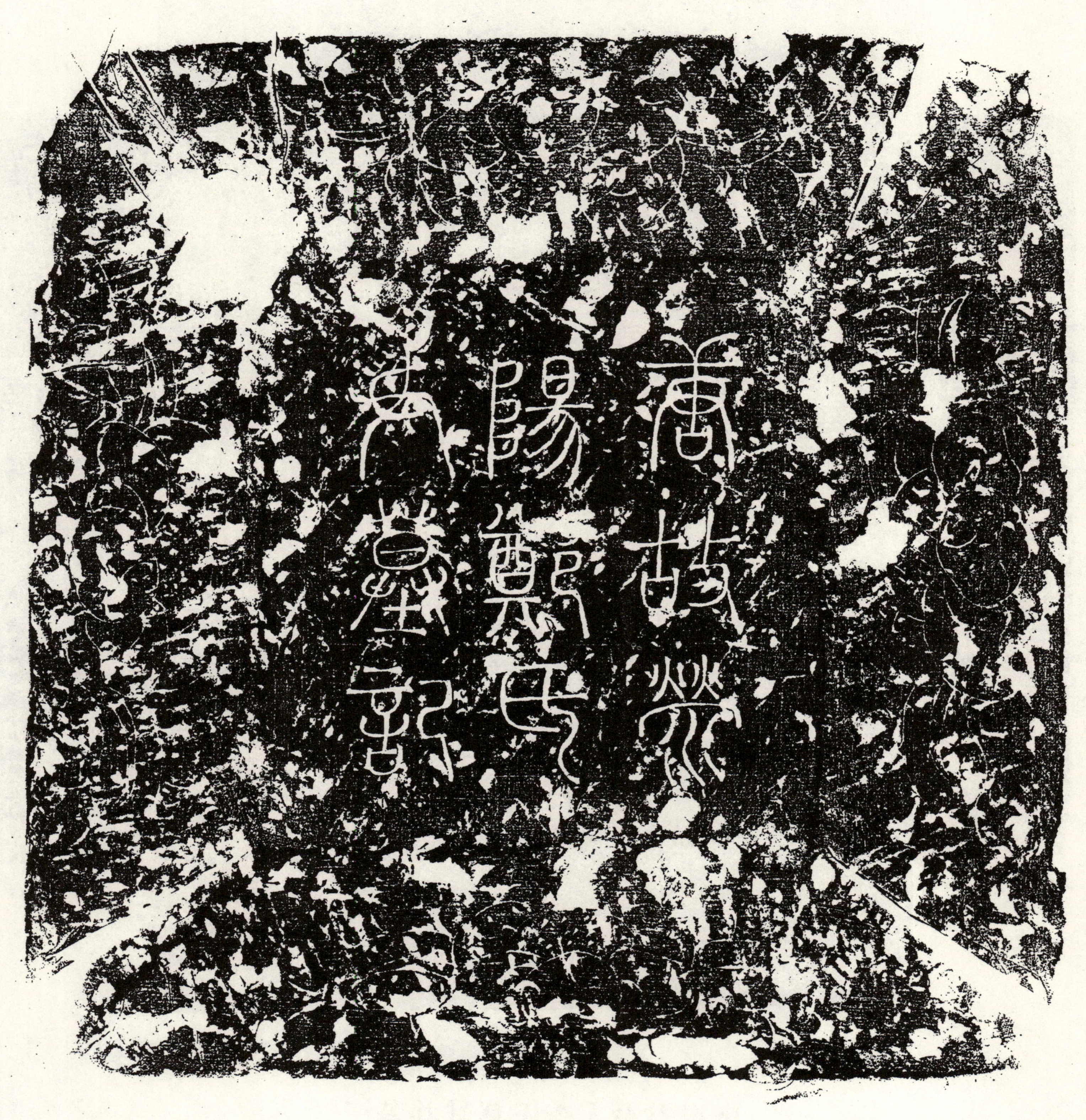

三八一　唐鄭氏女墓記并蓋

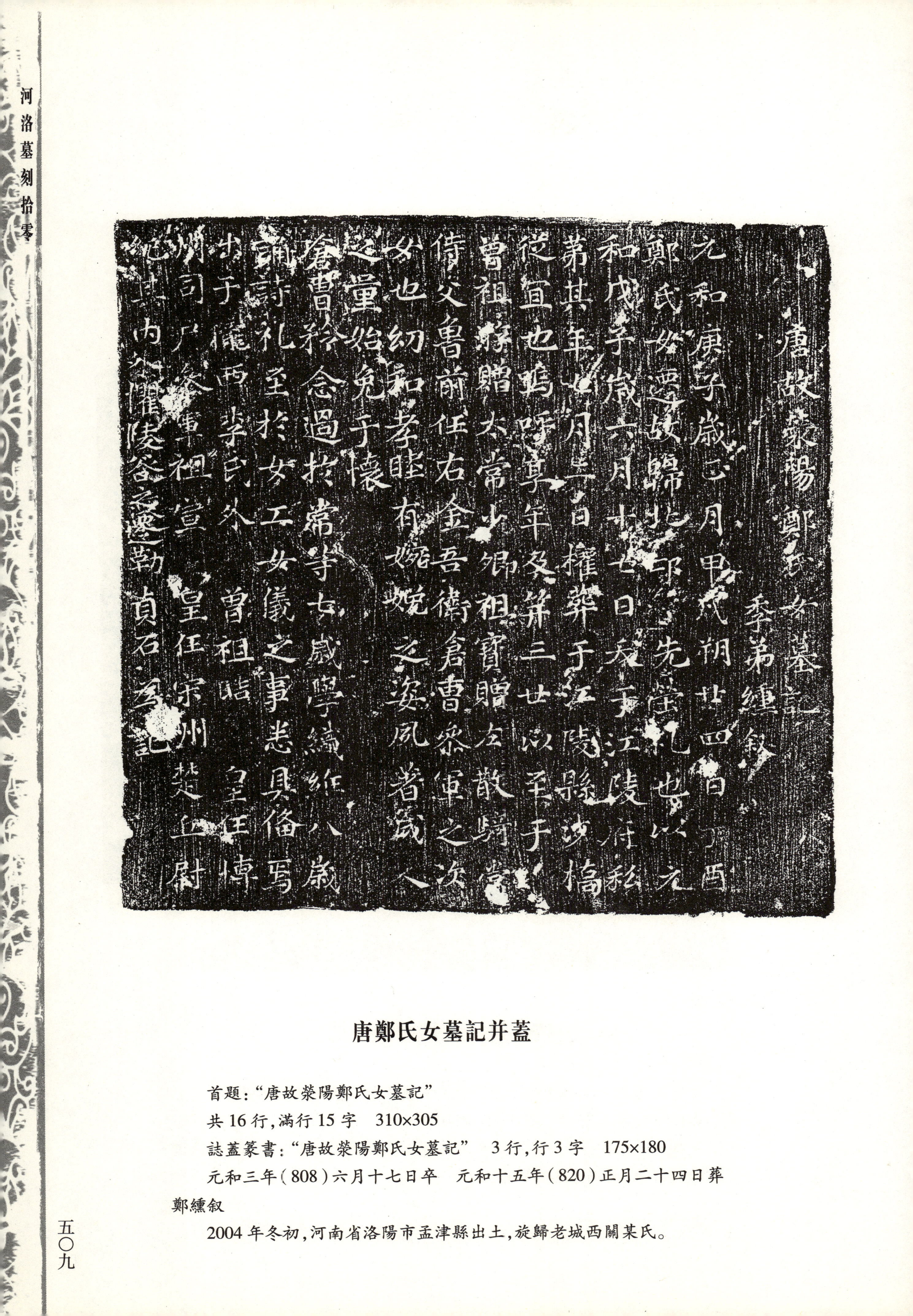

唐鄭氏女墓記并蓋

首題:“唐故滎陽鄭氏女墓記”

共16行,滿行15字　310×305

誌蓋篆書:“唐故滎陽鄭氏女墓記”　3行,行3字　175×180

元和三年(808)六月十七日卒　元和十五年(820)正月二十四日葬

鄭纁叙

2004年冬初,河南省洛陽市孟津縣出土,旋歸老城西關某氏。

三八二　唐裴君夫人柳内則墓誌

首題："唐故揚州録事參軍河東裴府君夫人河東柳氏墓誌銘并序"

共 27 行，滿行 35 字　605×600×110

長慶元年（821）十一月五日卒　長慶二年（822）二月十日葬　蕭泳撰

1997 年春，河南省洛陽市出土。

三八三　唐顔季康墓誌

首題："唐故太常寺奉禮郎顔公墓誌銘并序"

共20行，滿行23字　465×455

長慶元年（821）十一月十四日卒　長慶二年（822）二月十一日葬

杜從立撰

2003年春，河南省洛陽市孟津縣出土，歸洛陽豫深文博城賈氏。

三八四　唐張涓墓誌

首題："唐故河南府新安縣主簿張府君墓誌銘并序"

共20行，滿行20字　430×430

長慶二年（822）正月二十日卒　五月二十四日葬　李文師撰

2004年1月，河南省洛陽市孟津縣出土，旋歸洛陽古玩城某氏。

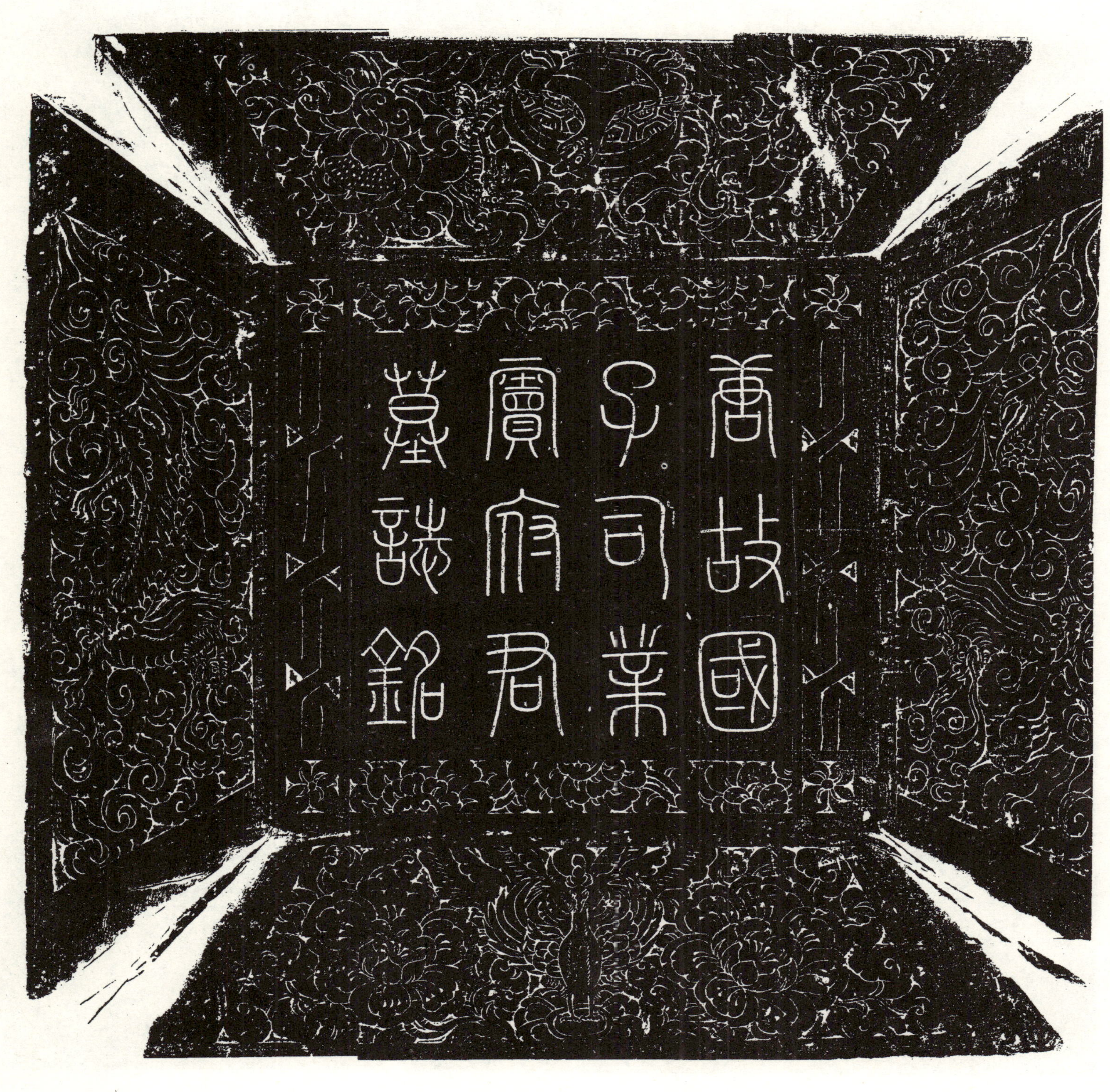

三八五　唐竇牟墓誌并蓋

唐竇牟墓誌并蓋

首題:“唐故朝散大夫守國子司業上柱國扶風竇公墓誌銘并序”

共 28 行,滿行 31 字　750×765

誌蓋篆書:“唐故國子司業竇府君墓誌銘”　4 行,行 3 字　825×845

長慶二年(822)二月四日卒　八月十四日葬　韓愈撰　竇庠書

2005 年夏,河南省洛陽偃師市首陽山出土,旋歸洛陽某氏。

三八六 唐崔逢墓誌

首題："唐故昭義支度巡官知湖南鹽鐵院朝議郎試大理評事飛騎尉崔府君墓誌銘并序"

共 29 行，滿行 29 字　635×620×95

長慶三年（823）五月卒　十月四日葬　權璩撰

2000 年，河南省洛陽市伊川縣出土。

唐故范陽盧夫人墓誌

三從姪秘書[illegible]書郎言撰

長慶三年歲在癸卯九月廿[illegible]左監門衛胄曹

李君宗本夫人范陽盧氏終于上都親仁里盧氏

爲代著姓夫人其南祖之裔也曾祖携司農丞祖

蘭金駕部郎中父旨盧氏縣令盧氏府君夫人隴

西李氏生四子夫人其長女也嫁于李氏十有四

年敬順以事姑賢而無子既疾病隴西夫人來

視之三月奄加羞于終其哀可知也其年十二月

廿二日歸塋河南府洛陽縣平陰鄉積閏里李氏

之先塋禮也將葬曹曹請其族弟范陽盧言誌且

爲之銘而夫人於余爲從祖姑故敢不讓以書其

歲月云銘曰

懿惟茂族女德承華禮訓貽[illegible]淑美柔佳惟才以

儀謂克有家宜壽宜昌友也謂何春零以霜秋亦

不實孝以成敬德以宜室賢而無子天也何忽罿

罿其卑往即于塋叶以筮龜以封其先歲月日時

既吉且安神斯宅之永固萬年

三八七 唐李宗本夫人盧氏墓誌

首題：“唐故范陽盧夫人墓誌銘并序”

共 18 行，滿行 19 字 360×365

長慶三年（823）九月二十一日卒 十二月二十二日葬

盧言撰并書

2003 年夏，河南省洛陽市孟津縣邙山出土，旋歸張氏。

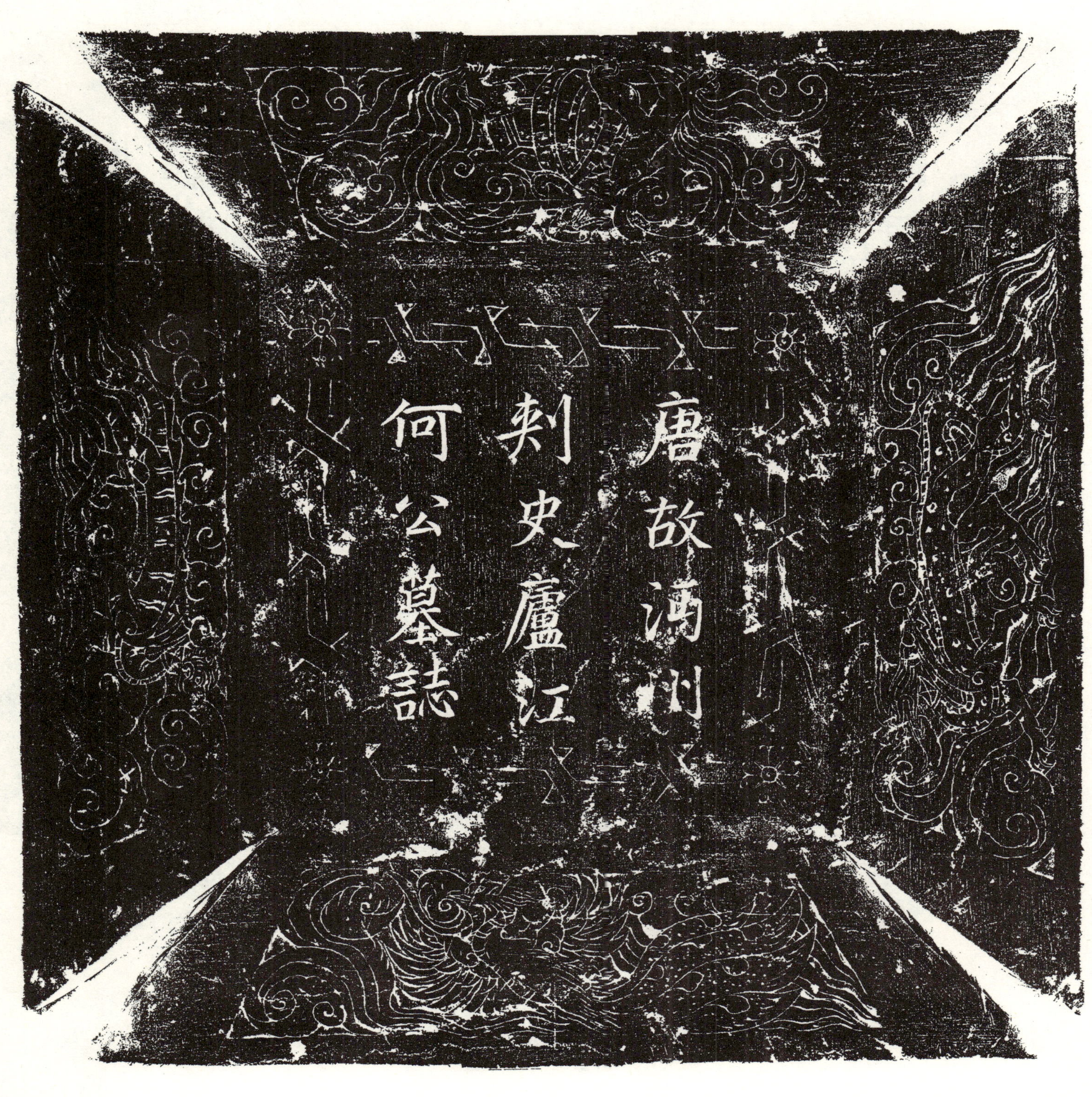

三八八　唐何撫墓誌并蓋

唐何撫墓誌并蓋

首題:"唐故沔州刺史盧江何公墓誌銘并序"
共37行,滿行37字　600×590×105
誌蓋楷書:"唐故沔州刺史盧江何公墓誌"　3行,行4字　620×620
長慶三年(823)十二月十日卒　長慶四年(824)二月四日葬　韋表微撰
1999年,河南省洛陽偃師市首陽山鎮出土。

三八九　唐蕭徵墓誌

首題："大唐故河南府洛陽縣丞蘭陵蕭府君墓誌銘并叙"

共 28 行，滿行 27 字　520×515×64

長慶四年（824）九月八日卒　十一月二十一日葬　李直撰

2000 年春，河南省洛陽市伊川縣萬安山出土。

三九〇 唐夏侯昇墓誌

首題："唐故銀青光禄大夫檢校太子詹事陳州長史兼侍御史食邑三百户譙郡開國男夏侯公墓誌銘并序"

共34行，滿行37字　755×755

長慶四年（824）七月二日卒　十一月二十五日葬　杜倩撰　王繼之書

2003年春，河南省洛陽市孟津縣出土，旋歸象莊劉氏，2005年秋，又歸洛陽孫氏。

三九一　唐張款墓誌

首題："唐鄉貢進士張君墓誌銘并序"
共 19 行，滿行 18 字　300×305
長慶二年（822）閏十月四日卒　寶曆元年（825）八月十四日葬　李景撰
2005 年秋，河南省洛陽市孟津縣出土，旋歸洛陽豫深文博城唐氏。

三九二　唐大秦景教宣元至本經幢

首題："大秦景教宣元至本經"

共8面，42行，滿行28字　840×1180

大和三年（829）二月十六日遷舉立幢於洛陽縣感德鄉柏仁里　龔瑩澈刻勒書經

2006年夏，河南省洛陽市李樓鄉某村出土，旋歸洛陽豫深文博城李氏。同年8月初，歸上海某氏。

按：這是繼天啓五年（1625）陝西出土《大秦景教中國流行碑》及近代敦煌石窟出土景教經典寫卷以來，國内又一古代宗教文物的重大發現。

它的價值在於，陝西出土《大秦景教中國流行碑》僅叙述了大秦景教在中國的流行過程，而此《大秦景教宣元至本經幢》則刻寫出了在唐代大秦景教經義的具體内容。這就爲研究中古時期東西方文化交融提供了詳實、可靠的資料。

三九三　唐黎燭墓誌并蓋

唐黎燭墓誌并蓋

首題："唐故黎處士墓誌銘并序"

共16行，满行17字　370×365×70

誌蓋楷書："唐故黎處士墓誌之銘"　3行，行3字　435×435

大和三年(829)八月二十二日卒　八月二十五日葬　黎埴撰

1999年，河南省洛陽市孟津縣出土。

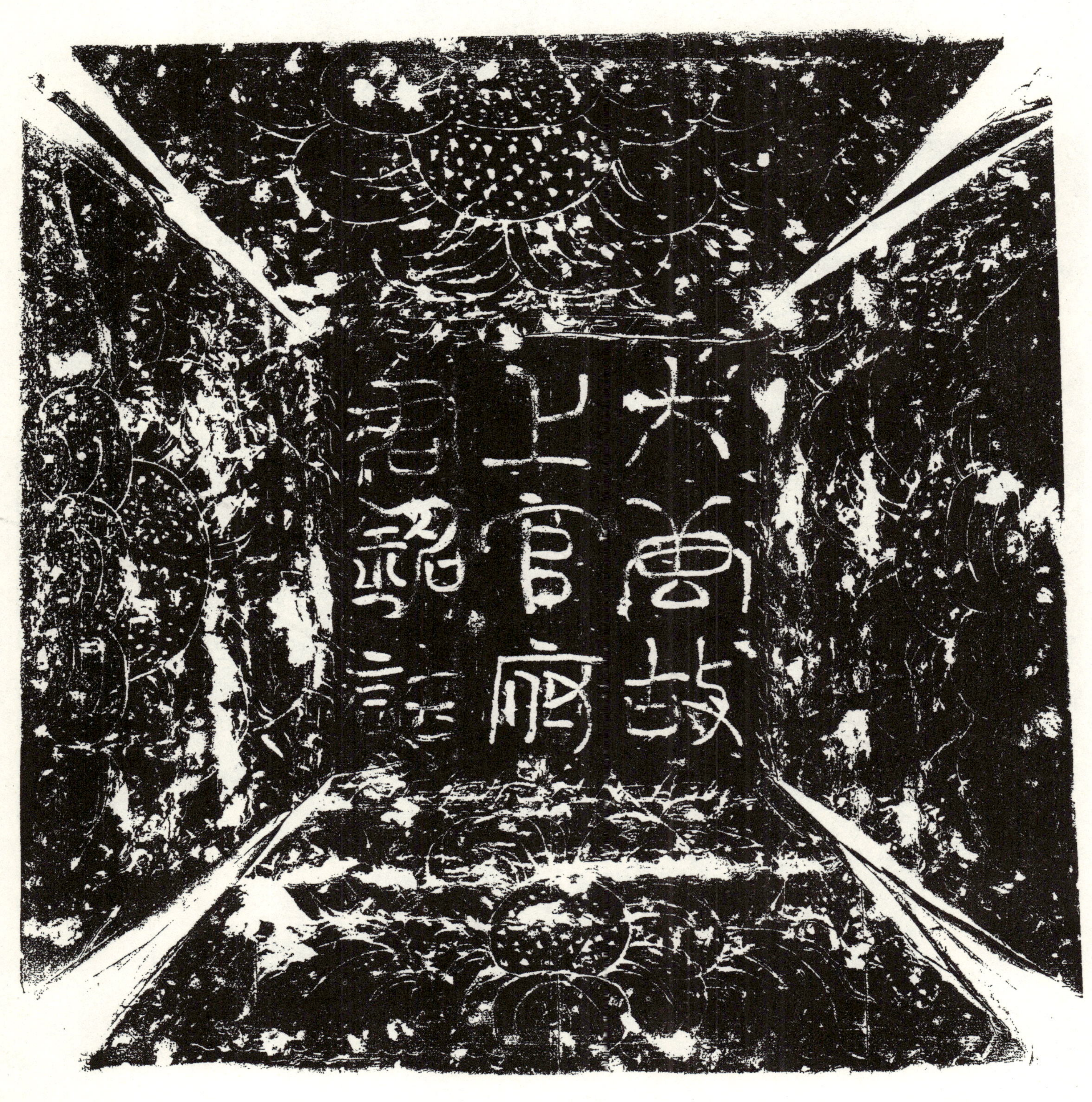

三九四　唐上官政墓誌并蓋

唐上官政墓誌并蓋

首題："大唐故上官府君墓誌銘并序"
共23行，滿行23字　370×375×75
誌蓋篆書："大唐故上官府君銘誌"　3行，行3字　430×430
大和三年(829)七月二十六日卒　十月二日葬　李仲素撰
1999年春，河南省洛陽市孟津縣出土。

三九五　唐韋君妻李夫人墓誌并蓋

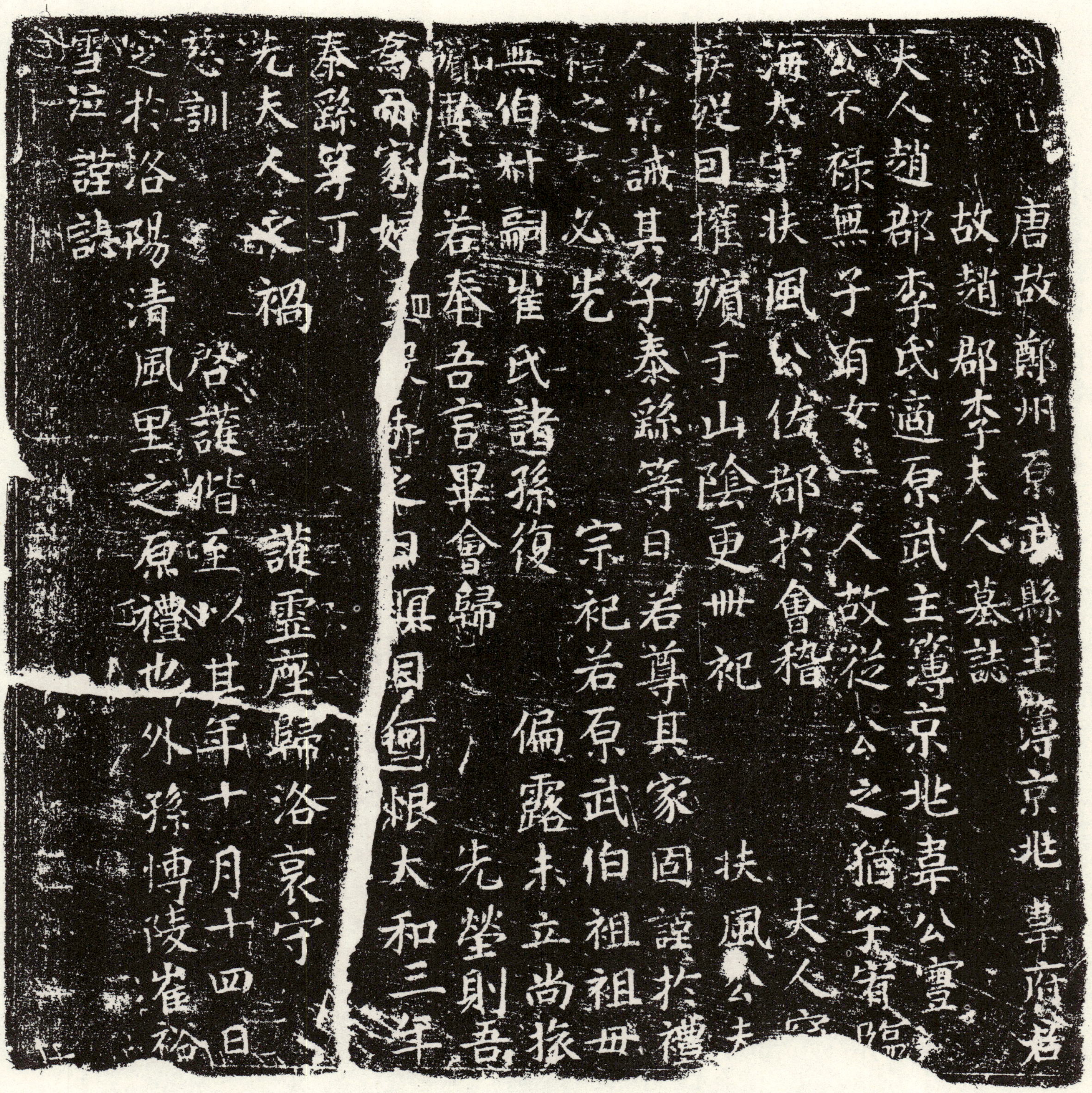
唐故鄭州原武縣主簿京兆韋府君
故趙郡李夫人墓誌
夫人趙郡李氏適原武主簿京兆韋公亶
公不祿無子有女一人故從公之猶子賓臨
海太守扶風公佐郡於會稽 夫人寢
疾從曰權殯于山陰更毋祀 扶風公夫
人常誡其子泰孫等曰若尊其家固謹於禮
禮之大必先 宗祀若原武伯祖祖毋
無伯材嗣崔氏諸孫復 偏露未立尚[illegible]
[illegible]土若奉吾言畢會歸 先塋則吾
為爾家婦[illegible]目瞑目迴恨太和三年
泰孫等丁
先夫人之禍 護靈座歸洛哀守
慈訓 啓護皆至以其年十月十四日
定於洛陽清風里之原禮也外孫博陵崔裕
雪泣謹誌

唐韋君妻李夫人墓誌并蓋

首题:“唐故鄭州原武縣主簿京兆韋府君故趙郡李夫人墓誌”
共16行,滿行17字　295×295
誌蓋楷書:“唐故趙郡李夫人墓誌”　3行,行3字　370×370
卒年不詳　大和三年(829)十月十四日葬　崔裕撰
1998年,河南省洛陽市出土。

三九六　唐竇靖墓誌并蓋

唐竇靖墓誌并蓋

首題："唐故朗州司馬扶風竇府君墓誌銘并序"

共23行，滿行23字　395×395

誌蓋篆書："唐故朗州司馬扶風竇府君墓誌銘"　4行，滿行4字　360×360

元和七年（812）十月二十三日卒　大和三年（829）十月二十三日葬　裴魯撰

2004年春，河南省洛陽市出土，旋歸劉坡王氏。

三九七　唐盧士鞏夫人鄭氏合祔墓誌并蓋

唐盧士鞏夫人鄭氏合祔墓誌并蓋

首題："唐故朝散大夫守鄭州長史范陽盧府君夫人滎陽鄭氏合祔墓誌銘并叙"

共26行，滿行27字　410×400×70

誌蓋楷書："大唐故盧府君墓誌銘"　3行，行3字　430×435

長慶元年(821)八月十九日卒　大和三年(829)十月二十六日葬　盧仲權撰

1999年，河南省洛陽市伊川縣萬安山出土。

大唐故道冲觀主三洞女真呂僊師誌銘并序
昇玄先生撿校光祿少卿太微宮
大德賜紫劉從政撰
太微宮道士李玄道書并篆額
僊師号玄和曾祖霽青州刺史祖周祠部郎中泰
府都督孝子涓殿中侍御史攝辰錦二州刺史
元陵臺令心專黄老栖息天壇知足遺榮逍遥冲
漠僊師即府君第二女也性稟自然天資慧識幼
冲之歲懇願出俗歸真府君與太夫人不違其志
也遂巾褐黄冠勅度道冲紫府僉舉觀主
細紀法流逕詣京開元觀法主吴尊師佩受三洞
寶籙法高上清道契無為玄解科教任德積行實
騰上昇豈期以大和四年正月廿二日解化於道
冲觀精思靜堂春秋卌八太夫人常鍊師偕修道
秘永志無忘嗚呼一朝分離不任孤苦以其年二
月廿一日安於河南府河南縣平樂鄉老君里府
君塋側刊石為記以為銘曰
主氣自悟　歸真妙門　默修建德　奉乾順坤
隱習真祕　常俗空聞　解化永謝　名德長存

三九八　唐呂玄和墓誌

首題："大唐故道冲觀主三洞女真呂僊師誌銘并序"

共19行，滿行19字　525×525×110

大和四年（830）正月二十二日卒　二月二十一日葬

劉從政撰　李玄道書并篆額

1998年冬，河南省洛陽市孟津縣出土。

三九九　唐何公夫人崔氏墓誌

首題："唐故京兆府法曹參軍何公夫人博陵崔氏墓誌銘并序"
共18行，滿行20字　305×305
大和四年(830)八月一日卒　九月一日葬　何拱撰
2004年冬，河南省洛陽偃師市首陽山出土，歸建民收藏。

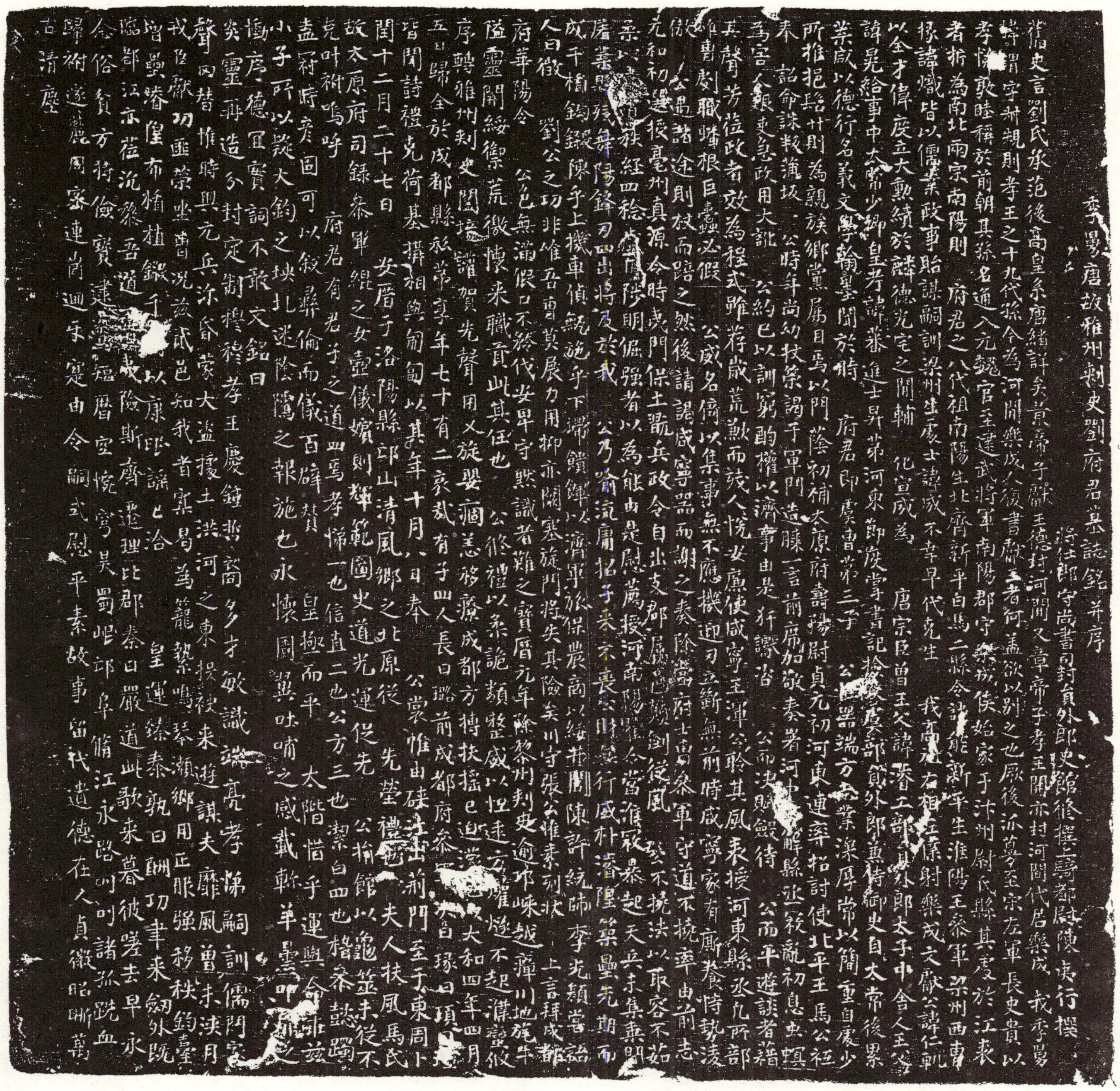

四〇〇　唐劉煟墓誌

首題："季舅唐故雅州刺史劉府君墓誌銘并序"

共40行，滿行42字　540×545

大和四年（830）四月五日卒　閏十二月二十七日葬　陳夷行撰

2005年秋，河南省洛陽市孟津縣出土，旋歸洛陽古玩城孟氏。

四〇一 唐崔鉥墓誌并蓋

唐故前明經博陵崔府君墓誌
堂弟前右金吾衛騎曹參軍銖撰
孝廉諱鉥其先博陵安平人也　曾王父湜
之　皇同州司士參軍累贈左散騎常侍
王父偕　皇尚書左丞累贈太子太傅
皇考元略鄭滑節度使檢校吏部尚書博陵郡公
贈右僕射孝廉即　博陵公之第二子聰秀
明敏孝友通達年十九明經擢第　府君幼而有
文將欲復膺詞賦科取美名以自顯乃精習六經
該覽群史砣砣於机案間晝夜未嘗稍怠至於先
儒奥旨目見輒得雖未踐名場而稱譽已藉藉於
儕輩中烏呼好學不幸由勤苦致疾弱冠歲以元
和十五年四月十六日終於通義里之私第其年
其月廿五日權窆于長安縣高陽原大和四年十
二月　我仲父帥滑臺薨于位以五年四月
十七日遷神于東都萬安山南　孝廉其日歸祔
于　塋側實　理命用慰平昔之孝思也
府君未婚未仕祭祀無主天乎不仁為善者惑堂
弟銖追述事行備陵谷之移不敢為文也

唐崔鉥墓誌并蓋

首題："唐故前明經博陵崔府君墓誌"

共19行，滿行19字　370×370×80

誌蓋楷書："唐故孝廉崔府君墓誌"　3行，行3字　405×405

元和十五年(820)四月十六日卒　大和五年(831)四月十七日葬　崔銖撰

1999年，河南省洛陽市伊川縣萬安山出土。

唐故僕寺進馬博陵崔府君墓誌銘并序
内兄鄉貢進士亭撰
府君諱鍔博陵安平人也　曾祖諱渙之
皇同州司士參軍累贈左散騎常侍　祖諱儆
皇尚書左丞累贈太子太傅　昭考諱元略
皇檢校吏部尚書鄭滑節度使贈右僕射府君
僕射之第三子少而聰敏長而俊邁未言而惠心
已彰既學有成人之志神清玉秀睟瞻珠瑩六親
奇之咸謂真珪璋之器矣年十五用　昭考尹
京蔭　詔補僕寺進馬稟　訓義方動匪踰矩恪
慎官業形於致遠長慶初無何　昭考領鎮黔
至　府君弃官　侍行踰年丁　太夫人博陵
縣君江夏李氏艱　府君天厚至性毀過禮經積哀
不勝其年八月廿二日沒于黔之官舍十一月權
殯於東都萬安山北之別業未及弱冠者一歲大
和五年四月十七日以　昭考有事窆穸即日
府君與　仲兄伯姊同祔于　塋域之右亭親奉
中外得聞行實銘文琢石其敢飾詞銘曰
萬安之陽地峻崗長埋玉之恨終天不云

四〇二　唐崔鍔墓誌

首題："唐故僕寺進馬博陵崔府君墓誌銘并序"

共19行，滿行19字　390×390×65

長慶二年(822)八月二十二日卒　大和五年(831)四月十七日葬

1998年，河南省洛陽市伊川縣萬安山出土。

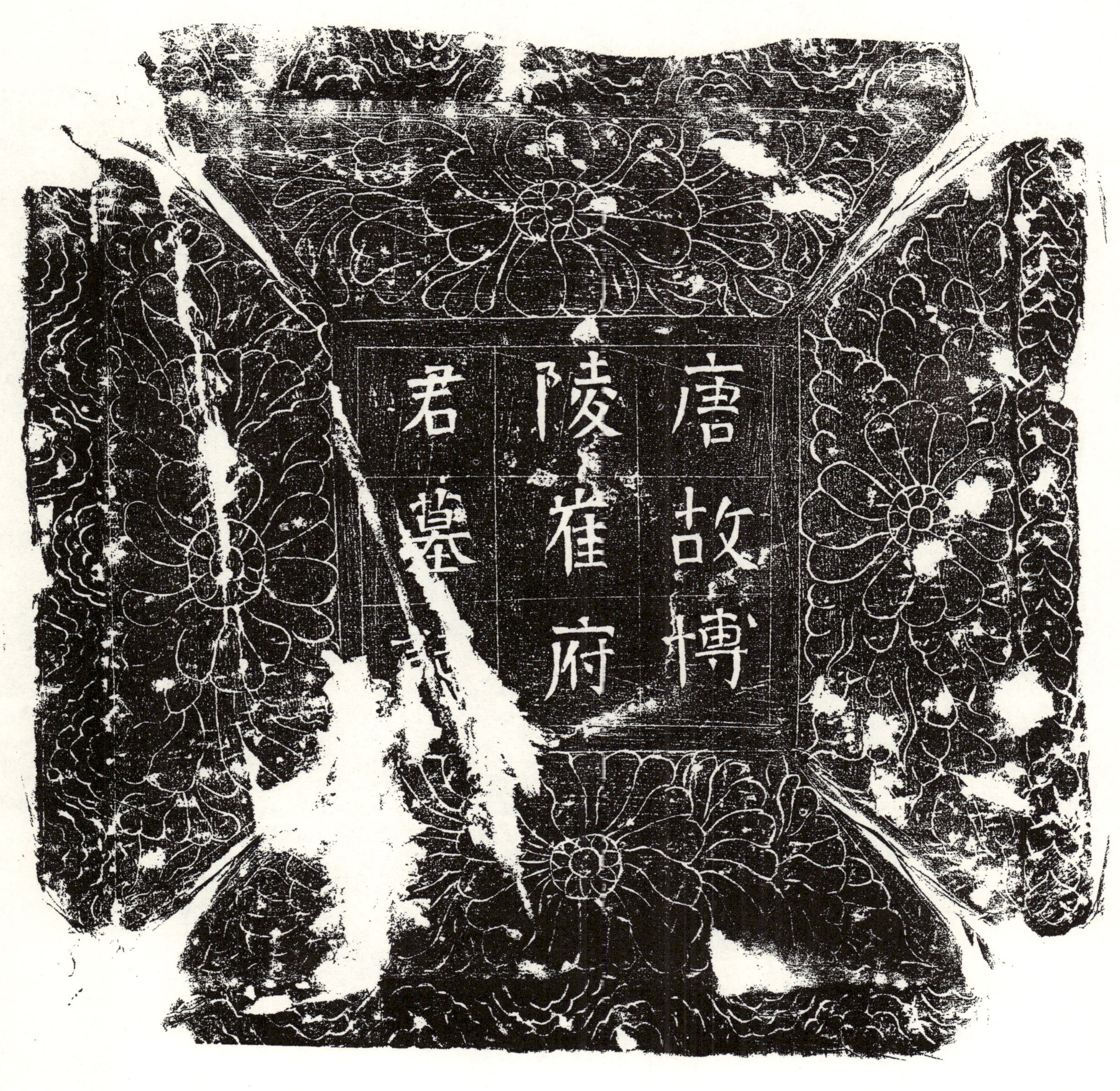

四〇三　唐崔約墓誌并蓋

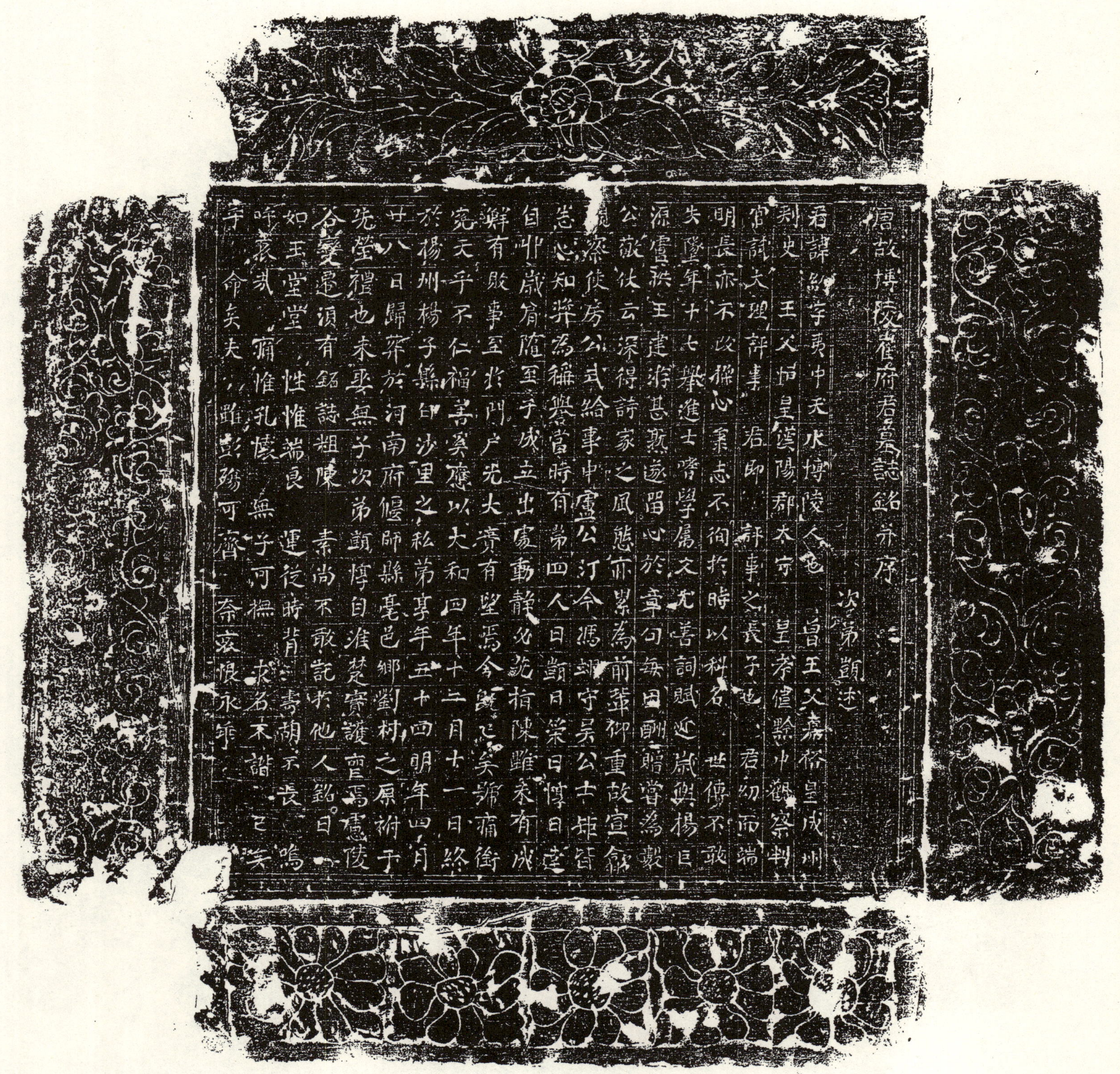

唐崔約墓誌并蓋

首題："唐故博陵崔府君墓誌銘并序"

共21行，滿行21字　390×390×95

誌蓋楷書："唐故博陵崔府君墓誌"　3行，行3字　435×435

大和四年（830）十二月十一日卒　大和五年（831）四月二十八日葬　崔顗撰

1997年，河南省洛陽偃師市出土。

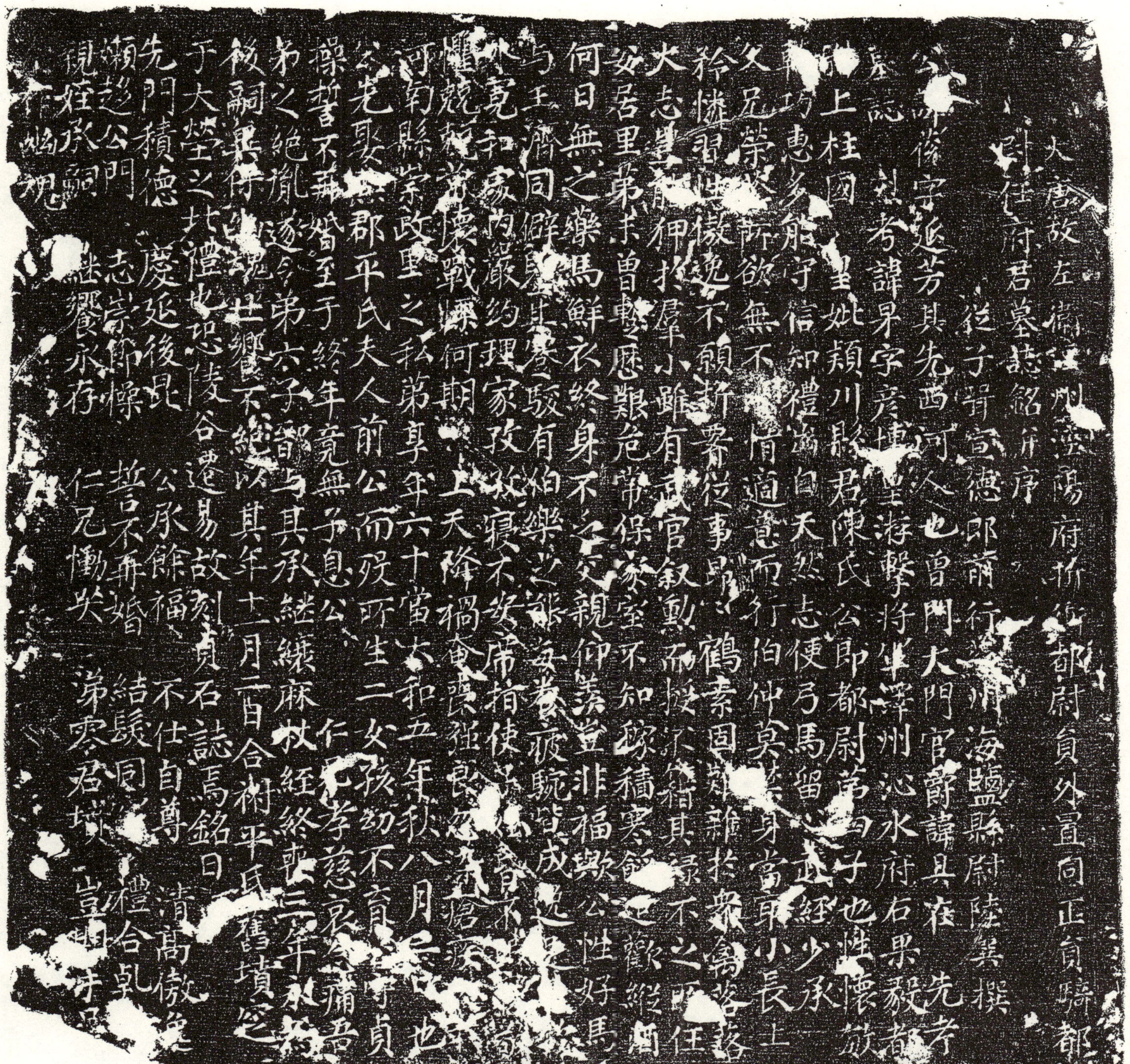

四○四　唐任筅墓誌

首題："大唐故左衛涇州涇陽府折衝都尉員外置同正員騎都尉任府君墓誌銘并序"

共25行，滿行24字　380×385

大和五年（831）八月二日卒　十一月二日葬　陸巽撰

2003年春，河南省洛陽市出土，旋歸白馬寺鎮王氏。

四〇五　唐盧宗和墓誌并蓋

唐故文林郎前鄭州中牟縣尉范陽盧君墓誌銘
登仕郎守國子監廣文助教上柱國鄭謇述
大唐大和六年歲次壬子九月十九日前鄭州中牟縣尉范陽盧君歿
於東都康俗里第享年卌四以其年十一月十四日祔葬于邙山南陶
村先塋禮也君諱宗和字子讓廿爲范陽涿人曾祖諱政皇太子中
允贈越州都督祖諱瑗皇歙州刺史父諱方皇大理評事君即評事之
元子也以盛德積善之挨承鍾華襲慶之緒生明朗秀幼而溫敏咸謂
國器必能克家就傅之歲遭內艱居喪盡哀感及長奉 禮義之訓導
儒素之業孜孜不怠期於行成尋登明經上第寳曆初授中牟尉跡丞
垂畢勢惟鴻漸不憚徒勞之地能堅致遠之心清慎有才事皆餘刃滿
歲言旋洛都以 庭闈忘懷祿仕孝敬之養未極風樹之感已深
丁 先府公憂今年夏四月禮免制雖衔就哀則未忘嗚呼至理難詮
善行無應內熱遘癘倉卒成災君立心端明志道不惑奉上必恭孝蒞
下多寬仁宜享榮祿壽考而位不過一命年不及半百玄化冥默其可究
乎夫人隴西李氏父行約皇河南府司錄參軍入室五年三居齋斬命
也不淑德將如何無子有一女藐然孩稚君外族清河崔氏王父濟夔
州刺史內外聯華官婚鼎甲言氏姓者我居其先況自高祖已降至君
家緒相襲世爲大宗金柯玉葉宜嗣百代而終無男胤可不謂大哀歟
君舅父冀今爲庫部員外郎涇原節度判官千里而遙十駅增慟殫財
力於喪祭命諸甥以勒銘謇之於君義比潘楊情深中外承命紀事以
誌幽埏銘曰 藹藹華挨 傳芳具慶克生名胄才優德令
位宦貞白居家孝敬仕纔釋褐年未知命孰謂栽培長途遽竟卜
葬邙山言祔 先塋胤嗣寂寥妻女孤煢慘澹寒郊親賓涕零
嗟嗟玉樹万古松扃

唐盧宗和墓誌并蓋

首題："唐故文林郎前鄭州中牟縣尉范陽盧君墓誌銘"

共24行，滿行27字　420×420

誌蓋楷書："唐故范陽盧府君墓誌"　3行，行3字　240×240

大和六年（832）九月十九日卒　十一月十四日葬　鄭謇撰

2004年10月，河南省洛陽市孟津縣出土，先歸洛陽古玩城張氏，余傳拓得之。

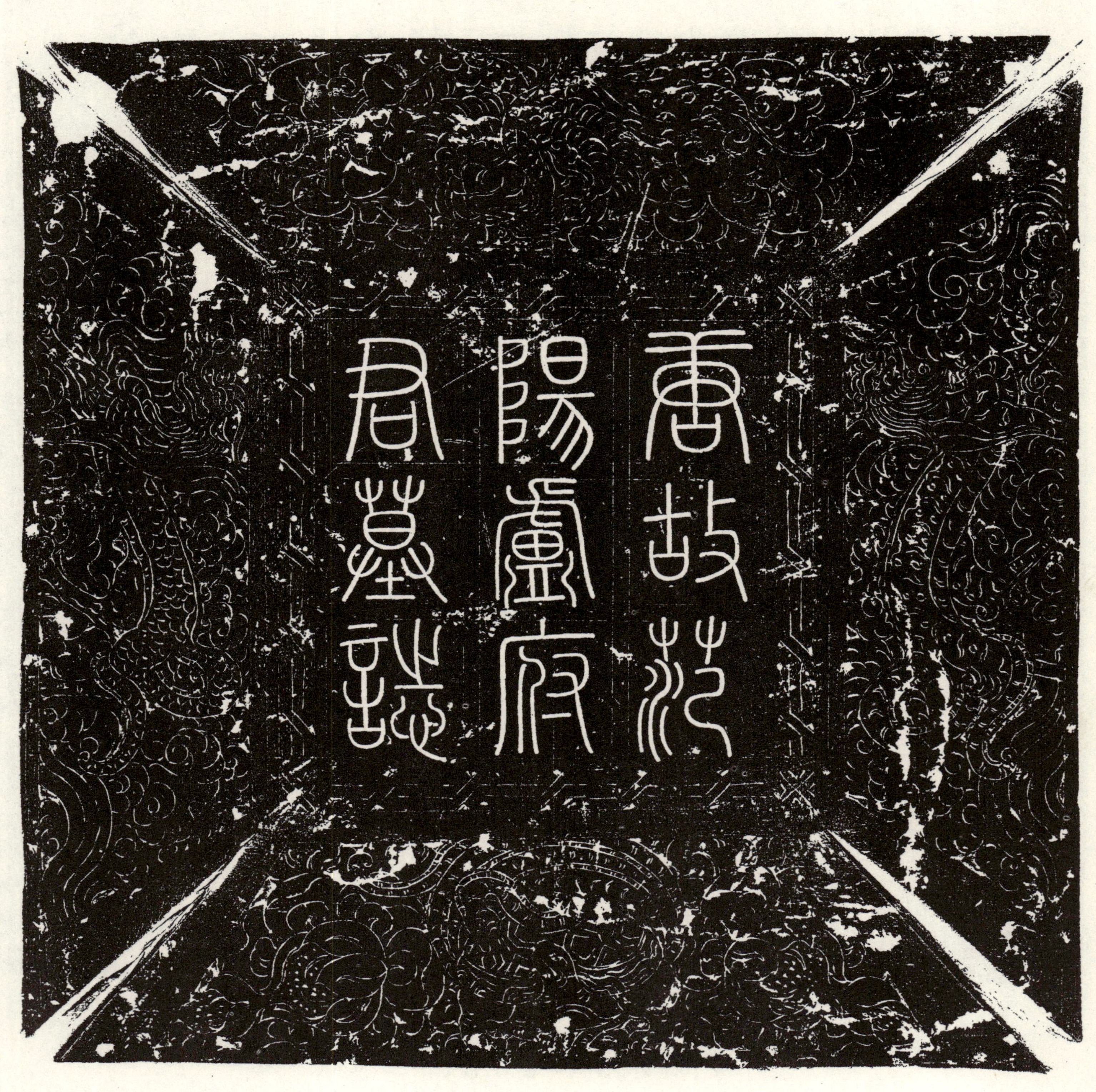

四〇六 唐盧嘉猷墓誌并蓋

唐盧嘉猷墓誌并蓋

首題：“唐故河中府士曹參軍盧府君墓誌銘并叙”

共28行，滿行28字　525×525×90

誌蓋篆書：“唐故范陽盧府君墓誌”　3行，行3字　555×560

大和五年（831）七月一日卒　大和六年（832）七月十九日葬　盧載撰

1998年冬，河南省洛陽市伊川縣萬安山出土。

四〇七　唐王綰墓誌

首题:"唐大和六年七月廿二日江南西道觀察支使試太子正字楊彤誌王綰墓"

共 23 行,滿行 25 字　395×395

貞元十三年(797)卒　大和六年(832)七月二十二日葬

2005 年秋,河南省洛陽市伊川縣出土,旋歸洛陽豫深文博城張氏。

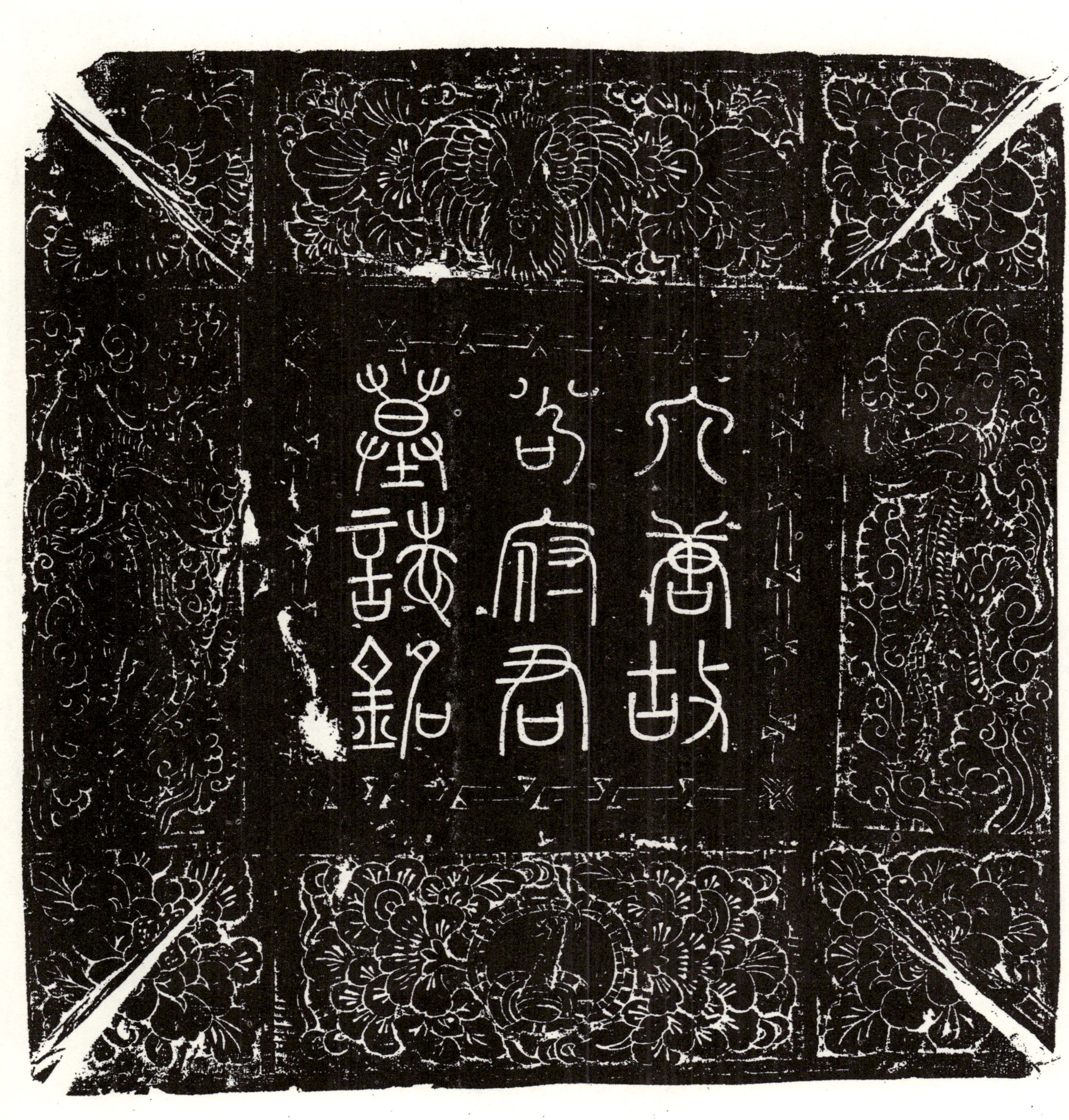

四〇八　唐苟寰墓誌并蓋

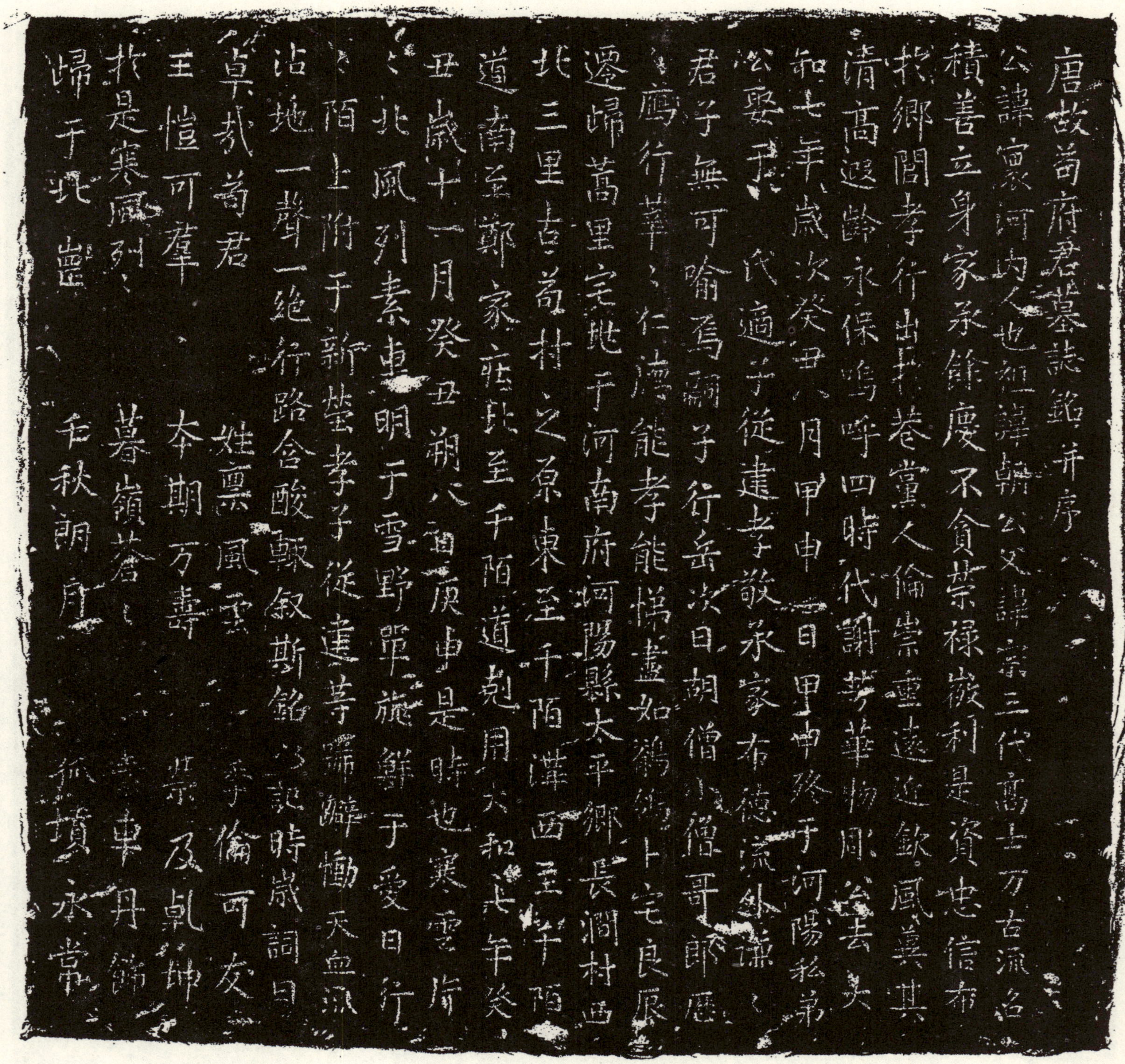

唐苟寰墓誌并蓋

首題:"唐故苟府君墓誌銘并序"
共20行,滿行19字　395×405
誌蓋篆書:"大唐故苟府君墓誌銘"　3行,行3字　225×235
大和七年(833)八月一日卒　十一月八日葬
2005年9月,河南省洛陽市李樓鄉出土,旋歸洛陽豫深文博城唐氏。

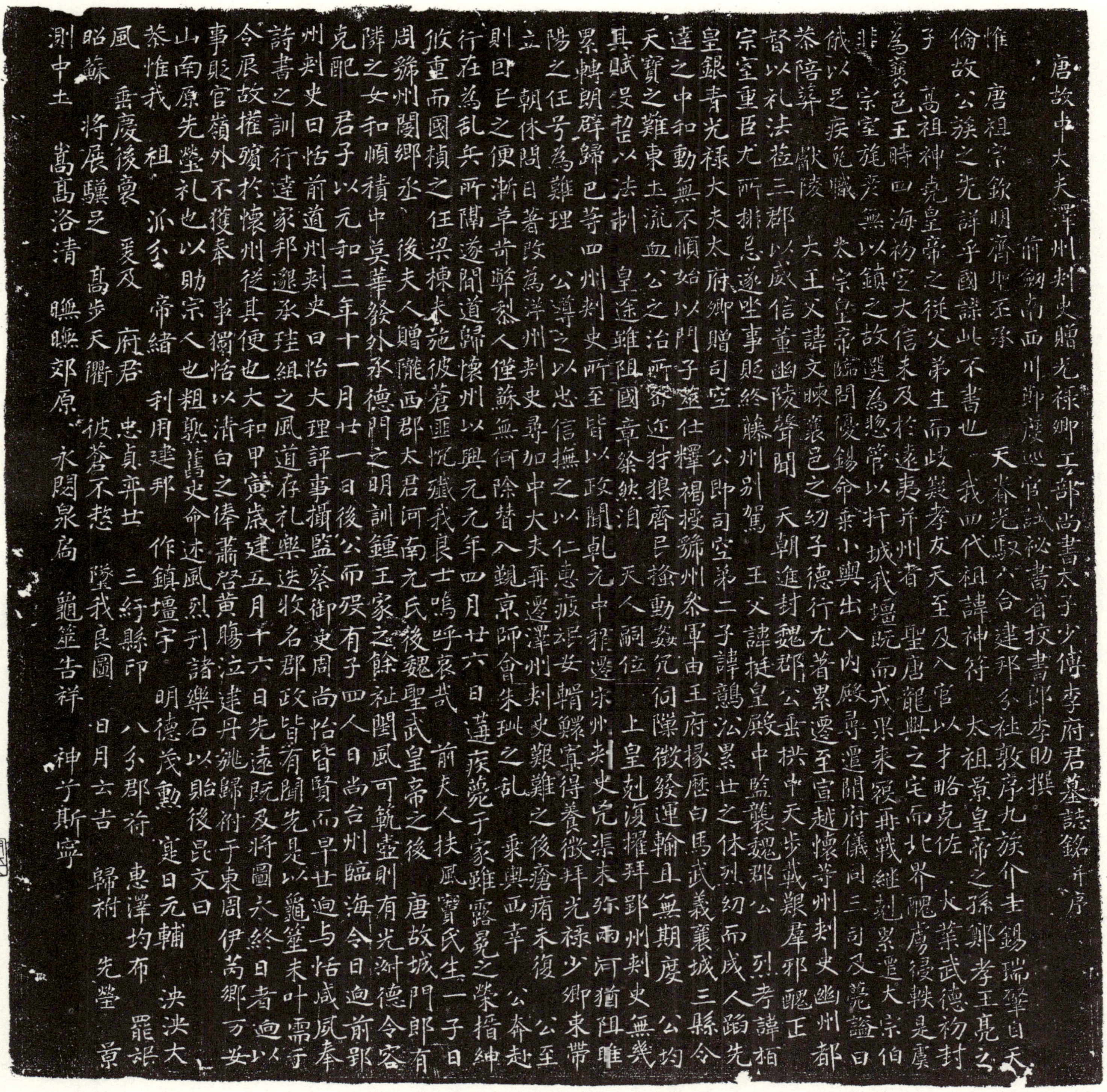

四〇九　唐李鷗墓誌

首題:“唐故中大夫澤州刺史贈光禄卿工部尚書太子少傅李府君墓誌銘并序”

共 33 行,滿行 35 字　635×635

興元元年(784)四月二十六日卒　大和八年(834)五月十六日葬　李助撰

2003 年夏,河南省洛陽市伊川縣萬安山南原出土,旋被外地人購去。

四一〇 唐崔扶墓誌并蓋

唐崔扶墓誌并蓋

首題："唐故湖南觀察支使試太常寺協律郎崔君墓銘并序"

共 23 行，滿行 24 字　515×515×95

誌蓋篆書："唐故協律郎崔君墓銘"　3 行，行 3 字　570×565

大和八年（834）十月一日卒　十一月二日葬　崔倬撰并書

1999 年，河南省洛陽市伊川縣出土。

四一一　唐李君夫人盧氏墓誌

首題："唐故滑州酸棗縣令李府君夫人墓誌銘并序"

共 22 行，满行 22 字　415×420×80

大和八年（834）八月十九日卒　十一月十四日葬　鄧同撰　王璋書

1997 年，河南省洛陽市龍門鎮出土。

四一二　唐魏處厚墓誌

首題："唐故鉅鹿魏府君墓誌銘并序"

共22行，滿行21字　365×385×95

大和八年（834）九月十七日卒　十一月二十日葬　魏季彦撰

2001年秋，河南省洛陽偃師市首陽山鎮出土，由何氏傳拓。2002年5月24日，石歸藏洛陽師範學院。

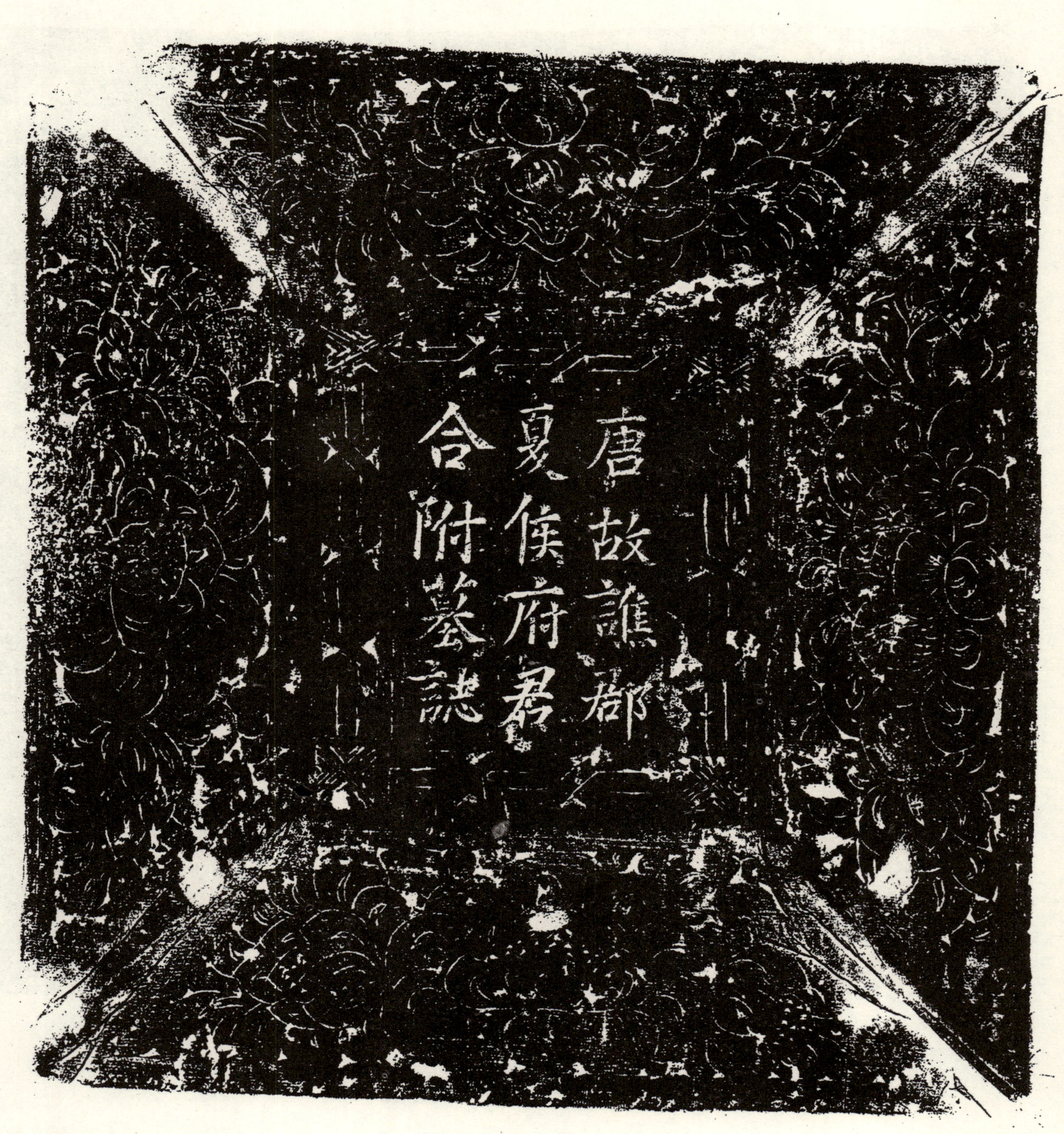

四一三　唐夏侯顏墓誌并蓋

唐夏侯顏墓誌并蓋

首題："唐故譙郡夏侯府君墓誌銘并序"

共 20 行，滿行 20 字　370×370

誌蓋楷書："唐故譙郡夏侯府君合祔墓誌"　3 行，行 4 字　185×170

元和二年（807）六月十七日卒　大和九年（835）正月二十七日葬　路玄撰

2004 年 10 月，河南省洛陽市洛龍區龍門鎮出土，旋歸何氏傳拓贈余。

四一四 唐盧處約墓誌

首題："唐故楚州營田巡官將仕郎徐州彭城縣主簿范陽盧府君墓誌銘并序"

共34行，滿行34字 630×630×150

大和八年（834）正月二日卒 大和九年（835）四月十日葬

李林宗撰

1997年冬，河南省洛陽市伊川縣萬安山出土。

四一五　唐鄭紡墓誌

首題："唐故尚書倉部郎中滎陽鄭府君墓誌銘并序"

共32行，滿行33字　630×635

大和八年(834)八月二十四日卒　大和九年(835)四月二十二日葬　陳商撰　實諦書

2005年秋，河南省洛陽市伊川縣萬安山出土，旋歸洛陽豫深文博城張氏。

四一六　唐李評墓誌并蓋

唐李評墓誌并蓋

首題:“唐隴西李府君墓誌銘”

共20行,滿行20字　345×350

誌蓋篆書:“唐隴西李府君墓誌銘”　3行,行3字　190×190

大和五年(831)正月十五日卒　大和九年(835)十月二十五日葬

杜垌撰并書篆蓋

2004年春,河南省洛陽市龍門鎮出土,旋歸洛陽古玩城某氏。

四一七　唐王潡墓誌并蓋

唐王澈墓誌并蓋

首題:“唐故朝散大夫太原府太谷縣令王公墓誌銘并序”

共 23 行,滿行 24 字　370×375

誌蓋篆書:“唐故王府君墓誌之銘”　3 行,行 3 字　375×370

大和四年(830)正月十九日卒　大和九年(835)十一月八日葬

狄慎思撰

2003 年,河南省洛陽市出土。

四一八 唐杜應墓誌

首题:“唐京兆杜府君墓誌銘”

共16行,满行16字 295×300×55

貞元九年(793)七月二日卒 開成二年(837)三月二十一日葬

1997年冬,河南省洛陽市洛龍區關林鎮出土。

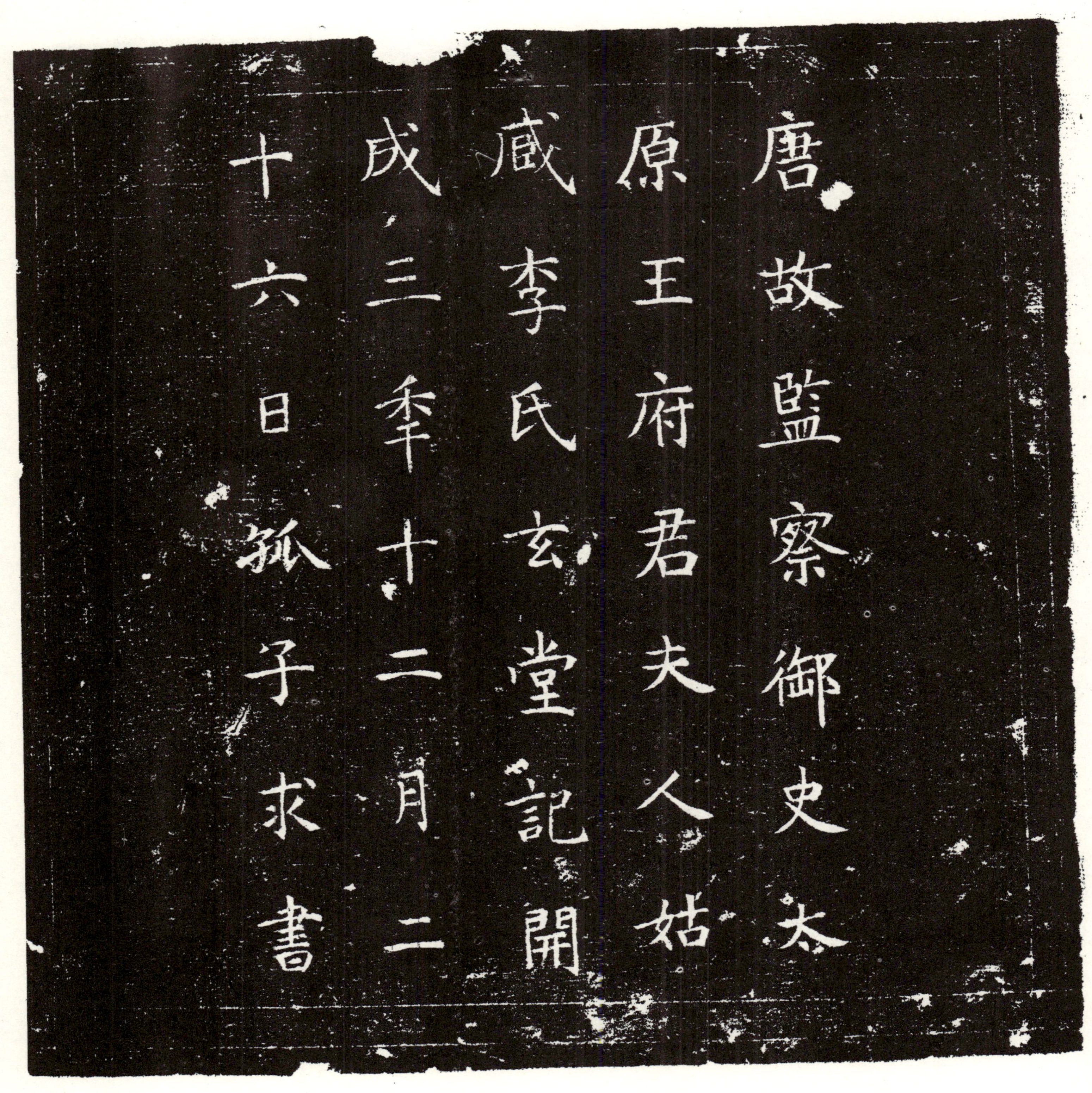

四一九　唐王君夫人李氏玄堂記

無首題

共5行,滿行7字　240×240

開成三年(838)十二月二十六日葬　王求書

2005年10月,河南省洛陽市龍門鎮出土,旋歸洛陽孫氏。

四二〇　唐員公夫人李氏墓誌

首題："東都留守從事平凉員公故細君隴西郡李氏夫人墓誌銘并序"

共 20 行，満行 24 字　330×325

開成五年（840）九月二十六日卒　十一月十日葬　田可封撰

2005 年秋，河南省洛陽市洛龍區關林鎮出土，旋歸洛陽豫深文博城張氏。

四二一　唐盧繪夫人李氏墓誌并蓋并墓表

唐盧繪夫人李氏墓誌并蓋并墓表

首題:“唐盧氏故夫人隴西李氏墓誌銘并序”

共28行,滿行31字　655×660

誌蓋篆書:“唐盧氏故李夫人墓誌”　3行,行3字　355×350

會昌元年(841)四月四日卒　九月十五日葬　盧繪撰并書

誌蓋下有“李氏墓表”一篇,首題:“唐蘇州海鹽縣令盧君亡夫人隴西李氏墓表”　共25行,滿行26字　650×650　黎埴撰　盧繪書并篆額

2004年春,河南省洛陽市伊川縣萬安山出土,先歸洛陽古玩城孟氏,後歸洛陽李氏。

吾姨痛銜哀於 女弟謹書年代用表 泉扃 給書并篆額
跡親既樂同心殆忘異姓忽驚 凶訃 情極屏傷每抆涕於
索居展禮乖闊未拜面之前則情因意寄及敘謝之後又心隨
十載當閨閫之讌私話携孩之舊事芳芬盈耳歲月積中時或緘洛
於 膝下骨肉之間情愛尤昵而埴以不肖獲奉 末姻尒來逾二
任命家人 讓喪西歸埴之家室与 夫人年齒鱗差故幼常同歡
嗚呼哀哉生男不育有女 曰劉娘年八歲海鹽以官繫宰邑法無去
奈何纔逾二紀神將我欺 良人道屈於百里 夫人筭失於中壽
若良韞和六姻如雅音淵淵然咸望慶積善於後昆飾令儀以象服
闈仁惠之德進則捧 旨甘以盡敬退則羞 吉蠲以虔禮歡九族
中外巷不能容車蓋庭不能布履舃當此之時 夫人體淑順之姿
和之際 盧之族方弈弈於京師昆弟接武省寺公相比肩於
襲于芷蘭瓊瓌增美于雕琢故 夫人未笄歸于海鹽焉當貞元元
是貞白貽為家範端殼傳為壼則而他門鼎族慕其姻媾若錦罽之
者將以道德為宗故官不求達出適者保一齊之義故室無再行由
縣丞諱士龍夫人即 向城之第五女也門承嫡正家傳禮法入仕
祖皇相王府文學諱温玉大父皇城門郎諱咸質顯考皇鄧州向城
後魏滎陽太守穆侯承肇封於姑臧厥後代著官婚為時甲姓烈
以從禮也 夫人乃吾姨也故自姑蘇 計于閨而又請誌焉自
卤日歸于東周秋九月十五日壬午窆于萬安山南原祔于 先塋
夫人隴西李氏歿於官舍享年四十有四龜𢀋叶吉以其年七月十
維唐會昌元年歲次辛酉夏四月有四日蘇州海鹽縣令范陽盧君諱
騎常侍兼御史中丞賜紫金魚袋黎埴撰
福建等州都團練觀察處置等使朝散大夫檢校左散
唐蘇州海鹽縣令盧君亡夫人隴西李氏墓表

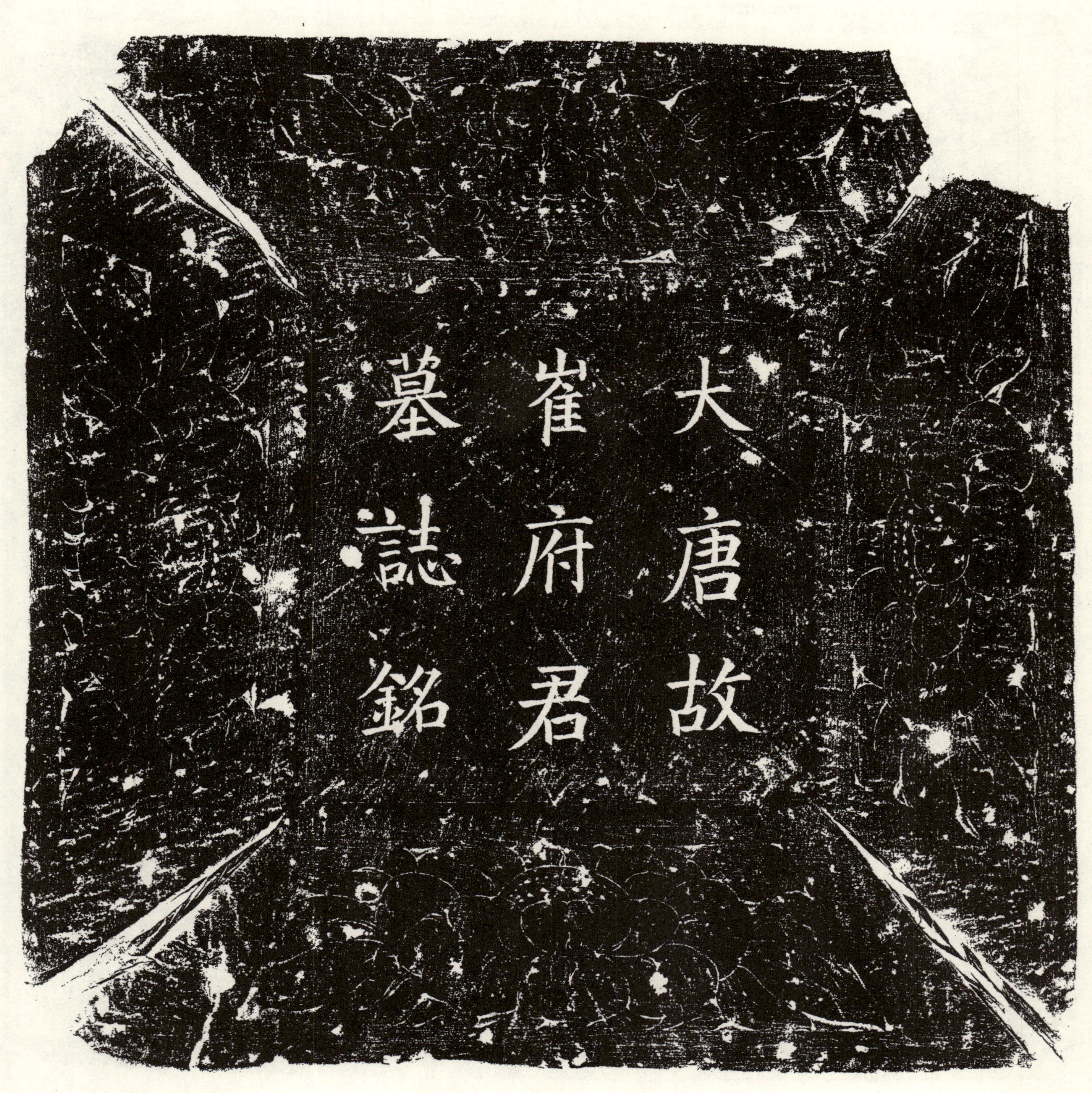

四二二　唐崔元夫墓誌并蓋

唐崔元夫墓誌并蓋

首題：“唐故大理評事博陵崔府君墓誌銘并序”

共 25 行，滿行 24 字　430×440×80

誌蓋楷書：“大唐故崔府君墓誌銘”　3 行，行 3 字　455×460

卒年不詳　其年十月十四日葬　崔鈞撰

1996 年冬，河南省洛陽市伊川縣萬安山出土。

按：此誌卒葬年代未詳，撰誌者崔鈞，又撰《唐崔元夫妻敬損之墓誌》，時爲會昌三年（843），《崔元夫墓誌》當在其前。

四二三　唐崔元夫妻敬損之墓誌并蓋

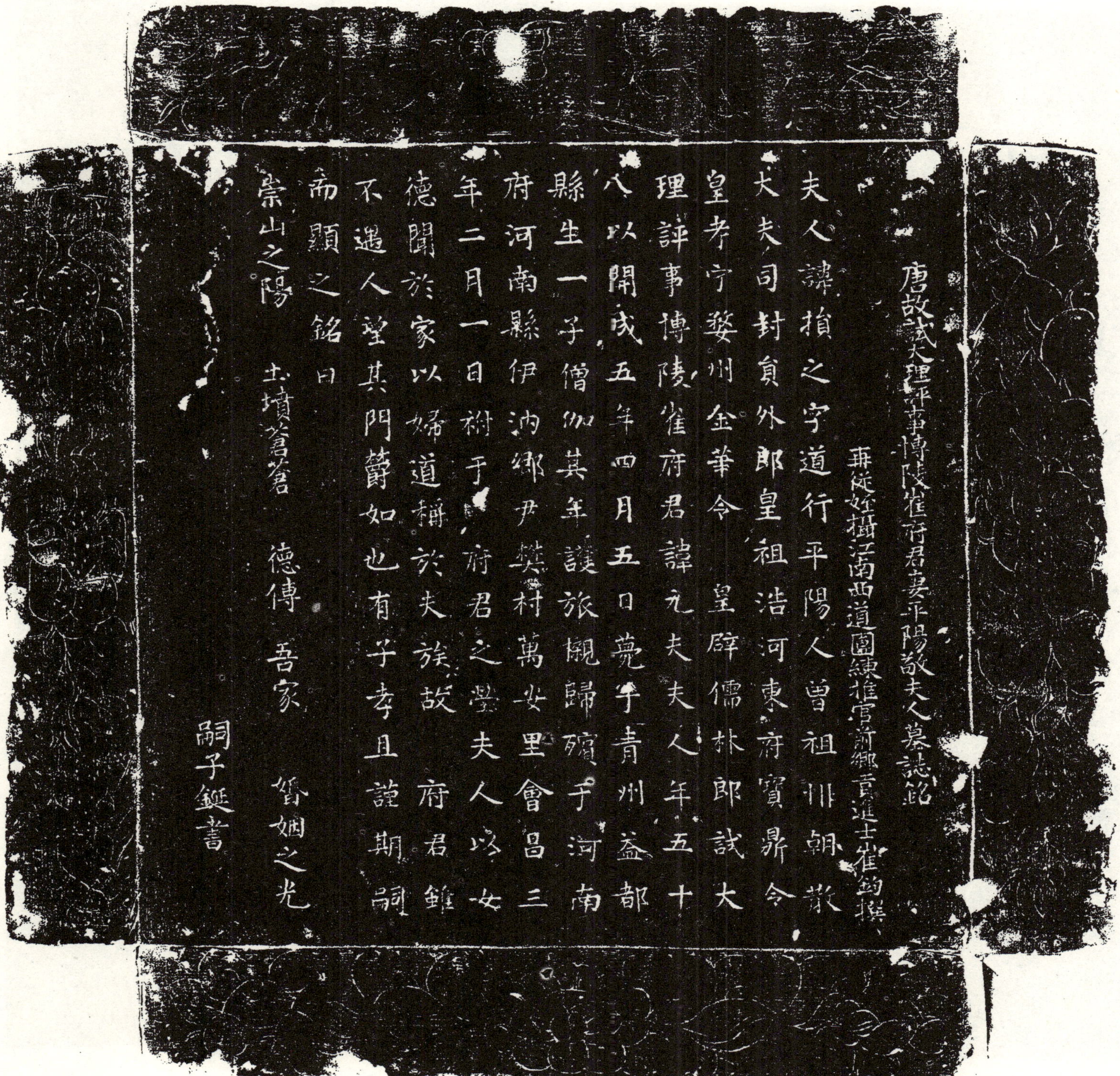

唐故試大理評事博陵崔府君妻平陽敬夫人墓誌銘
再從姪攝江南西道團練推官前鄉貢進士崔鈞撰
夫人諱損之字道行平陽人曾祖朏朝散
大夫司封員外郎皇祖浩河東府寶鼎令
皇考寧婺州金華令 皇辟儒林郎試大
理評事博陵崔府君諱元夫夫人年五十
八以開成五年四月五日薨于青州益都
縣生一子僧伽其年護旅櫬歸殯于河南
府河南縣伊汭鄉尹樊村萬安里會昌三
年二月一日祔于 府君之塋夫人以女
德聞於家以婦道稱於夫族故 府君雖
不遇人望其門藹如也有子孝且謹期嗣
而顯之銘曰 土墳蒼蒼 德傳 吾家 婚姻之光
崇山之陽
嗣子鋋書

唐崔元夫妻敬損之墓誌并蓋

首題:“唐故試大理評事博陵崔府君妻平陽敬夫人墓誌銘”

共15行,滿行16字　400×400×65

誌蓋楷書:“唐平陽敬夫人墓誌銘”　3行,行3字　405×410

開成五年(840)四月五日卒　會昌三年(843)二月一日葬

崔鈞撰　崔鋋書

1997年冬,河南省洛陽市伊川縣萬安山出土。

四二四　唐崔林妻李氏墓誌

首題:“隴西李氏墓誌銘并序”

共19行,满行19字　320×325

會昌二年(842)十二月十五日卒　會昌三年(843)八月十日葬　盧言撰　李琨書并篆蓋

2002年,河南省洛陽偃師市出土,先歸洛陽豫深文博城張氏,余2003年11月23日得此拓本。

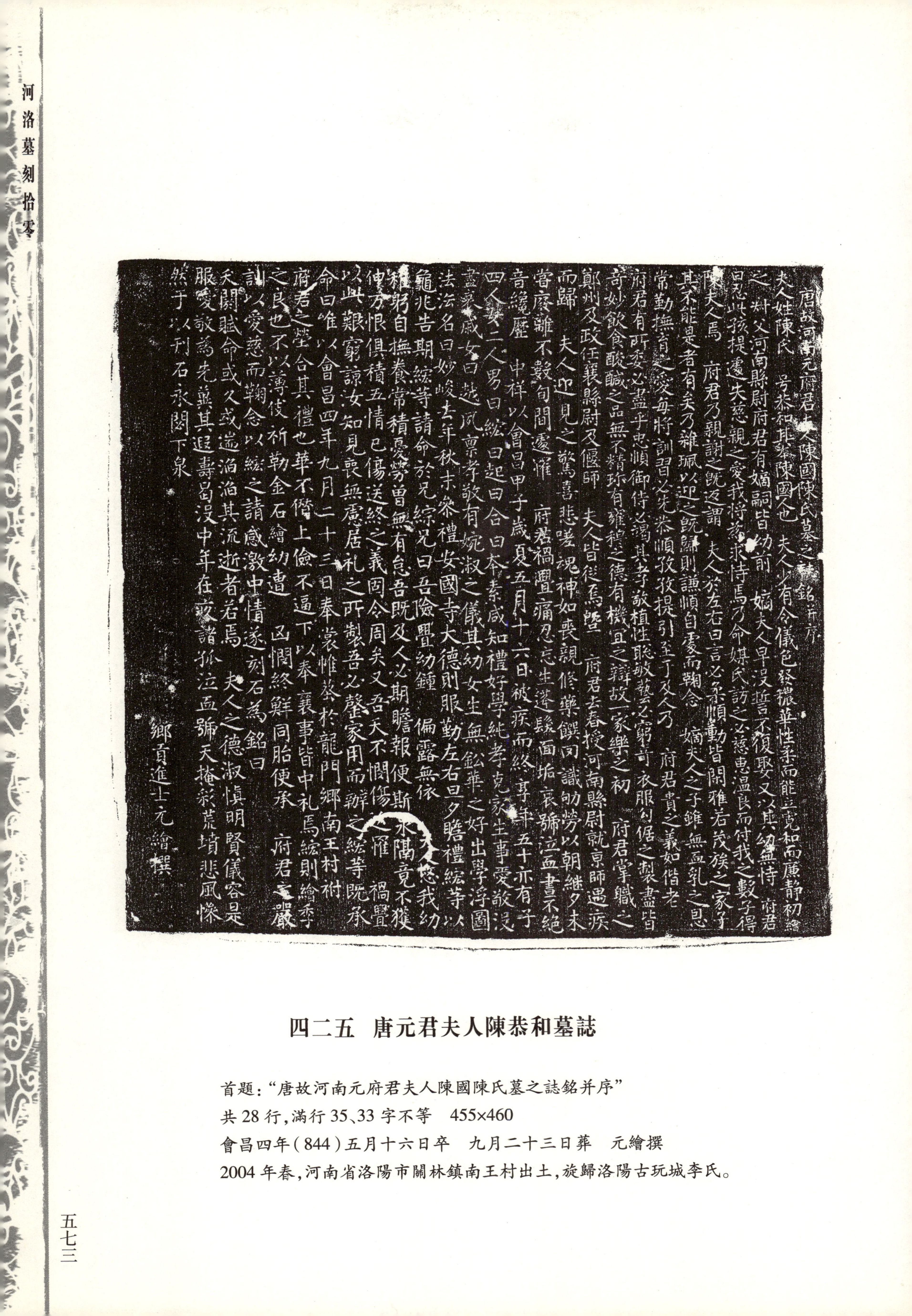

四二五　唐元君夫人陳恭和墓誌

首題:"唐故河南元府君夫人陳國陳氏墓之誌銘并序"

共28行,滿行35、33字不等　455×460

會昌四年(844)五月十六日卒　九月二十三日葬　元繪撰

2004年春,河南省洛陽市關林鎮南王村出土,旋歸洛陽古玩城李氏。

四二六　唐李玄禄墓誌

首題："唐故登仕郎守許州録事參軍安平李公墓誌銘"

共27行，滿行31字　395×400

會昌四年（844）九月七日卒　十月二十三日葬　朱康撰

2004年冬，河南省洛陽市關林鎮南王村出土。

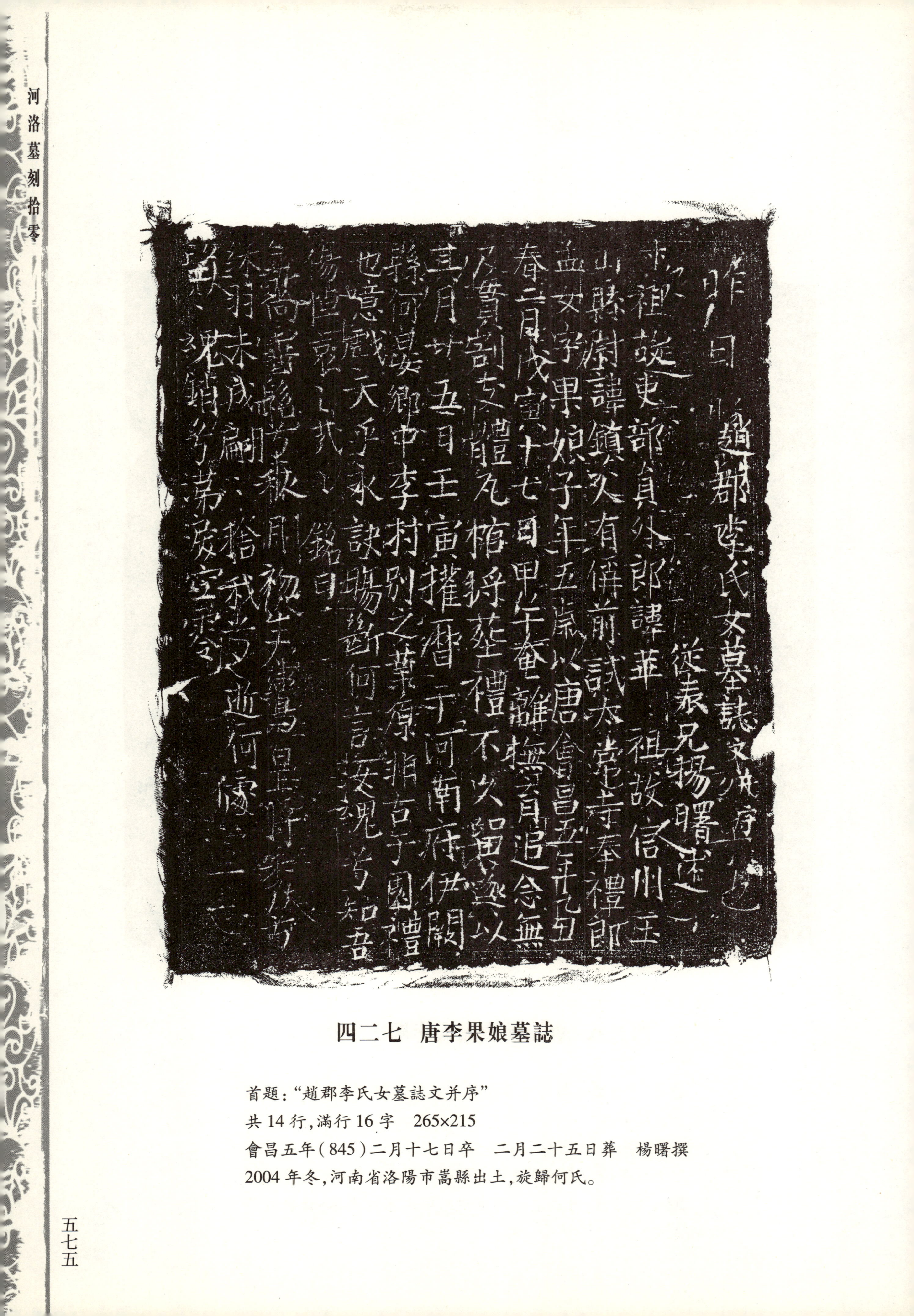

四二七　唐李果娘墓誌

首題："趙郡李氏女墓誌文并序"

共 14 行，満行 16 字　265×215

會昌五年（845）二月十七日卒　二月二十五日葬　楊曙撰

2004 年冬，河南省洛陽市嵩縣出土，旋歸何氏。

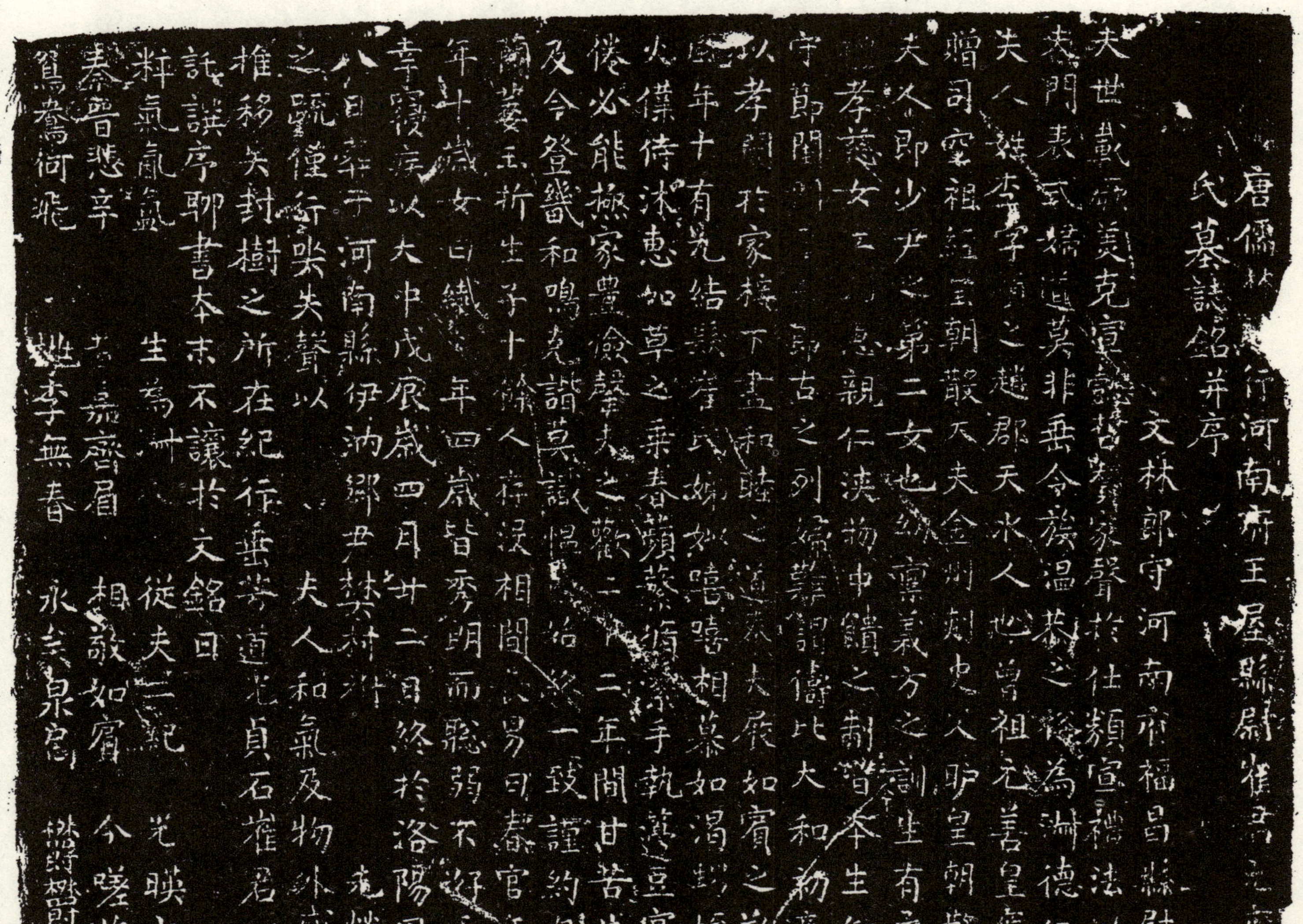

四二八　唐崔元膺夫人李順之墓誌

首題："唐儒林郎行河南府王屋縣尉崔君元膺故夫人趙郡李氏墓誌銘并序"

共25行，滿行25字　380×385

大中二年（848）四月二十二日卒　十月八日葬　鄭廣撰

2004年7月，河南省洛陽市伊川縣水寨鄉出土，旋歸洛陽古玩城孟氏。

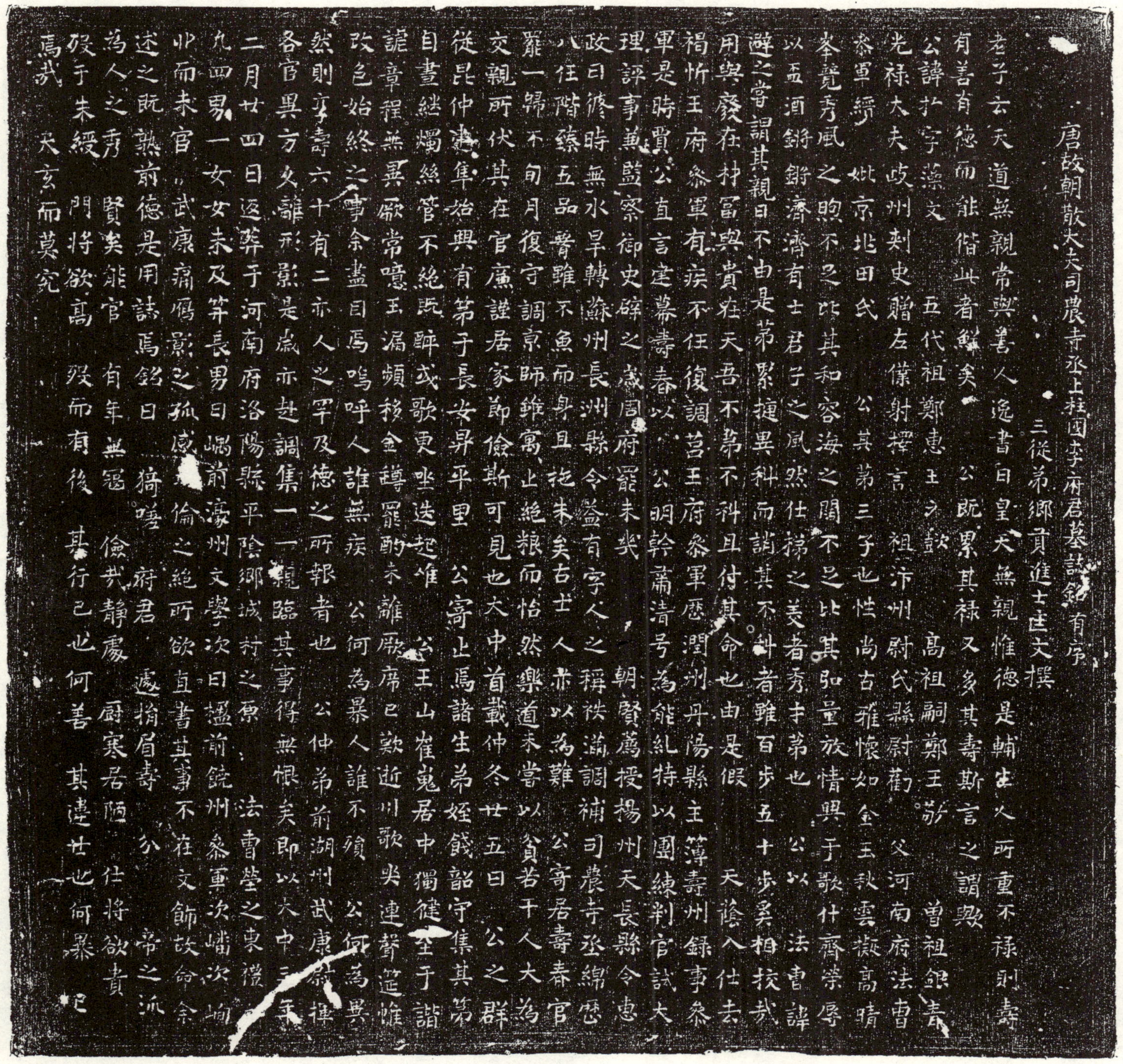

四二九　唐李藻文墓誌

首題：“唐故朝散大夫司農寺丞上柱國李府君墓誌銘有序”

共 31 行，行 30 字　490×505

大中元年（847）十一月二十五日卒　大中三年（849）二月二十四日葬　李匡文撰

2004 年冬，河南省洛陽市孟津縣送莊鄉出土，先歸劉坡王氏，旋歸洛陽何氏。

四三〇　唐狄兼謩墓誌

首題："唐故銀青光禄大夫檢校尚書右僕射判東都尚書省事兼御史大夫并東都留守東都畿汝州都防禦使上柱國汝南縣開國侯食邑一千户贈司空□□□□墓誌銘并序"

共43行，滿行45字　925×925

大中二年（848）二月五日卒　大中三年（849）五月□日葬

令狐綯撰　裴翻書

二十世紀河南省洛陽北邙山出土，後被農民蓋房和灰用，字多殘損。2003年，歸洛陽金氏，余傳拓五枚，旋歸孟氏。

四三一　唐李季節墓誌

首題："唐故宋州虞城縣令李公墓誌銘并序"

共23行，滿行29字　520×510

大中五年（851）正月二日卒　四月七日葬　李拭撰

2004年春，河南省洛陽市出土，先歸洛陽古玩城孟氏，旋歸偃師市李氏。

四三二　唐崔亮及妻李夫人卢夫人合祔墓誌

首題：“唐故河中府永樂縣尉博陵崔府君隴西李夫人范陽盧夫人合祔墓誌銘并叙”

共35行，滿行36字　615×610

大和二年（828）九月二十五日卒　大中十一年（857）五月六日葬　崔震撰

2004年8月，河南省洛陽市關林鎮南王村出土，旋歸洛陽古玩城某氏。

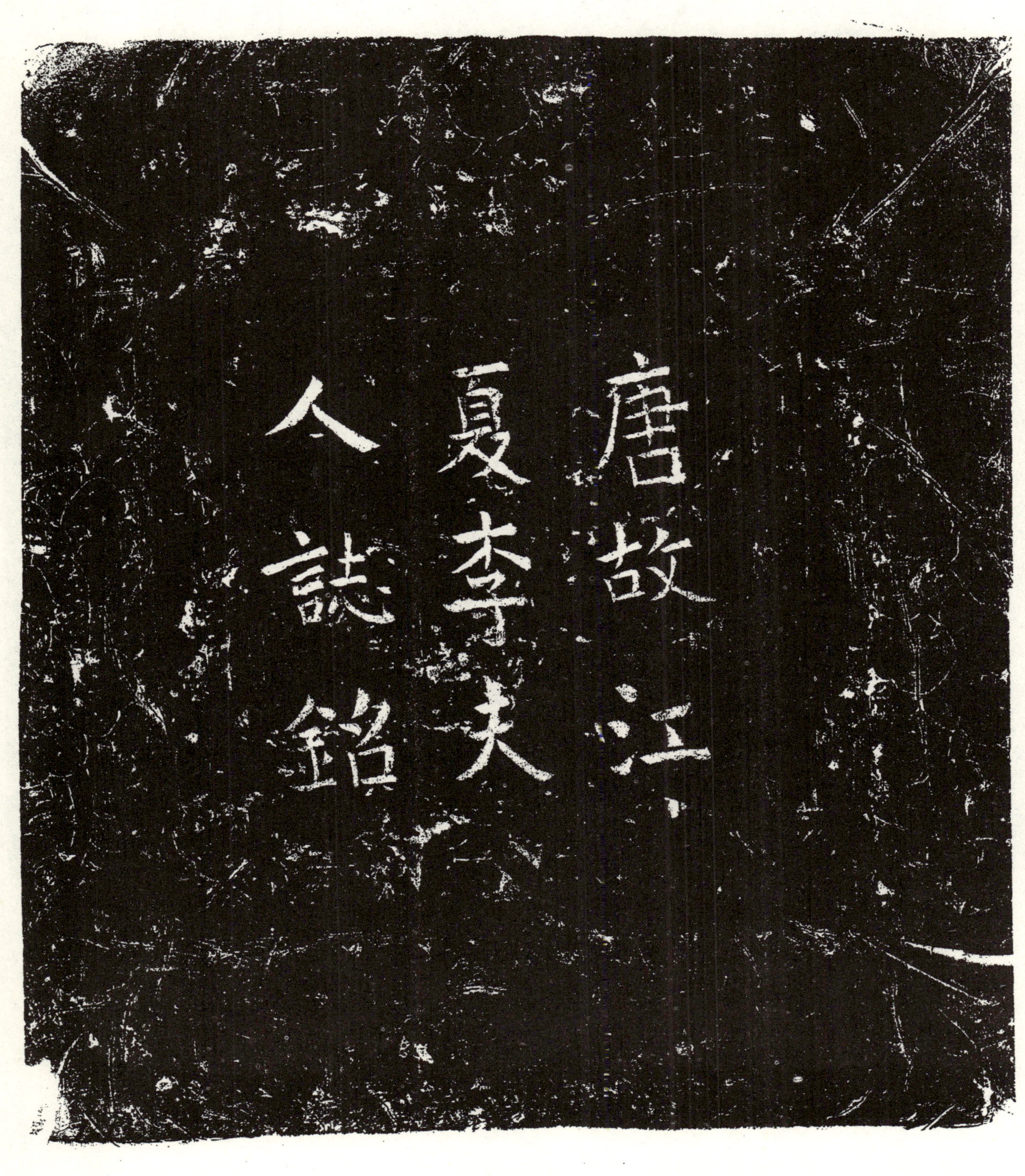

四三三　唐張涓夫人李氏墓誌并蓋

唐張涓夫人李氏墓誌并蓋

首題:"唐故河南府新安縣主簿南陽張府君夫人江夏李氏墓誌銘并序"

共26行,滿行25字　450×450

誌蓋楷書:"唐故江夏李夫人誌銘"　3行,行3字　290×290

大中五年(851)十月六日卒　大中六年(852)二月三日葬　張琪撰

2004年正月,河南省洛陽市孟津縣出土,旋歸洛陽古玩城某氏,余購得拓本一枚。

按:據本書第五一二頁第三八四條《唐張涓墓誌》補名。

故蘭陵蕭氏夫人墓記
夫人蘭陵蕭氏諱濛河中府參軍府
君第二女曽祖晉贈秘書監祖巽起
居舍人集賢殿學士外族趙郡李氏
祖哲常州録事參軍大和九年辝
太夫人適于姑臧氏男三人女一人大
中五年七月寢疾九月廿八日終于
宣州紀曹官舍享年卅九大中七
年道周祑滿与三男護
夫人喪歸葬河南府偃師縣亳臺
鄉土南管用其年八月十四日祔
先塋禮也
夫人之德之美皆自生知余述
之不及大中七年八月十四日給
事郎前行宣州録事參軍李
道周記

四三四　唐蕭濛墓記

首題:“故蘭陵蕭氏夫人墓記”

共16行,滿行15字　360×365

大中五年(851)九月二十八日卒　大中七年(853)八月十四日葬　李道周記

2003年冬,河南省洛陽偃師市亳邑鄉出土,旋歸洛陽古玩城孟氏。

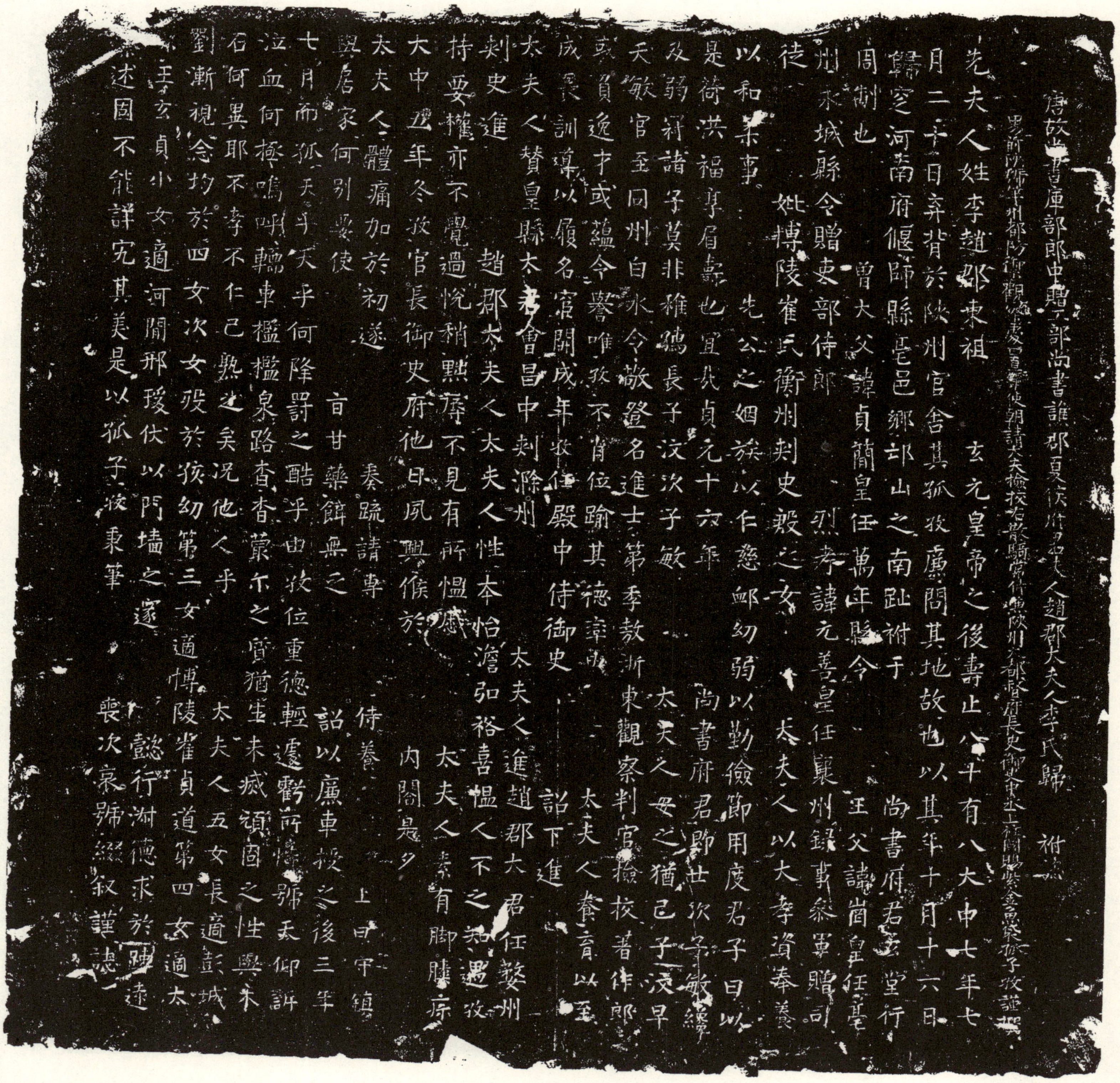

四三五　唐夏侯君夫人李氏墓誌

首題："唐故尚書庫部郎中贈工部尚書譙郡夏侯府君夫人趙郡太夫人李氏歸祔誌"

共26行，滿行28字　770×770

大中七年（853）七月二十日卒　十月十六日葬　夏侯孜撰

2005年秋，河南省洛陽偃師市亳邑鄉出土，旋歸洛陽古玩城孟氏。

四三六　唐楊公甫墓誌

首題："唐故弘農楊處士墓誌銘并序"

共23行，滿行24字　385×375

大中七年（853）十二月十二日卒　大中八年（854）二月二十九日葬　楊之敏撰

2003年秋，河南省洛陽市關林鎮南王村出土，先歸洛陽張氏，余以拓本易得。

四三七　唐張冏墓誌并蓋

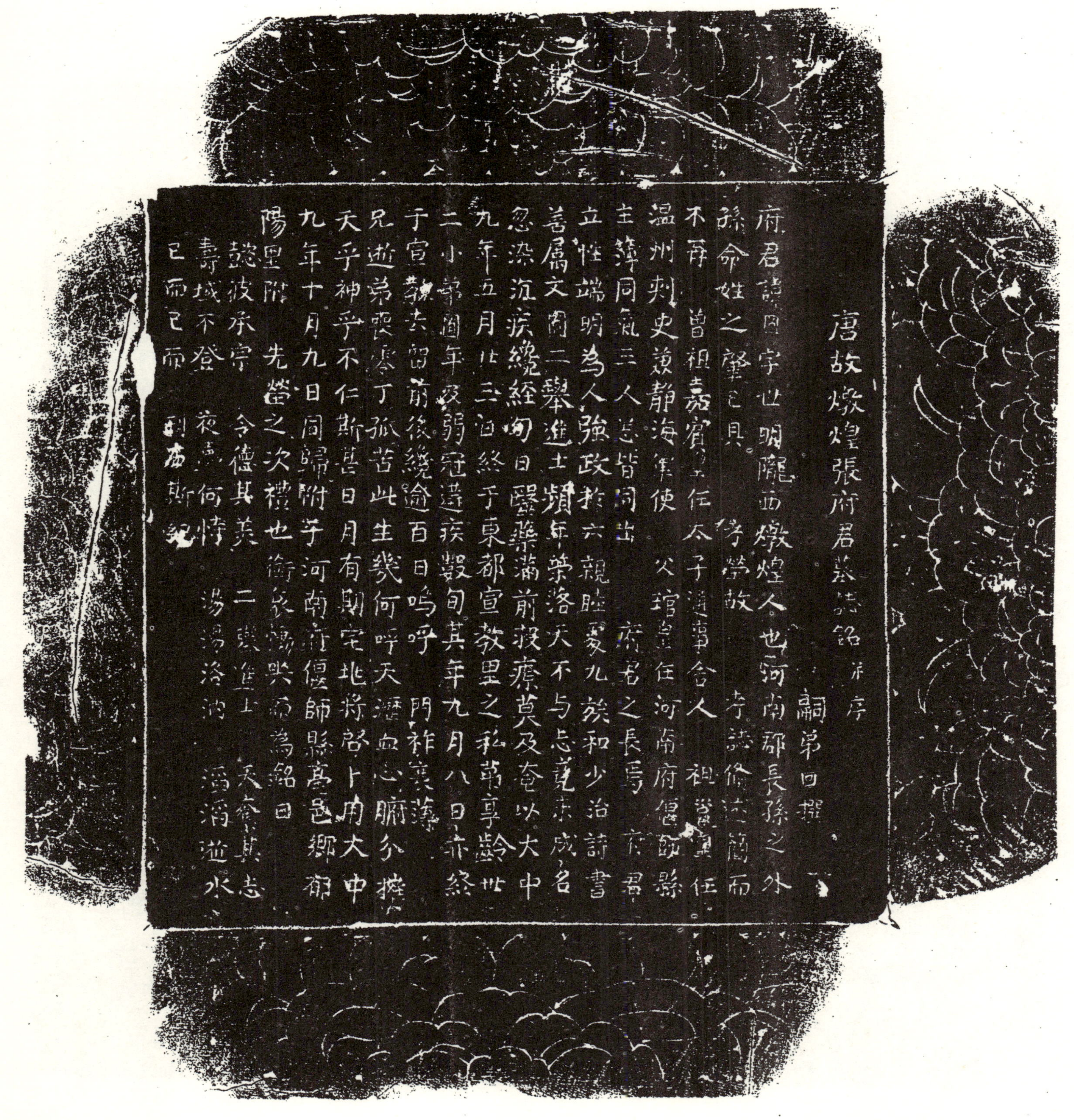

唐張冋墓誌并蓋

首題："唐故燉煌張府君墓誌銘并序"

共20行，滿行20字　330×300

誌蓋楷書："唐故燉煌張府君墓銘"　3行，行3字　185×185

大中九年（855）五月二十三日卒　十月九日葬　張回撰

2003年秋，河南省洛陽偃師市出土，旋歸洛陽古玩城李氏。

四三八　唐支訽墓誌

首題:"唐故鄉貢三傳支府君墓誌銘"

共20行,滿行21字　265×265

會昌二年(842)八月三日卒　大中十年(856)五月十八日葬

出土時地不詳,現藏河南省洛陽老城某氏,何氏贈余拓片。

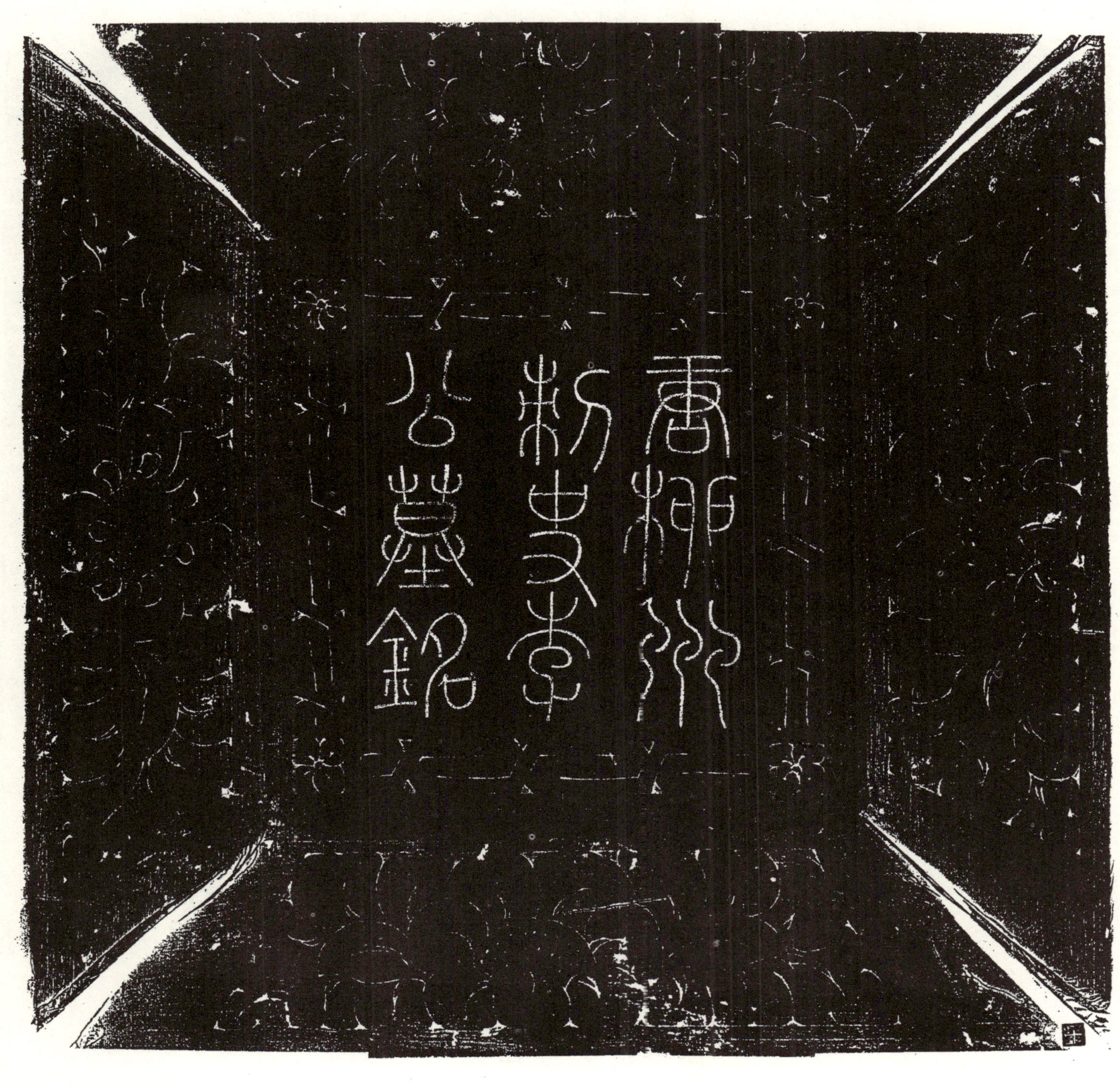

四三九　唐李璞墓誌并蓋

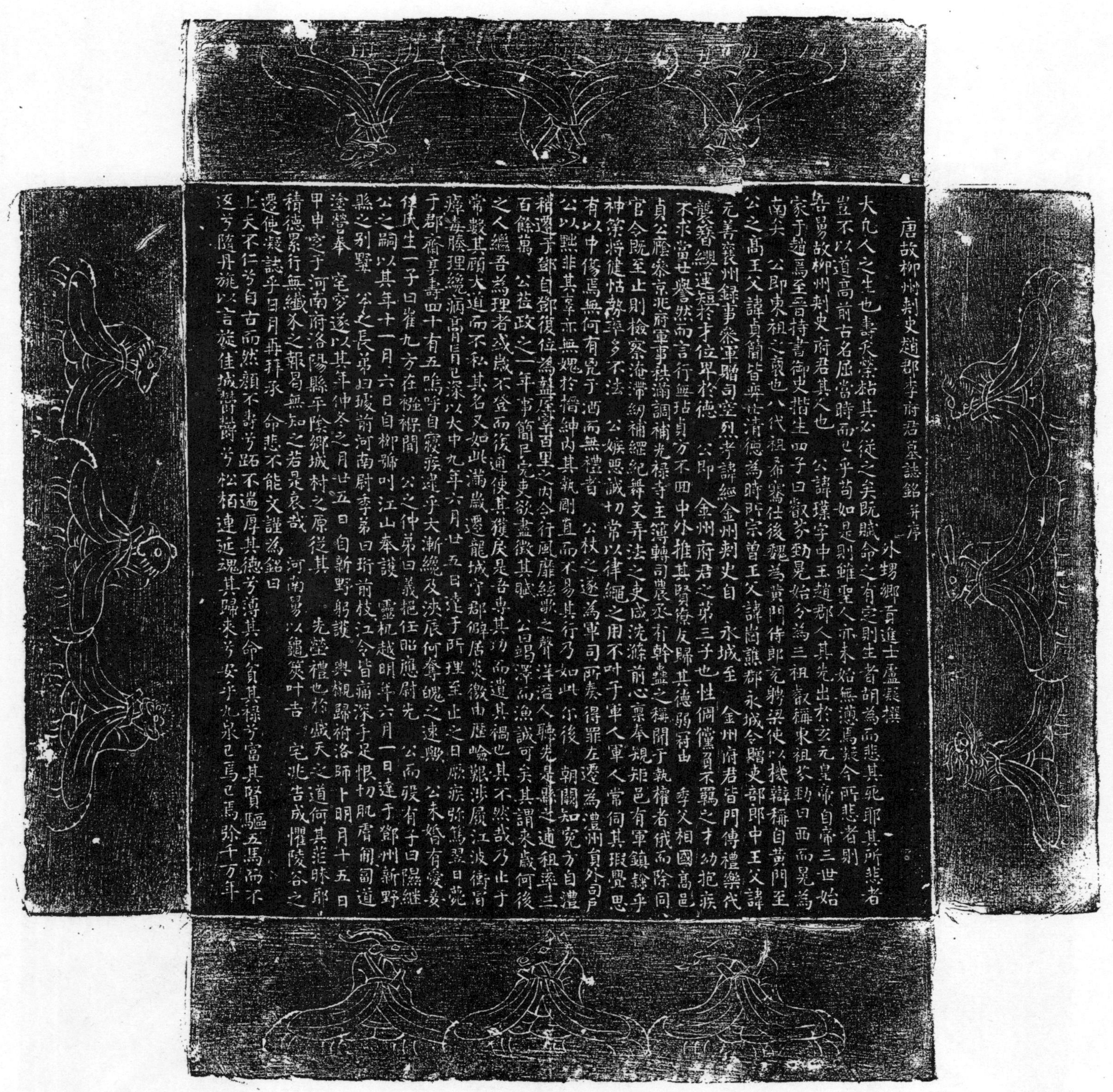

唐李璞墓誌并蓋

首題："唐故柳州刺史趙郡李府君墓誌銘并序"

共31行，滿行35字　540×540

誌蓋篆書："唐柳州刺史李公墓銘"　3行，行3字　315×315

大中九年（855）六月二十六日卒　大中十年（856）十二月十五日葬　盧凝撰

2004年9月，河南省洛陽市洛龍區白馬寺鎮帽郭村北出土，旋歸洛陽古玩城孟氏。

唐故太原王夫人墓銘
徵事郎守河南府河南縣丞劉干撰
有慶州刺史王公諱悅軍旅有謀政事能治元和中
天子將以公為復河湟帥會公薨而罷則其人可知也夫
人即公之季女年二十而嬪于我我以五經第為華州
參軍事俸少家貧夫人以強能勤儉助于余治故干克
承其　家焉今為河南丞夫人生有五子焉三男未有名
二女未有歸於大中十一年夏四月九日終于河南之崇政坊
我之第也行年四十一傷哉慟焉天命之不長与我同其
勤儉而不能終享我之祿秩未中身而歿俾余無与
共有其家者傷哉慟焉視五子之未知臧否也傷哉慟
焉以其年十一月二十日葬于河南縣伊汭鄉中梁村之
北山龍門之南[illegible]水之西有無稱家而封樹焉今人之禮也
今人之墓皆請能文者誌之愚以為人雖善誌不如
自誌之詳實故自誌云
王氏之女劉氏之妻嚴生五子未冠未笄年未中身棄我
而死誰嗣乃事誰親乃子質文有禮日月有期闕口之西佳城
是依陟彼南岡我心傷悲千万年与子同歸

四四〇　唐劉干妻王夫人墓誌

首題:“唐故太原王夫人墓銘”

共18行,滿行20字　450×445×92

大中十一年(857)四月九日卒　十一月二十日葬　劉干撰

2004年秋,河南省洛陽市伊川縣出土,旋歸洛陽古玩城李氏,余購得拓本一枚。

四四一　唐盧君鄭夫人墓誌并蓋

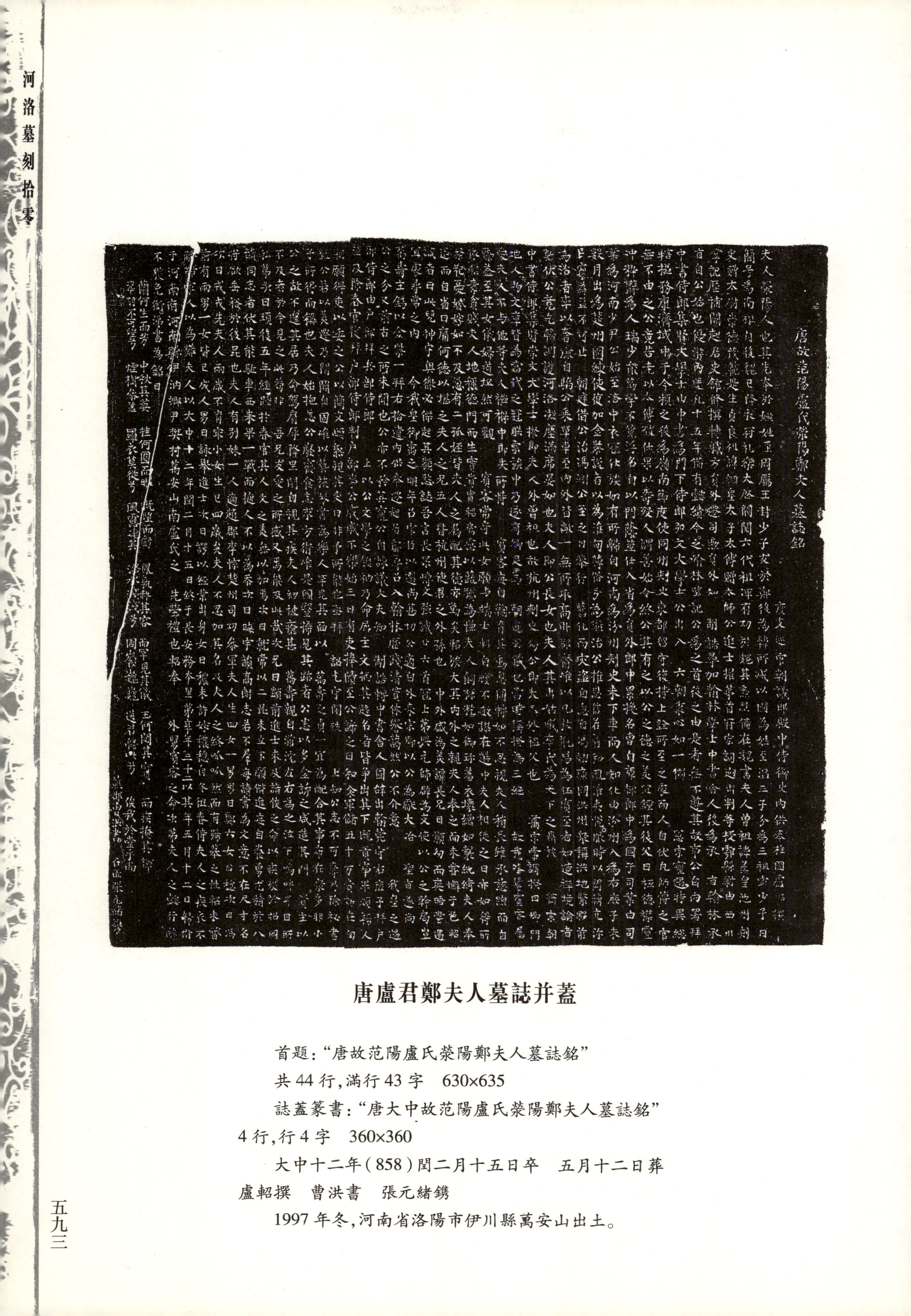

唐盧君鄭夫人墓誌并蓋

首題:“唐故范陽盧氏滎陽鄭夫人墓誌銘”

共44行,滿行43字　630×635

誌蓋篆書:“唐大中故范陽盧氏滎陽鄭夫人墓誌銘”

4行,行4字　360×360

大中十二年(858)閏二月十五日卒　五月十二日葬

盧軺撰　曹洪書　張元緒鐫

1997年冬,河南省洛陽市伊川縣萬安山出土。

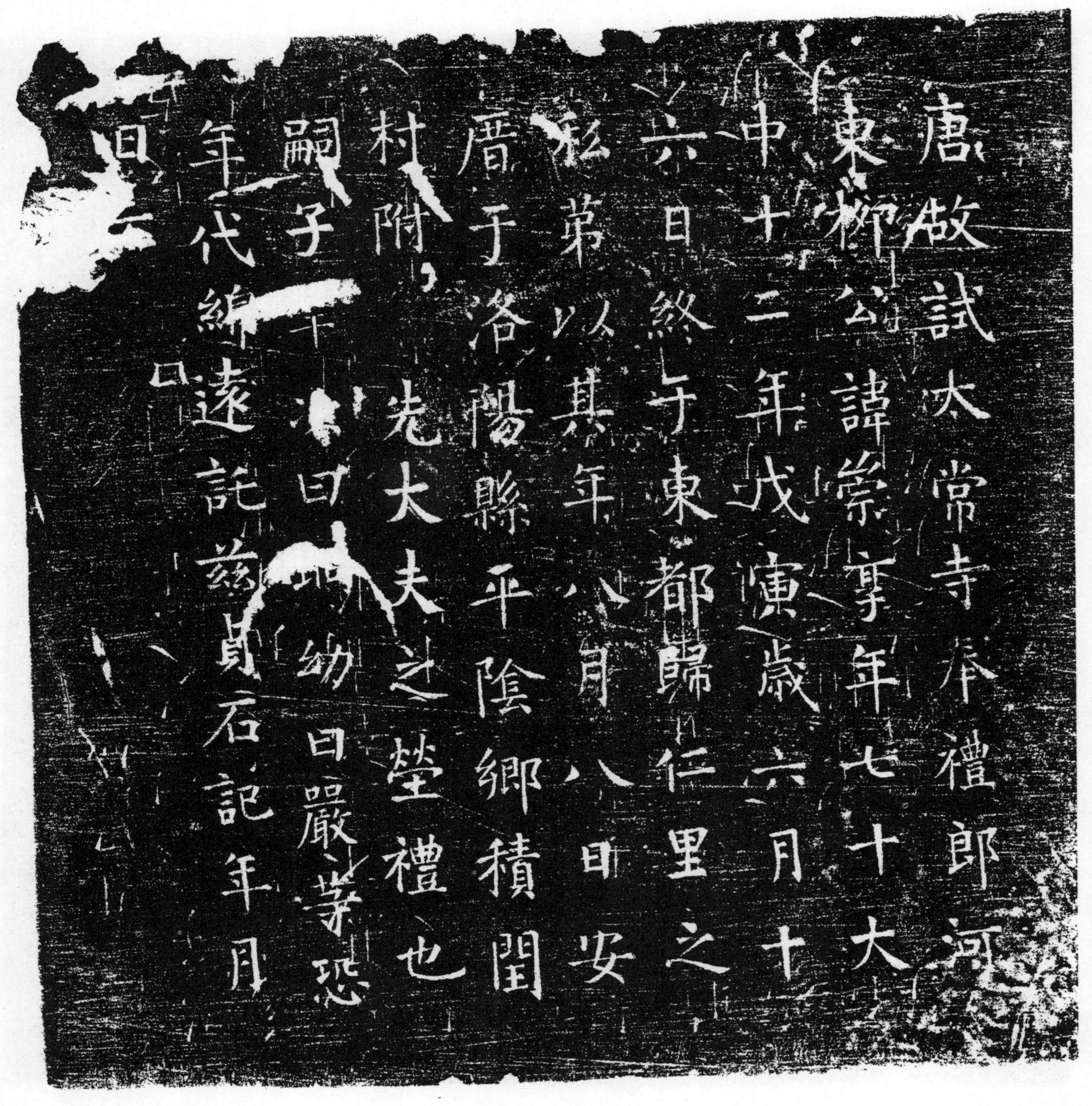

四四二　唐柳崇墓誌

無首題

共10行，滿行10字　290×290×60

大中十二年（858）六月十六日卒　八月八日葬

該石二十世紀末出土，被農民度藏。2003年秋，洛陽董氏得之，余傳拓三枚。

四四三　唐李道周墓誌

首題:“唐故虢州録事參軍柱國李道周墓誌銘”

共 12 行,滿行 15 字　365×365

大中十三年(859)五月十七日卒　七月八日葬　盧瓘撰

2004 年 1 月,河南省洛陽市出土,旋歸洛陽古玩城孟氏。

四四四　唐皇甫煒夫人白氏墓誌

首題:"皇甫氏夫人墓銘并序"

共28行,滿行28字　465×465×75

大中十二年(858)二月十三日卒　大中十三年(859)七月二十五日葬　皇甫煒撰

1998年冬,河南省洛陽市伊川縣出土。

四四五　唐王弘禮及夫人魏氏合祔墓誌并蓋

唐王弘禮及夫人魏氏合祔墓誌并蓋

首题："唐故太原王府君夫人魏氏合祔墓誌銘并序"

共22行，滿行22字　350×345

誌蓋楷書："唐故太原王府君夫人魏氏合祔墓誌銘"　4行，行4字　180×180

大中十二年（858）十一月七日卒　大中十三年（859）十月二十七日葬　宋楞撰

2004年春，河南省洛陽市孟津縣送莊鄉出土，旋歸洛陽古玩城孟氏。

四四六　唐盧㤩墓誌并蓋

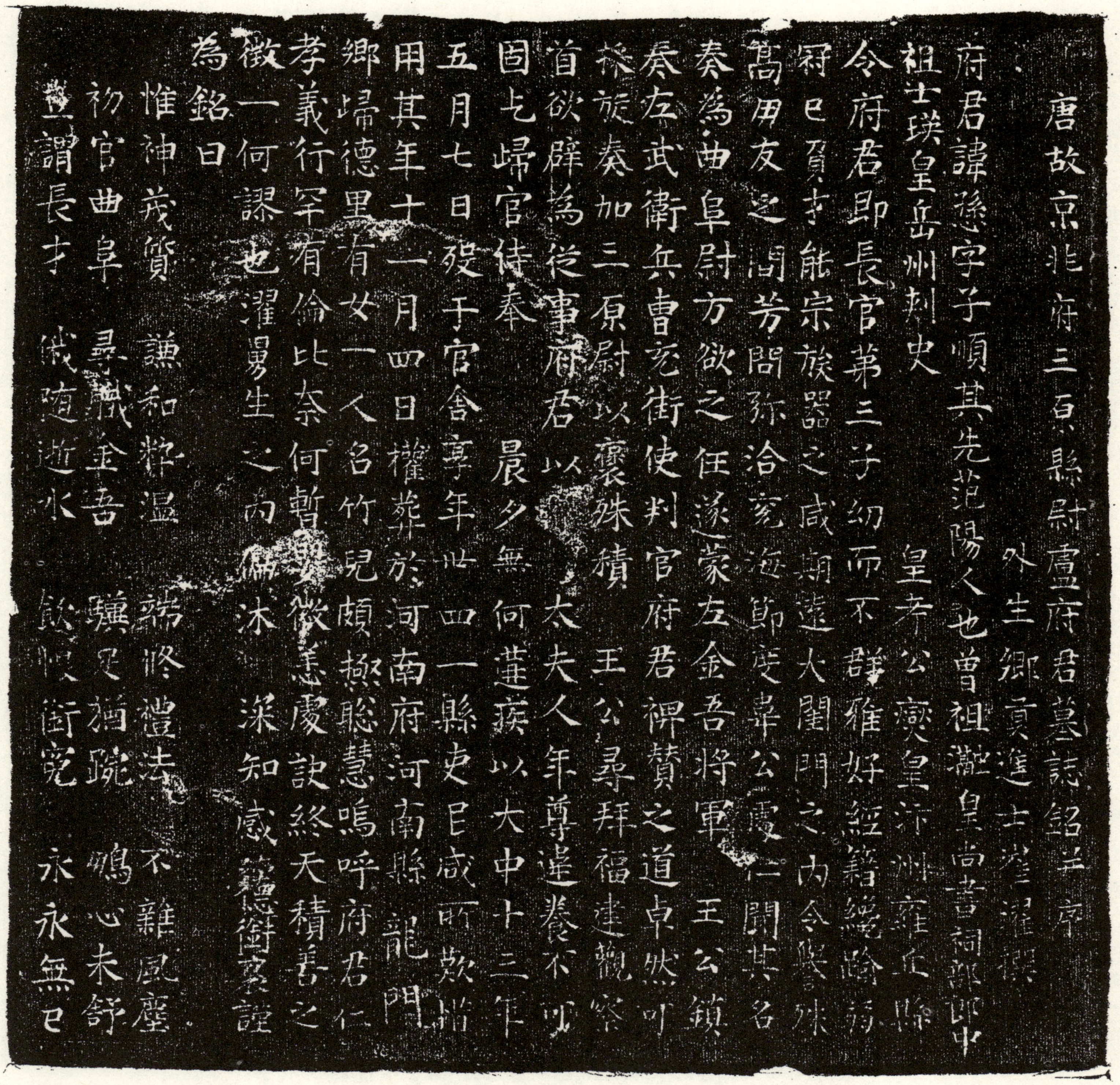
唐故京兆府三原縣尉盧府君墓誌銘并序
外生鄉貢進士崔濯撰
府君諱遜字子順其先范陽人也曾祖澥皇尚書祠部郎中
祖士瑛皇岳州刺史 皇考公爽皇汴州雍丘縣
令府君即長官第三子幼而不群雅好經籍纔齡弱
冠已負才能宗族器之咸期遠大閨門之內令譽殊
高朋友之間芳問彌洽兗海節度卑公處仁聞其名
奏為曲阜尉方欲之任遂蒙左金吾將軍 王公鎮
奏左武衛兵曹充街使判官府君裨贊之道卓然可
[illegible]旋奏加三原尉以褒殊積 王公尋拜福建觀察
首欲辟為從事府君以 太夫人年尊違養不可
固乞歸官侍奉 晨夕無何遘疾以大中十三年
五月七日殁于官舍享年卌四一縣吏民咸所歎惜
用其年十一月四日權葬於河南府河南縣龍門
鄉歸德里有女一人名竹兒頗擲聰慧嗚呼府君仁
孝義行罕有倫比奈何暫[illegible]徽善慶訣終天積善之
徵一何謬也濯男生之內[illegible]沐深知感[illegible]銜哀謹
為銘曰
惟神茂質 謙和粹溫 端脩禮法 不雜風塵
初官曲阜 尋職金吾 驥足猶蹶 鴻心未舒
豈謂長才 俄隨逝水 飲恨銜冤 永永無已

唐盧遜墓誌并蓋

首題："唐故京兆府三原縣尉盧府君墓誌銘并序"

共21行，滿行23字　460×460

誌蓋楷書："唐故范陽盧府君墓誌"　3行，行3字　215×218

大中十三年(859)五月七日卒　十一月四日葬　崔濯撰

2003年春，河南省洛陽市龍門鎮出土，旋歸洛陽何氏。

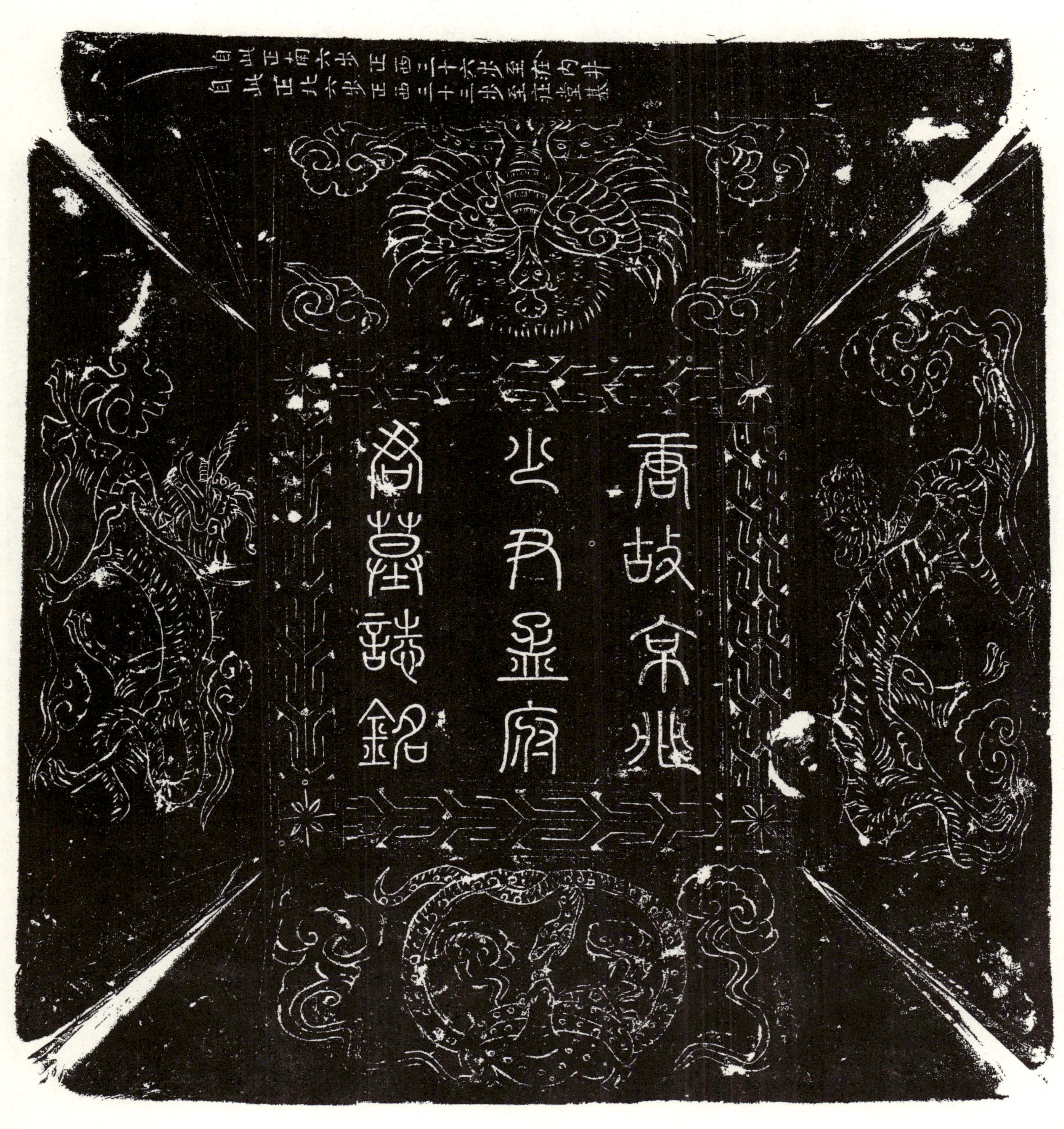

四四七　唐孟璲墓誌并蓋

唐孟璲墓誌并蓋

首题:"唐故朝請大夫守京兆少尹上柱國孟公墓誌銘"
共28行,滿行28字 555×555×145
誌蓋篆書:"唐故京兆少尹孟府君墓誌銘" 3行,行4字 600×605
大中十四年(860)二月九日卒 四月十四日葬 孟啓書并篆蓋
1998年冬,河南省洛陽市孟津縣出土。

四四八　唐李君夫人崔氏墓誌并蓋

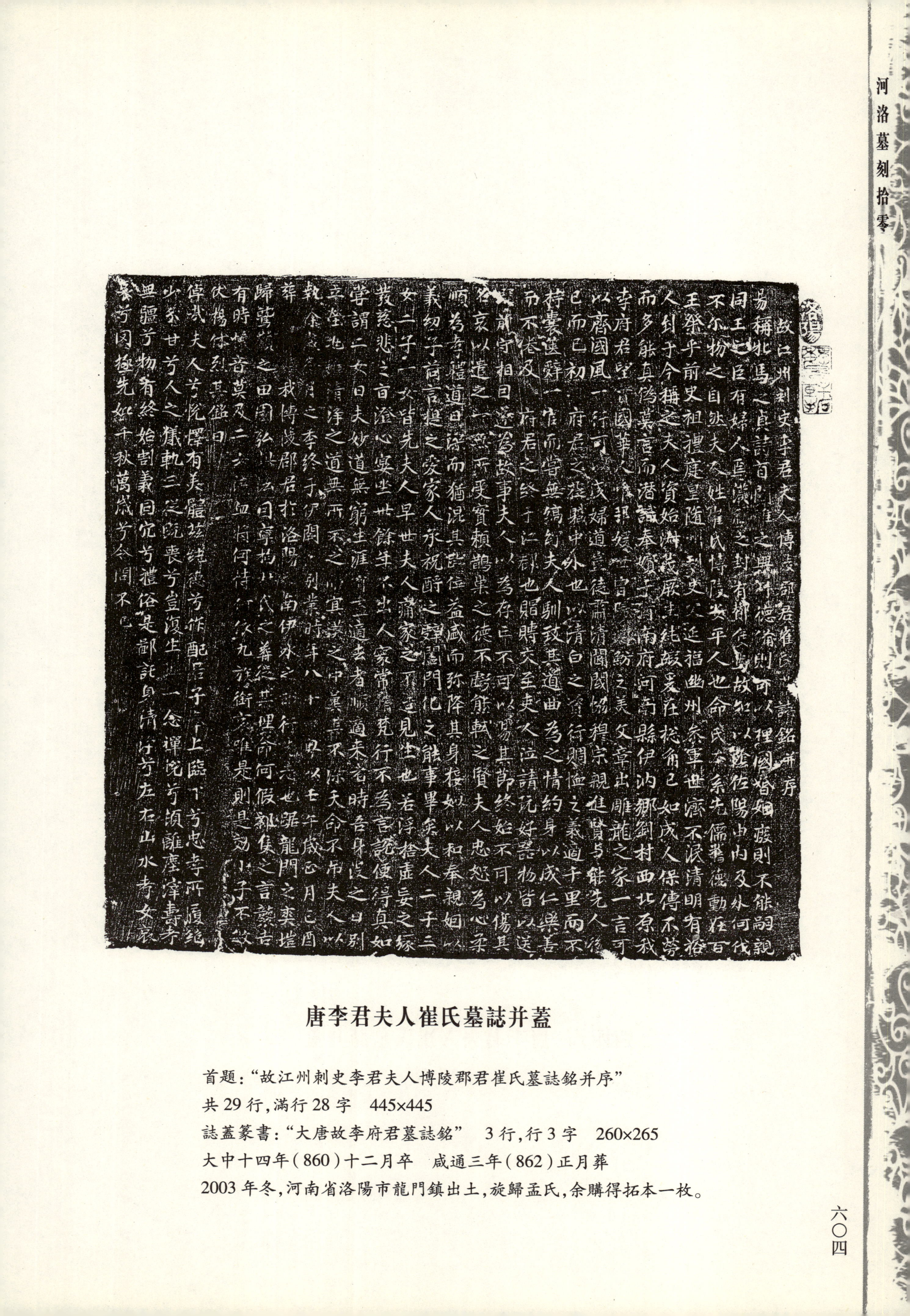

唐李君夫人崔氏墓誌并蓋

首題："故江州刺史李君夫人博陵郡君崔氏墓誌銘并序"
共29行，滿行28字　445×445
誌蓋篆書："大唐故李府君墓誌銘"　3行，行3字　260×265
大中十四年（860）十二月卒　咸通三年（862）正月葬
2003年冬，河南省洛陽市龍門鎮出土，旋歸孟氏，余購得拓本一枚。

四四九 唐劉干墓誌并蓋

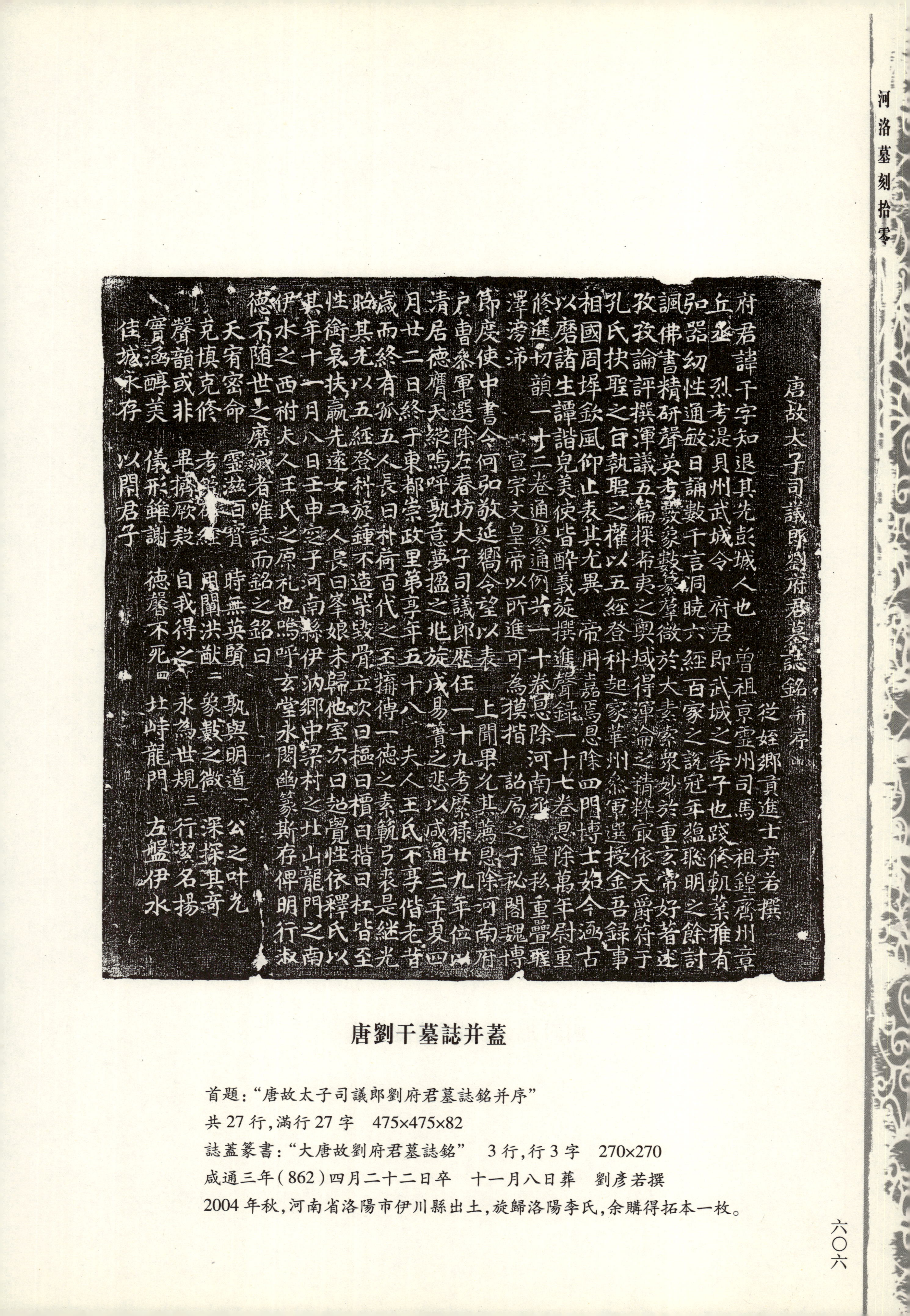

唐劉干墓誌并蓋

首題：“唐故太子司議郎劉府君墓誌銘并序”

共 27 行，滿行 27 字　475×475×82

誌蓋篆書：“大唐故劉府君墓誌銘”　3 行，行 3 字　270×270

咸通三年（862）四月二十二日卒　十一月八日葬　劉彦若撰

2004 年秋，河南省洛陽市伊川縣出土，旋歸洛陽李氏，余購得拓本一枚。

四五〇　唐薛偉墓誌并蓋

唐薛偉墓誌并蓋

首題:“大唐故河東薛府君墓誌銘并序”

共22行,滿行30、28字不等　435×455×35

誌蓋篆書:“大唐故河東薛府君墓誌”　4行,滿行3字　210×220

大中十年(856)三月十四日卒　咸通三年(862)十二月二十六日葬　薛玉叙

2004年冬,河南省洛陽市伊川縣出土,旋歸洛陽古玩城孟氏。

四五一　唐苟寰及夫人房氏祫祔墓誌并蓋

唐故河内郡茍府君房氏夫人祫祔墓誌銘并序
府君諱寰，其先即河内郡人也。公平生立志政直為人
与朋友交言而有信鄉閭偁善城縣覆心孝敬於家恭勤侍
佐計合祿壽千春榮加世上奈何天不祐善寒暑未侵良藥不
神掩歸大夜春秋卌八告終於世 夫人房氏弟十二女也自
笄年秦晉歸君子之門婦道禮儀不虧晨夕之孝心常
行善好持佛書自從霜居在室蓬首孤哀訓示兒女有孟母
之嚴中 夫人漸已年尊忽染纏疾求醫求佛疾不能愈甲
子七十二歸大夜嗣子五人二子早亡於先見存者三人長日淮達
次日從岳 小日播 孝嗣等謙謙仁德信義成家自從堂上
亡歿數歲靈居淺土未遇吉晨日夜無安心神恍惚常日憂
心莫知為計 淮達等啓問葬師龜筮云咸通五年歲辰甲
申二月九日丙寅卜其天地大通此日吉辰遂乃勖力備禮啓
故父玄堂就長潤村北古茍村原故塋祫祔禮也後恐桑田化
泉泉化桑田故刊貞石用記時代乃為銘曰
嗟乎君子 生為哲人 於家孝敬 鄉縣欽傳
嘆彼夫人 六禮尤真 閨幃內則 德貫鄉隣
嗣子擇地 安厝神魂 白楊壠樹 明月孤墳

唐茍寰及夫人房氏祫祔墓誌并蓋

首題：“唐故河内郡茍府君房氏夫人祫祔墓誌銘并序”

共 18 行，滿行 23 字 385×395

誌蓋篆書：“唐故茍府君祫祔墓誌” 3 行，行 3 字 225×225

卒年不詳 咸通五年（864）二月九日葬

2005 年 9 月，河南省洛陽市李樓鄉出土，旋歸洛陽豫深文博城唐氏。

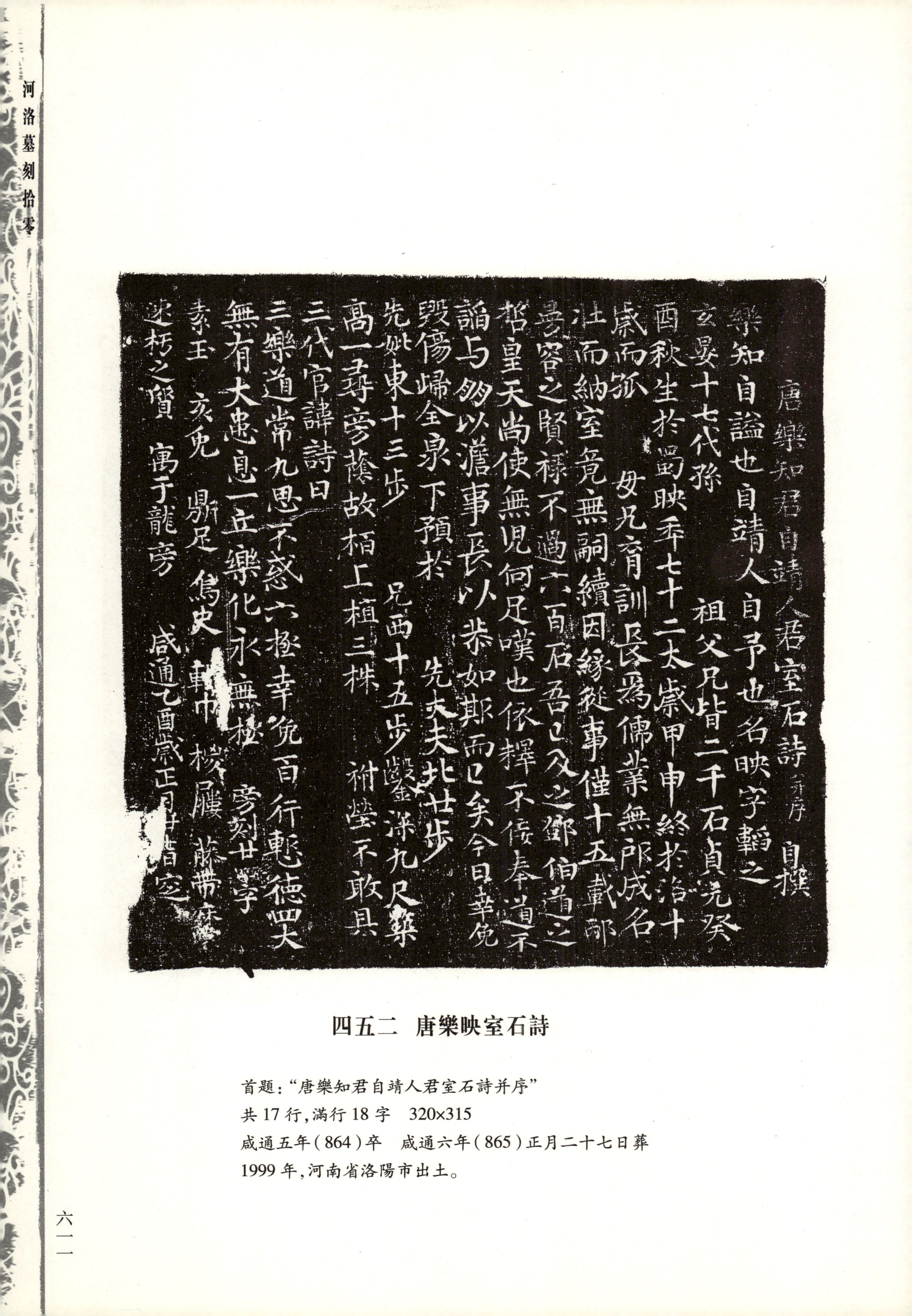

四五二　唐樂映室石詩

首題："唐樂知君自靖人君室石詩并序"

共 17 行，滿行 18 字　320×315

咸通五年（864）卒　咸通六年（865）正月二十七日葬

1999 年，河南省洛陽市出土。

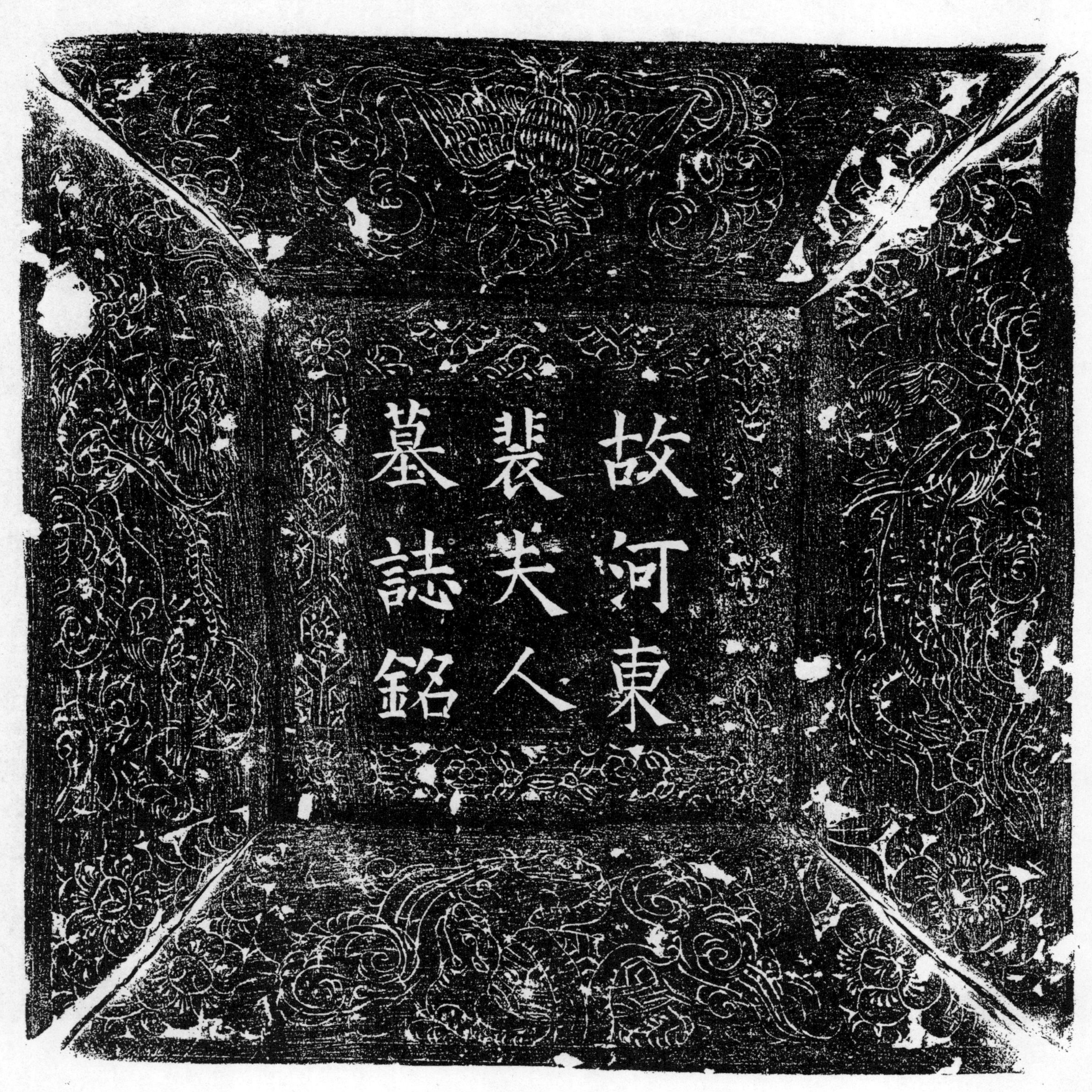

四五三　唐裴箱墓誌并蓋

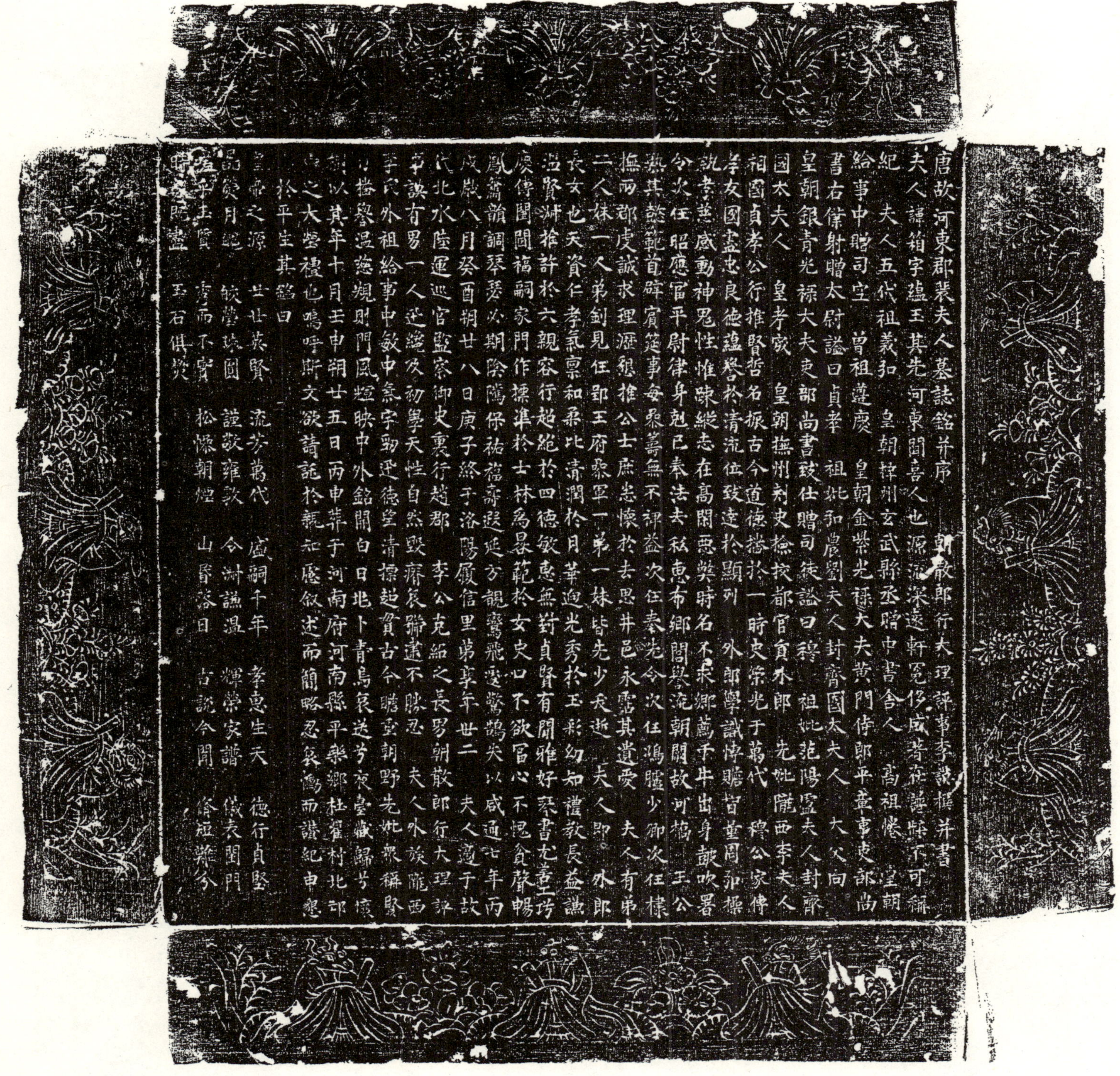

唐裴箱墓誌并蓋

首題:“唐故河東郡裴夫人墓誌銘并序”
共30行,滿行30字　450×450×80
誌蓋楷書:“故河東裴夫人墓誌銘”　3行,行3字　475×465
咸通七年(866)八月二十八日卒　十月二十五日葬　李謨撰并書
1998年秋,河南省洛陽市孟津縣出土。

四五四　唐趙餘墓誌并蓋

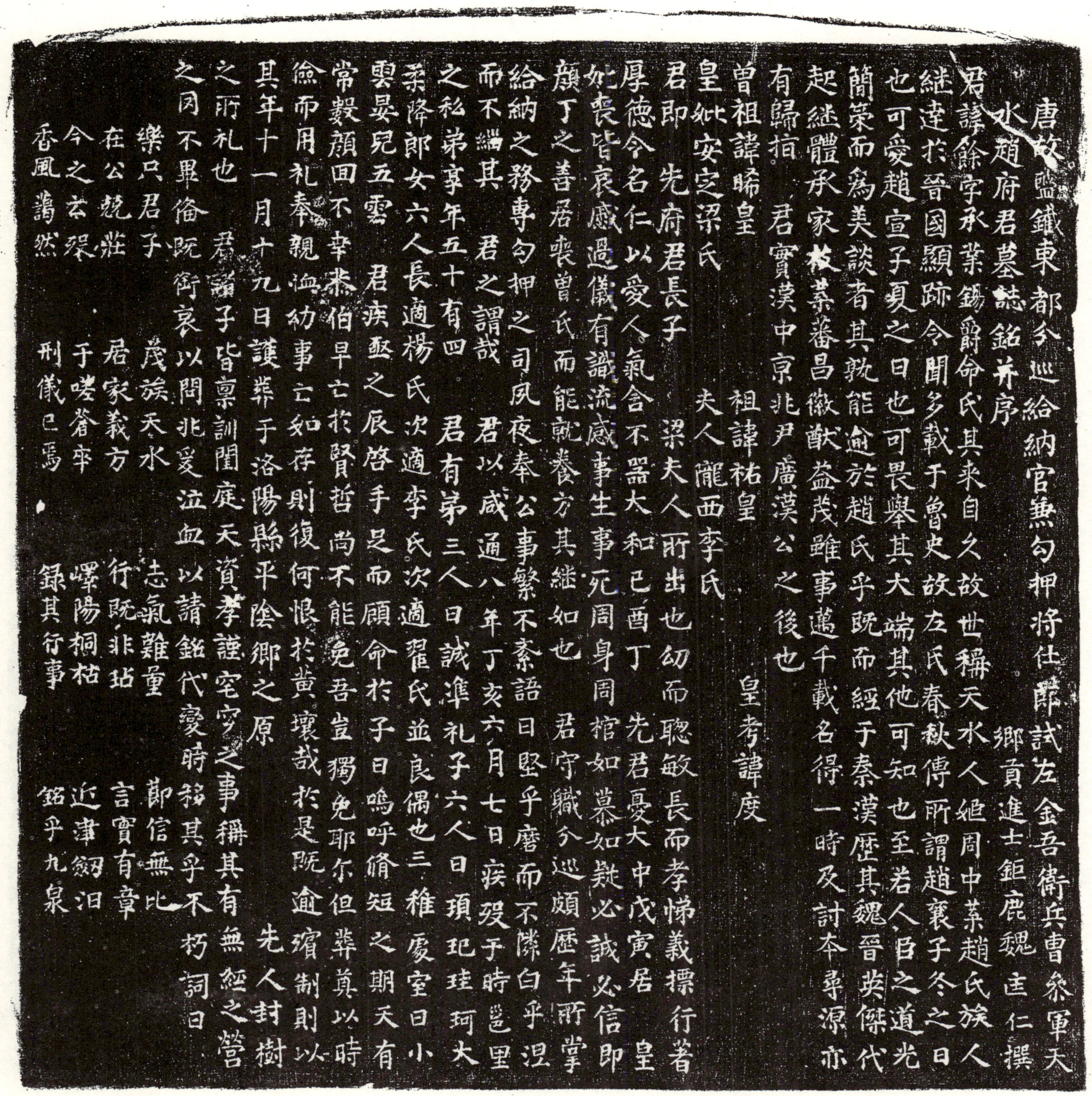

唐趙餘墓誌并蓋

首題："唐故鹽鐵東都分巡給納官兼勾押將仕郎試左金吾衛兵曹參軍天水趙府君墓誌銘并序"

共 28 行，滿行 28 字　455×450

誌蓋篆書："唐故天水趙府君墓誌"　3 行，行 3 字　245×245

咸通八年（867）六月七日卒　十一月十九日葬　魏匡仁撰

2004 年春，河南省洛陽市孟津縣出土，歸洛陽古玩城李氏。

四五五　唐盧君夫人鄭氏合祔墓誌并蓋

唐盧君夫人鄭氏合祔墓誌并蓋

首題："唐故宣州當塗縣令盧府君故夫人滎陽鄭氏合祔墓銘并序"

共25行，滿行25字　305×305×55

誌蓋楷書："盧府君故夫人鄭氏合祔墓銘"　3行，行4字　300×300

咸通五年（864）十二月七日卒　咸通八年（867）十一月二十五日葬　崔壞撰

1999年，河南省洛陽市出土。

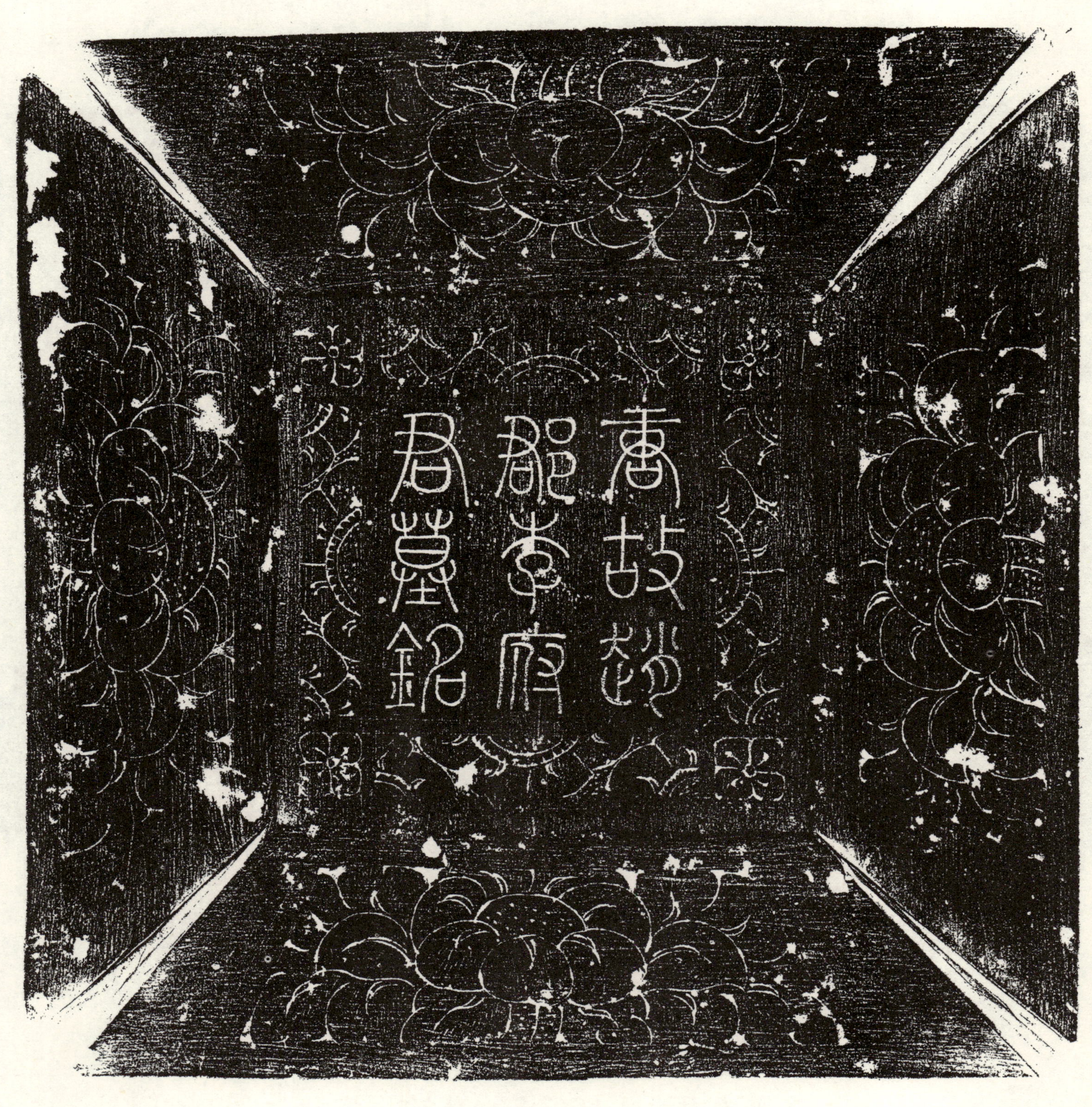

四五六　唐李謨墓誌并蓋

唐李謨墓誌并蓋

首題："唐故大理評事趙郡李公墓誌銘并序"

共 28 行，滿行 30 字　455×455×75

誌蓋篆書："唐故趙郡李府君墓銘"　3 行，行 3 字　490×490

咸通八年（867）八月十二日卒　十一月二十五日葬　吴藩撰

1999 年冬，河南省洛陽市孟津縣邙山北原出土。

唐故東海秀才墓記
秀才姓徐氏諱不器字克循昔周封 偃王爲徐國
君乃六十二世遠祖也 曾祖璨皇任御史中丞
祖寀皇任楊州海陵縣令累贈工部尚書 烈考特
皇任蔡州刺史兼御史中丞 秀才乃 先中丞
第六子年五歲丁 太夫人憂斬 慈父鞠育之恩
每踰天性稟愛子義方之訓信自生知加以温慈謙貞
孝慈詳簡究春秋之奧義慕莊老之格言復能内外剛
柔君㠯静躁至於先賢述作一覽無遺若劒驥之遇雷
孫未常不駭於識者之目咸通七酉歲 先中丞自
魏帥府幕 寵拜曹牧 秀才侍隼旟以之任嗚呼
遽起逝川之歎奄興梁木之悲以明年四月十一日暴
疾終於曹南官舍享年二十有一是歲未便祔於松
櫝權厝於郡城之東戊子年秋弟兄等不孝酷罰
大禍所鍾泣血號扣自汝陽 啓護歸祔洛南乃命
迎護 秀才旅櫬遠自陶丘以其年十月廿五日葬於
先中丞塋之後禮也仲兄光裔迷謬毀瘠之中豈暇親
於翰墨但以將封宅穸須紀時代斯記也樸而不文
良愧貞琬 堂弟鄉貢進士光言奉 命書
孫璋刻字

四五七　唐徐不器墓記

首題："唐故東海秀才墓記"

共20行，滿行21字　385×385

咸通七年（866）四月十一日卒　咸通九年（868）十月二十五日葬　徐光言書　孫璋刻

2003年秋，河南省洛陽市洛龍區出土，旋歸白馬寺鎮王氏。

四五八　唐趙善心墓誌并蓋

唐趙善心墓誌并蓋

首題:“唐故天水趙氏墓誌”

共15行,滿行16字　305×310

誌蓋篆書:“唐天水趙氏墓”　2行,行3字　165×165

咸通九年(868)十一月二十四日卒　十二月七日葬　曹汾撰

2005年9月,河南省洛陽市龍門鎮出土,旋歸孟氏。

唐故倉部郎中鄭公盧夫人合祔墓誌銘并序
三從甥天平軍節度副使朝議郎檢校尚書兵部郎中兼御史中
丞柱國賜紫金魚袋李景莊撰
倉部郎中鄭公府君諱魴字嘉魚北祖第二房爲天下鼎族由周厲王
少子宣封鄭周畿内因得姓焉世稱小白公茂甲族公其後也元和七
年兵部侍郎許公孟容下升進士第其首故相國 李公固言得人之
盛至今稱之 公業古詩寒苦不易詞人孟郊李賀爲詶唱侶言進士
者巨人詞客從之之游譏曰不識 鄭嘉魚不名爲進士 公其人也
正直不回人多忌之 祖皇昇州司倉參軍諱守廣祖妣清河崔氏
考遭賊李希烈亂忠聞由京兆府富平縣尉除大理廷評贈工部郎中
諱早妣清河崔氏追封清河縣太君 公由進士既筮仕尋爲 相國
故清河公羣亏旋之辟旋又爲浙東 元稹相辟竟應 元命 或者云
崔公大賢盛德 元公文章之美尚浮艷何遽捨 崔公而就 元公
公曰前 勑破後 勑吾但奉 詔不知其他由是論者大息 公之
兄諱忠一子曰建次兄諱鮪皇長沙縣令娶夫人隴西李氏三子七女
弟名鯧不婚男子子三人次弟諱鯤不婚四子子未娶女子適盧氏
郎中夫人范陽盧氏得姓於齊爲世着姓北祖大房漢侍中諱植晉侍
中諱廣魏吏部尚書諱陽烏之後昭彰圖諜蔚爲鼎族語曰盧陽烏鄭
述祖非斯二家孰曰門户其閥閱可知矣 夫人 曾祖諱播皇任河
南府陽翟縣令祖妣隴西李氏 祖諱藏密皇任汝州襄城縣令祖妣
清河崔氏 考諱慎修皇亳州司兵參軍妣絳郡李氏 祖諱仲宣皇
齊州全節尉 夫人一姊一弟兩妹姊適王迺弟紡前任宣州宣城縣
丞妹適武翊黄翊黄以持科第強傲縱僕妾不法輕妻貶謫遐傲妻竟
離衛寃入道人皆歎其妻之不辜而怒翊黄一無士行又一妹適李裔
夫人 司兵之第二女與姊弟妹皆 李夫人出 夫人執性淑順守
正居柔爲六親内則男子二人其長曰長晦皇泗州臨淮縣尉娶博陵

四五九　唐鄭魴盧夫人合祔墓誌

首題："唐故倉部郎中鄭公盧夫人合祔墓誌銘并序"

共 48 行，滿行 27 字　435×450　誌爲 2 面合成，首面刻 26 行，滿行 27 字　誌蓋背面刻 22 行，滿行 27 字

咸通九年（868）九月三十日卒　十二月七日葬　李景莊撰　鄭珪書

2005 年秋，河南省洛陽市伊川縣萬安山出土，旋歸張氏。

崔渠之女女子子四人長適進士盧後閔次奉黄老入道次適陽翟縣
尉清河崔行規皆他出其第二子長言有出身迷選娶妻范陽盧氏第
二女子子適燉煌李景莊景莊承　外家重疊及是　三世長言及
第三女皆　夫人出　郎中先　夫人三十五季終于路次其舊誌尚
存故不畢載　夫人季六十四咸通九季歲次戊子九月辛卯朔廿三
日癸丑得痢血醫占祈禱雖千計不効其月廿日庚申終于子婿崔行
規東都立行坊之故里第内孫十六人外孫十九人内孫兩人皆有選
門之地其内孫女適景莊福建觀察　家兄景温之第二子嗚呼
郎中家素有村墅有名第　夫人終于子婿里第男子女子六人今獨
長言及雉婦崔氏娣婦盧氏主　喪事祀事窮困饘粥往往出親親家
嗚呼痛哉景莊爲甥無服今以子婿服緦麻命男詠珮輩爲位慟哭既
成服遣詠奉金帛賻賵其季十二月庚申朔七日景寅歸祔河南府河
南縣尹樊村伊汭鄉　大塋禮也伏以　外氏奕世姻舊景莊不肖
嘗蒙採録尋屬傷悼銜哀不文承命不得辭直書銘云
郎中文德　夫人令名　師資母儀　不朽作程　不及上壽
大命其傾　嗣子然　號天血纓　二婦哀叫　割裂五情
孤子呱呱　所不忍聽　龜筮叶吉　闕于佳城　墳樹雖古
淑德日馨　愚悲不勝　淚筆以銘
堂姪鄉貢進士珪奉　外兄天平
軍副使中丞廿四兄遠筆命書握
管嗚咽幾不勝情苦痛深悲痛深
咸通九年十二月三日珪書

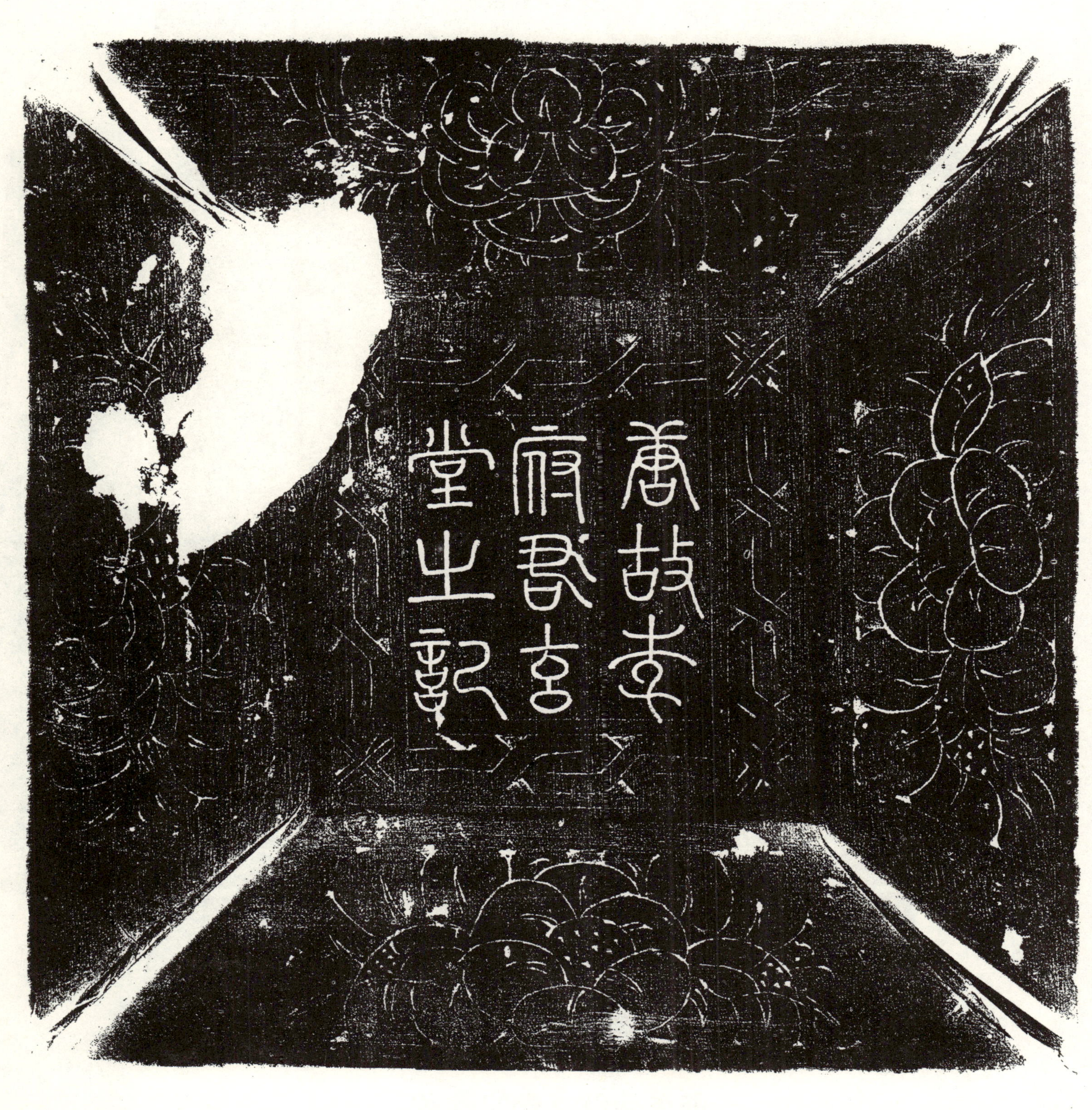

四六〇　唐李仲舒玄堂記并蓋

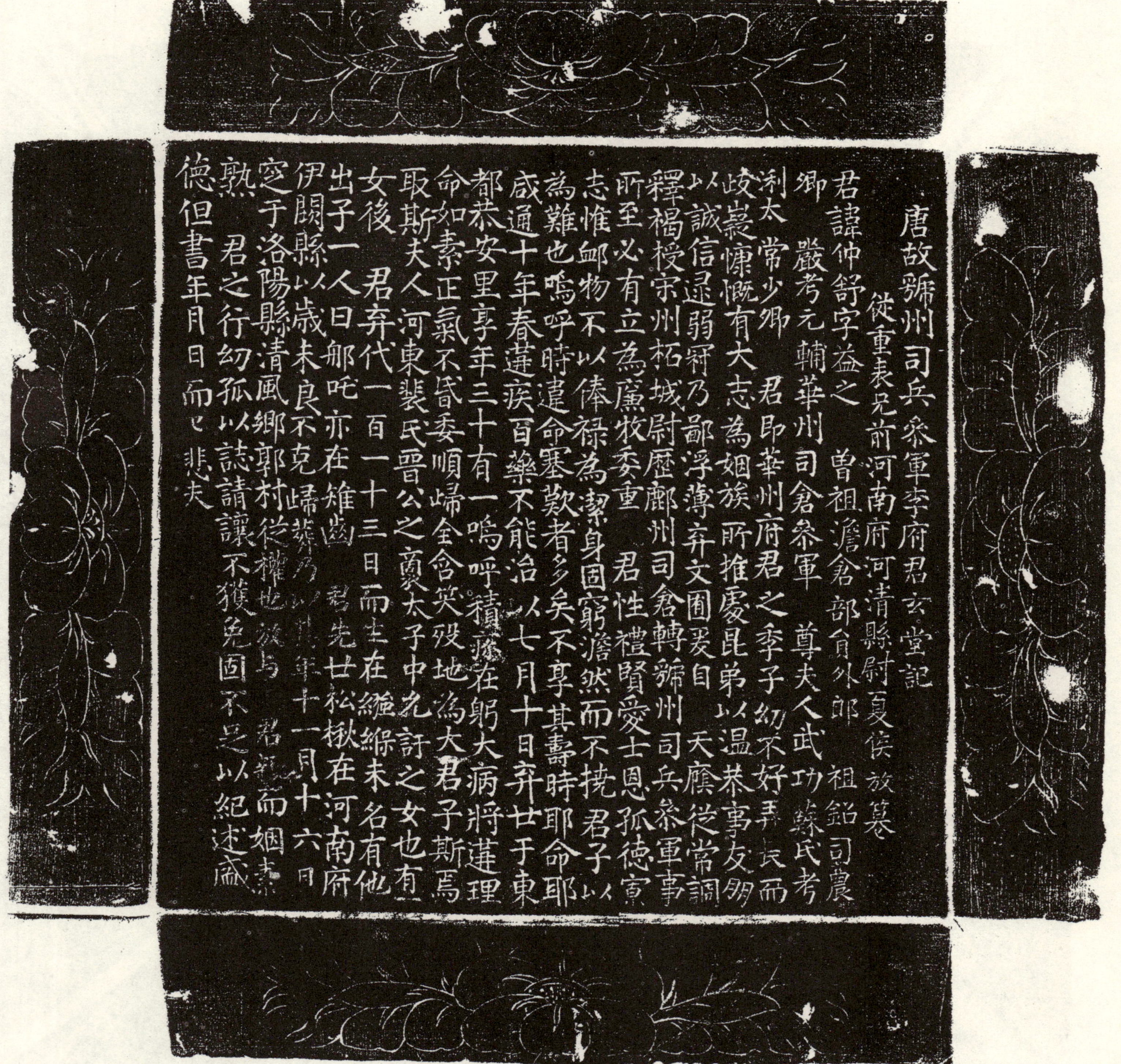

唐李仲舒玄堂記并蓋

首題:“唐故虢州司兵參軍李府君玄堂記”

共21行,滿行21字　345×345×65

誌蓋篆書:“唐故李府君玄堂之記”　3行,行3字　380×380

咸通十年(869)七月十日卒　十一月十六日葬　夏侯放撰

2000年,河南省洛陽市孟津縣出土。

唐故盧
府君夫
人墓銘

四六一　唐盧宗和夫人李氏墓誌并蓋

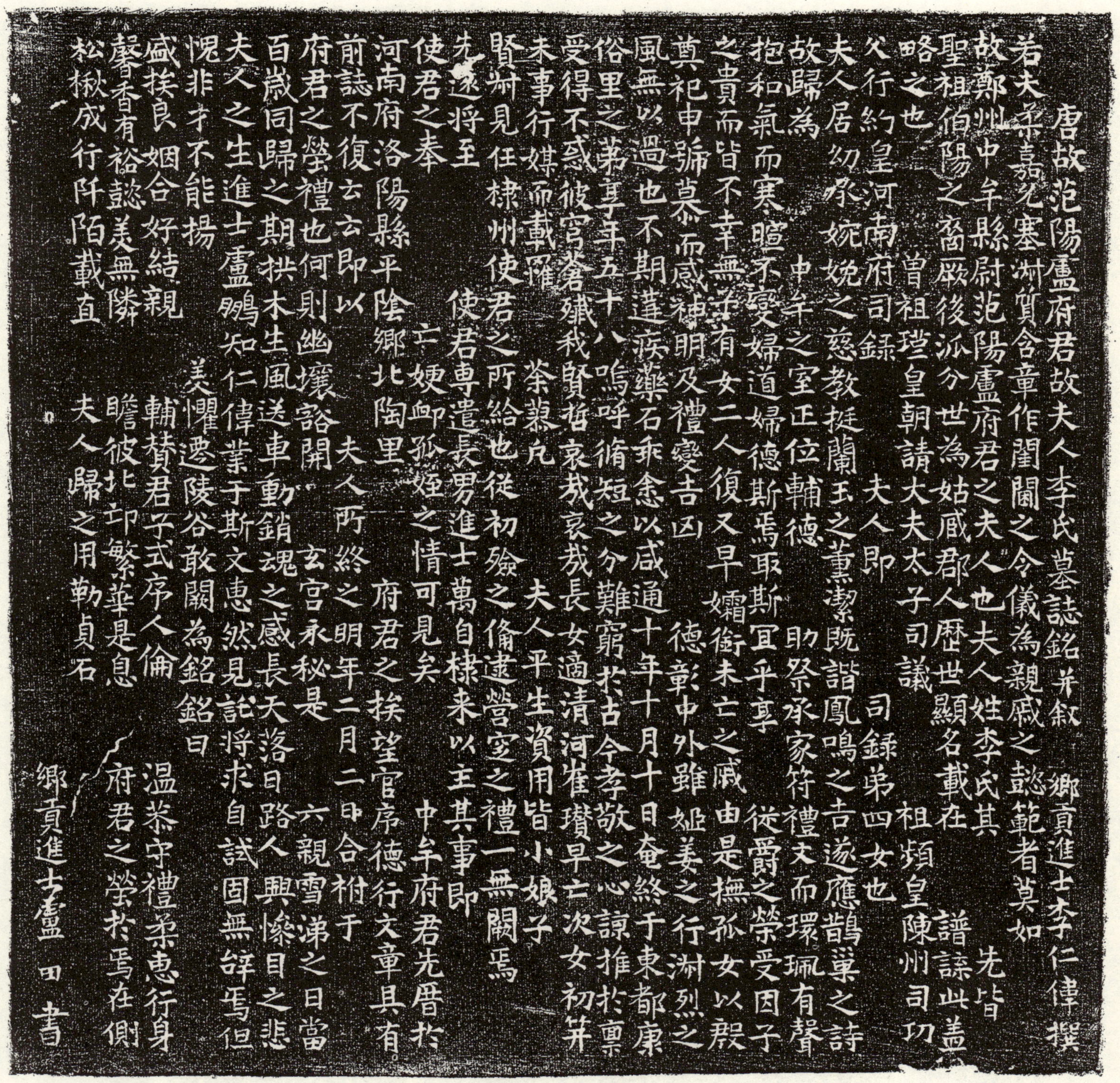

唐故范陽盧府君故夫人李氏墓誌銘并叙　鄉貢進士李仁偉撰
若夫柔嘉光塞淑質含章作閨閫之令儀為親戚之懿範者莫如
故鄭州中牟縣尉范陽盧府君之夫人也夫人姓李氏其先皆
聖祖伯陽之裔厥後派分世為姑臧郡人歷世顯名載在譜諜此蓋
略之也　曾祖瑝皇朝請大夫太子司議　祖頻皇陳州司功
父行約皇河南府司録　夫人即　司録弟四女也
夫人居幼承婉娩之慈教挺蘭玉之薰潔既諧鳳鳴之吉遂應鵲巢之詩
故歸為　中牟之室正位輔德　助祭承家符禮文而環珮有聲
抱和氣而寒暄不變婦道婦德斯焉取斯宜乎享從爵之榮受因子
之貴而皆不幸無子有女二人復又早孀銜未亡之戚由是撫孤女以殷
蒖祀申號慕而感神明及禮變吉凶　德彰中外雖姬姜之行淑烈之
風無以過也不期遘疾藥石乖愈以咸通十年十月十日奄終于東都康
俗里之第享年五十八嗚呼脩短之分難窮於古今孝敬之心諒推於稟
受得不惑彼穹蒼殲我賢哲哀哉哀哉長女適清河崔瓚早亡次女初笄
未事行媒而載罹荼蓼允　夫人平生資用皆小娘子
賢淑見任棣州使君之所給也從初殮之備逮營窆之禮一無闕焉
先遂將至　使君專遣長男進士萬自棣来以主其事即
使君之奉　亡姨卹孤姪之情可見矣　中牟府君先厝於
河南府洛陽縣平陰鄉北陶里　府君之族望官序德行文章具有
前誌不復云云即以　夫人所終之明年二月二日合祔于
府君之塋禮也何則幽壤路開　玄宮永秘是六親雪涕之日當
百歲同歸之期拱木生風送車動鎖魂之感長天落日路人興慘目之悲
夫人之生進士盧鵬知仁偉業于斯文忽然見託將求自試固無辭焉但
愧非才不能揚　美懼遷陵谷敢闕為銘銘曰
盛族良姻合好結親　輔贊君子式序人倫　温恭守禮柔惠行身
馨香有裕懿美無隣　瞻彼北邙繁華是息　府君之塋於焉在側
松楸成行阡陌載直　夫人歸之用勒貞石
鄉貢進士盧田書

唐盧宗和夫人李氏墓誌并蓋

首題:“唐故范陽盧府君故夫人李氏墓誌銘并叙”

共 28 行,滿行 28 字　465×470

誌蓋楷書:“唐故盧府君夫人墓銘”　3 行,行 3 字　285×285

咸通十年(869)十月十日卒　咸通十一年(870)二月二日葬　李仁偉撰　盧田書

2004 年 10 月,河南省洛陽市孟津縣出土,歸洛陽古玩城張氏,余傳拓得之。

四六二　唐樊驤墓誌

首題："有唐朝散大夫尚書倉部郎中柱國賜緋魚袋樊公墓誌銘并序"

共 32 行，滿行 32 字　580×580×110

咸通十一年（870）二月二十一日卒　十一月二十四日葬　庾崇撰　樊駰書

2003 年秋，河南省洛陽市孟津縣平樂鎮出土，先歸洛陽何漢儒，同年 11 月 6 日歸藏洛陽師範學院。

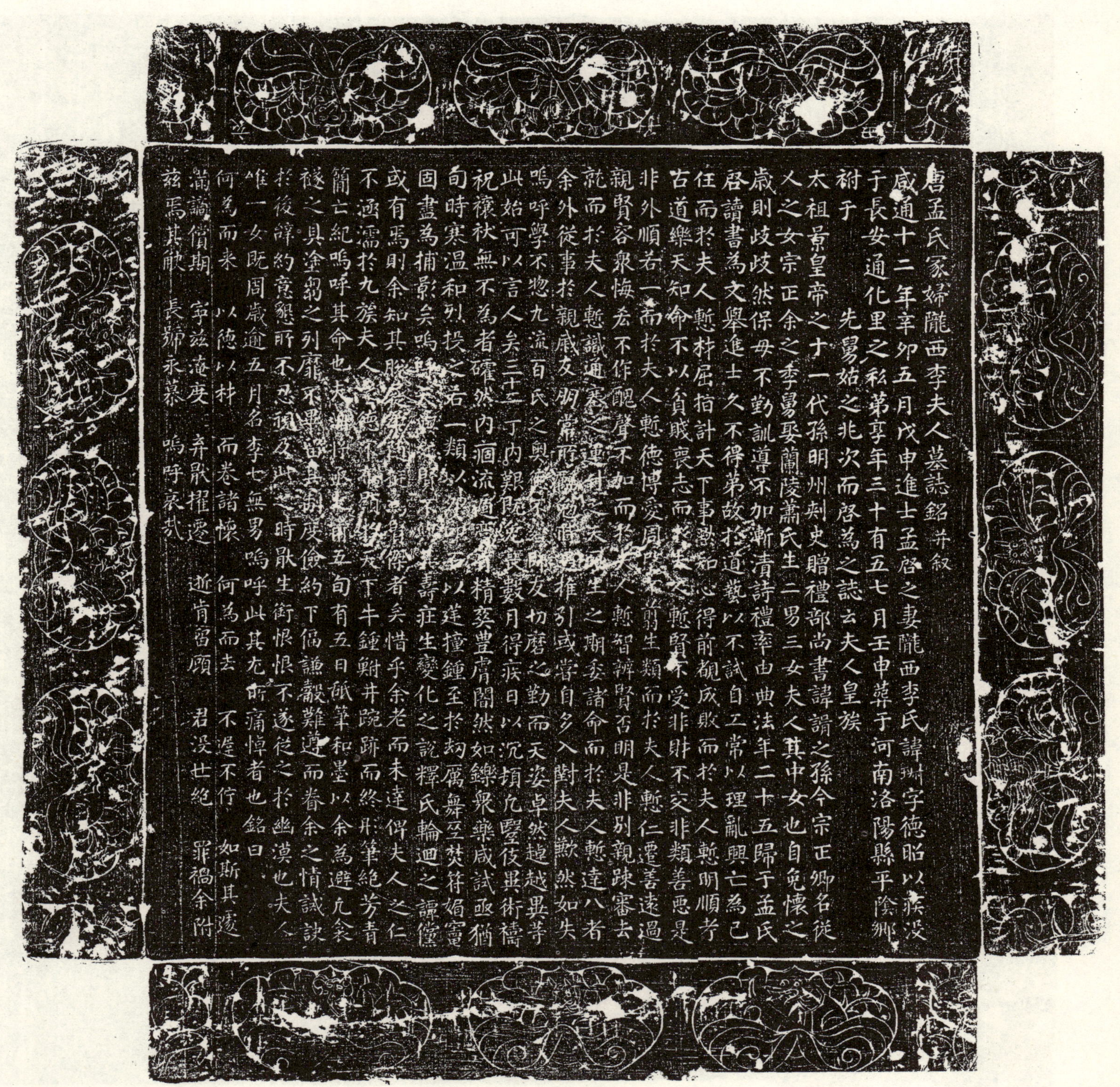

四六三　唐孟啟夫人李琡墓誌

首題："唐孟氏家婦隴西李夫人墓誌銘并叙"

共28行，滿行28字　555×555×85

咸通十二年（871）五月三日卒　七月二十八日葬

2000年，河南省洛陽市孟津縣出土。

四六四 唐崔侮墓誌

首題："唐故清河崔公墓誌并序"

共 21 行，滿行 22 字　370×370

咸通十二年（871）二月九日卒　十月十日葬　袁陜謜撰

2004 年冬，河南省洛陽市孟津縣出土，旋歸劉坡王氏。

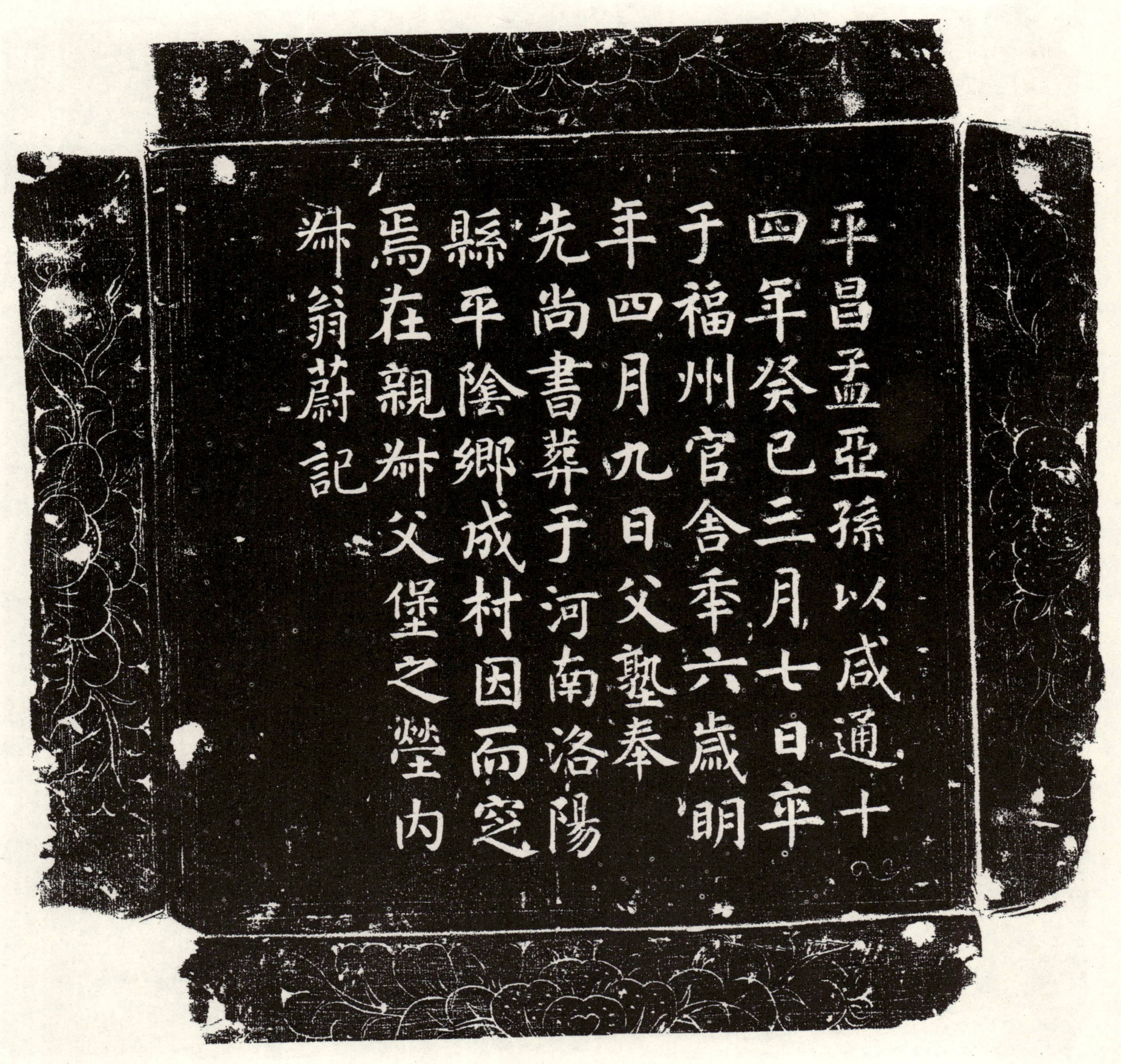

平昌孟亞孫以咸通十
四年癸巳三月七日卒
于福州官舍秊六歲明
年四月九日父塈奉
先尚書葬于河南洛陽
縣平陰鄉成村因而窆
焉在親舛父堡之塋内
舛翁蔚記

四六五　唐孟亞孫墓誌

無首題

共8行,滿行9字　325×325×55

咸通十四年(873)三月七日卒　咸通十五年(874)四月九日葬　孟翁蔚撰

1999年冬,河南省洛陽市孟津縣出土。

四六六　唐裴謡夫人李氏墓誌并蓋

唐裴譊夫人李氏墓誌并蓋

首題："唐常州無錫裴長官隴西李夫人墓誌銘并序"

誌共2面，首面共30行，滿行31字　555×550×95　次面共18行，滿行31字　565×565

誌蓋篆書："唐前無錫令裴氏故隴西李夫人墓誌銘"　4行，行4字　585×585

咸通十四年（873）十一月二十日卒　咸通十五年（874）九月三十日葬　李景莊撰

1997年冬，河南省洛陽市伊川縣萬安山出土。

制謡郎殿中之令子鳴呼良夫賢婦無愧古人秦晉克諧琴瑟合韻無忝尔祖尒
實全然自為夫婦未及辛歲尔竟先亡鳴呼哀哉痛深骨髓卅七女之生不及
先鄭夫人令盧氏太夫人視之若己所出未嘗間日暫違膝下去年春二月景莊
以脩　貢再入茶山全家偕行時以風水前後隔一晝夜及復會集卅七女與
其太夫人把手零淚情如間歲鳴呼孝哉景莊常欲侍裴氏姊及甥姪新婦男子
子女子子子婿中堂一會又以弟兄子姪連得美官及詠婚姻卅七女嫁遣為詩
一絕寄上　家兄又欲裴氏伯叔姑姊妹到此以觀卅七女婦禮必盡誠敬
鳴呼會未及成詩未寄上裴家親〻未及至三者未果尔已謝世鳴呼痛深有子
一人曰輝兒一女曰隱兒非卅七女所出然哭泣之哀若不欲生頑愚聞之無不
出涕况於銘予裴謡哭泣喪悴無不傷之豈卅七女付命有脩短耶豈裴君夫婦
和合抑有數耶其大小斂及歸壽宮之具無不畢備其年九月三十日歸于東都
河南縣萬安山鄉曰伊汭聯曰尹樊　大塋之外權厝以俟通年禮也泣盡繼血
直書銘曰
為夫為婦兮抑有時耶　侍父母會親愛兮抑有期耶朝之顏嬉嬉暮之墓纍
纍尔何瞬息不久于時儼然輝隱尚幼且癡每一號叫若將不支汝夫往〻若狂
若疑中夜大哭魂如不歸尔兄弟妹痛感路歧我今得官何況尔悲汝母与我適
為淚資五情若割四體若隳佳城吉辰神其安之衆善所集足為尔依不善不滅
尒宜憶持〻矣永訣畢載灑詞

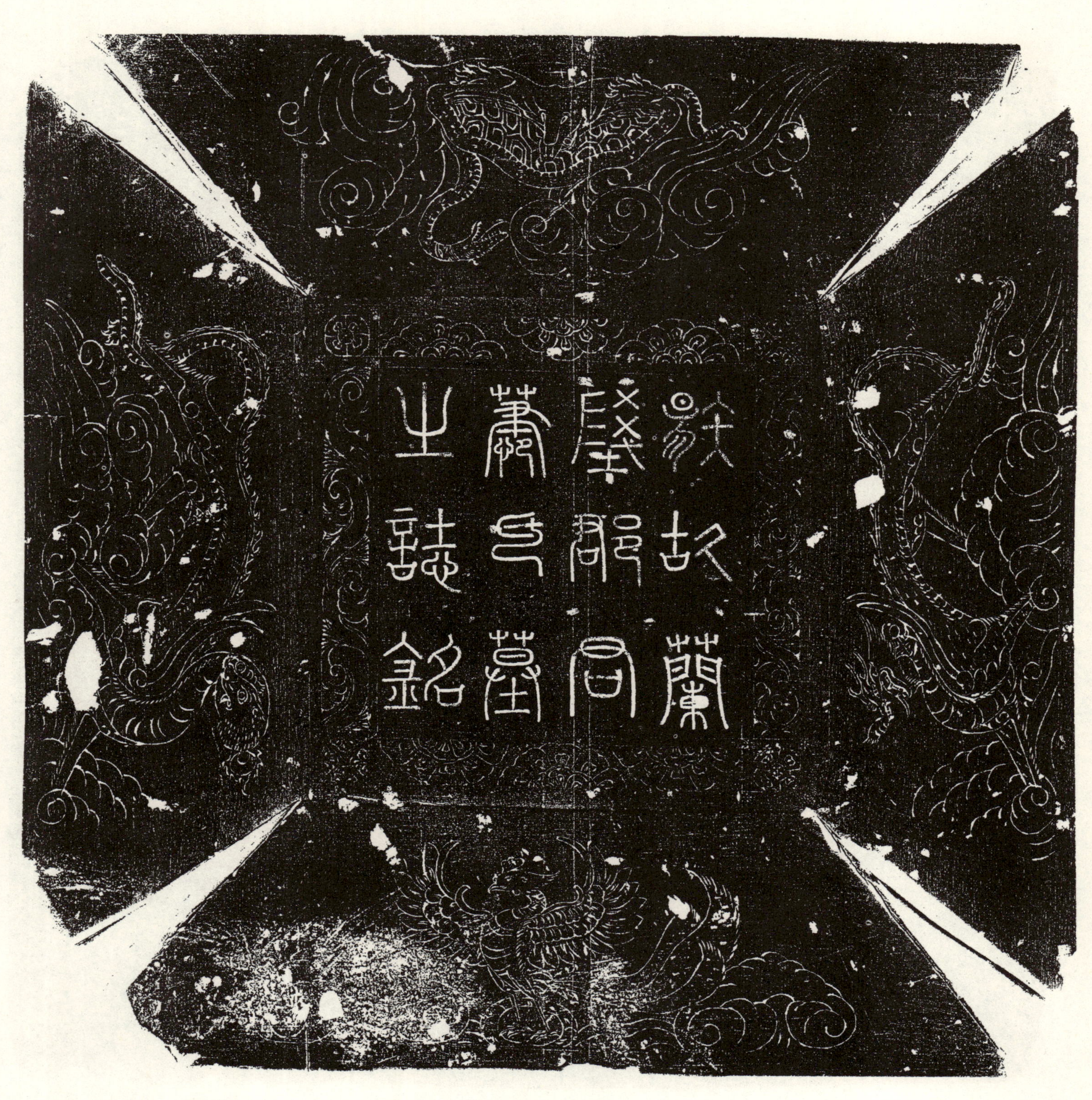

四六七　唐孟君夫人蕭威墓誌并蓋

唐孟君夫人蕭威墓誌并蓋

首題："唐故朝請大夫京兆少尹上柱國孟府君夫人蘭陵郡君蕭氏墓誌銘"

共29行，滿行29字　625×625×140

誌蓋篆書："唐故蘭陵郡君蕭氏墓之誌銘"　4行，行4字　710×710

乾符二年（875）三月二十三日卒　十月十二日葬　孟啓撰　孟表微書并篆蓋

2000年，河南省洛陽市出土。

四六八　唐鄭張八墓誌并蓋

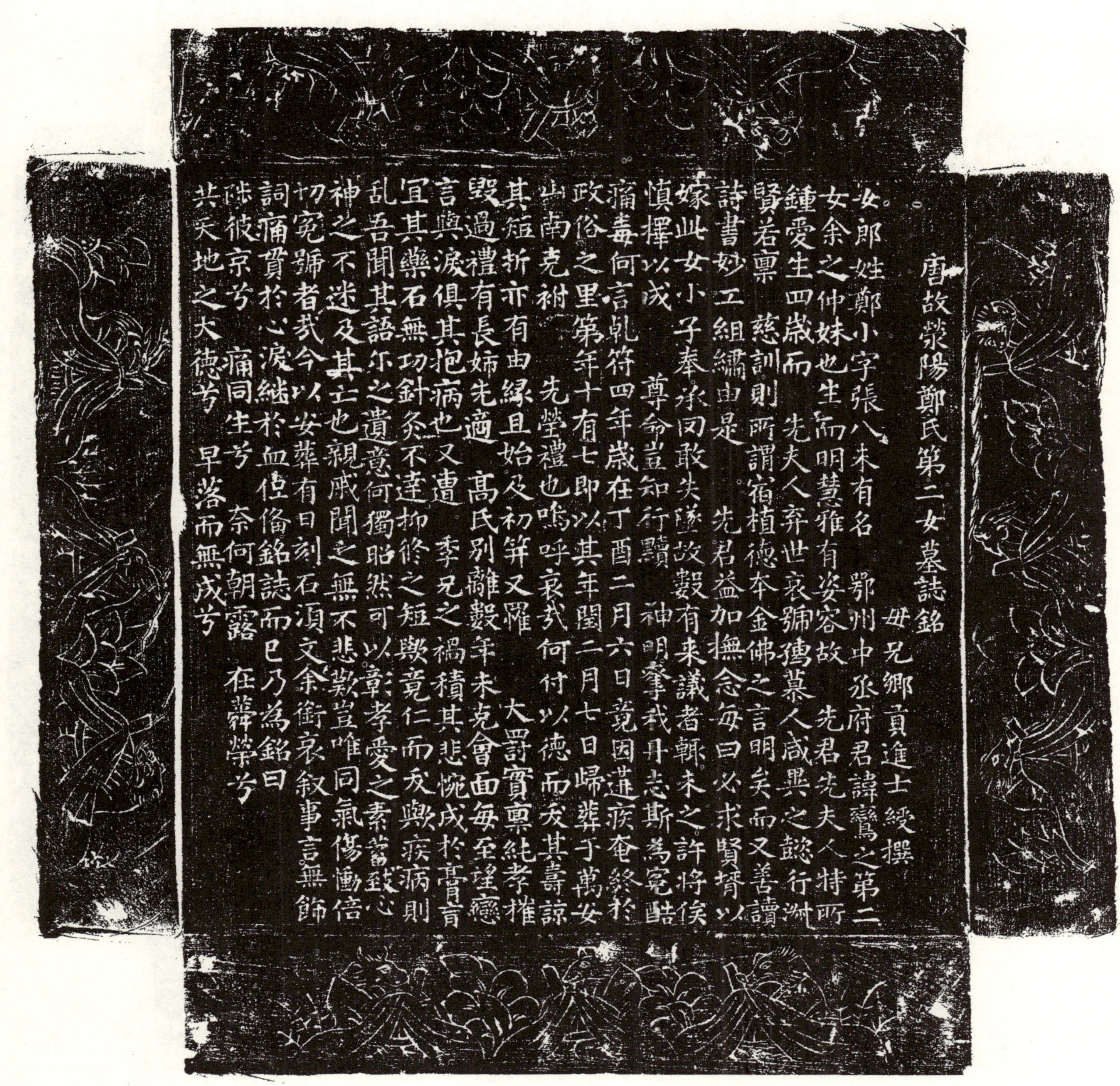

唐故滎陽鄭氏第二女墓誌銘
母兄鄉貢進士綬撰
女郎姓鄭小字張八未有名 鄂州中丞府君諱鸞之第二
女余之仲妹也生而明慧雅有姿容故 先君先夫人特所
鍾愛生四歲而 先夫人弃世哀號號慕人咸異之懿行淑
賢若稟 慈訓則所謂宿植德本金佛之言明矣而又善讀
詩書妙工組繡由是 先君益加撫念每曰必求賢壻以
嫁此女小子奉承囙敢失墜故數有来議者輒未之許將俟
慎擇以成 尊命豈知行變 神明降我丹志斯為冤酷
痛毒何言乾符四年歲在丁酉二月六日竟囙遘疾奄終於
政俗之里第年十有七即以其年閏二月七日歸葬于萬安
山南克祔 先塋禮也嗚呼哀哉何付以德而反其壽諒
其短折亦有由緣且始及初笄又罹 大罰實稟純孝攉
毀過禮有長姊先適 高氏別離數年未克會面每至望戀
言與淚俱其抱病也又遭 季兄之禍積其悲惋成於膏肓
宜其藥石無功針灸不達抑修之短歟竟仁而反歟疾病則
亂吾聞其語亦之遺意何獨昭然可以彰孝愛之素當致心
神之不迷及其亡也親戚聞之無不悲歎豈唯同氣傷慟倍
切冤號者哉今以安葬有日刻石須文余銜哀敘事言無飾
詞痛貫於心淚繼於血促備銘誌而已乃為銘曰
陟彼京兮 痛同生兮 奈何朝露 在葬榮兮
共天地之大德兮 早落而無成兮

唐鄭張八墓誌并蓋

首題:“唐故滎陽鄭氏第二女墓誌銘”

共22行,滿行23字　340×340×63

誌蓋篆書:“唐故鄭氏第二女墓銘”　3行,行3字　363×363

乾符四年(877)二月六日卒　閏二月七日葬　鄭綬撰

1999年冬,河南省洛陽市伊川縣萬安山出土。

四六九　唐盧槩墓誌

首题："唐故申州刺史盧府君墓誌銘"

共24行，滿行25字　400×400×65

乾符六年（879）六月二十四日卒　八月十五日葬　源蔚撰　崔述書并篆蓋

1998年，河南省洛陽市伊川縣萬安山出土。

四七〇 唐王詢墓誌

首題："唐故銀青光禄大夫檢校太子賓客代州都督府長史兼監察御史上柱國瑯琊王公墓銘并序"

共28行，滿行29字 480×490

乾符四年（877）十一月二日卒 乾符六年（879）九月二十七日葬 尚逢撰 柳諗書

2003年秋，河南省洛陽市孟津縣朝陽鎮出土，旋歸白馬寺鎮亞強。

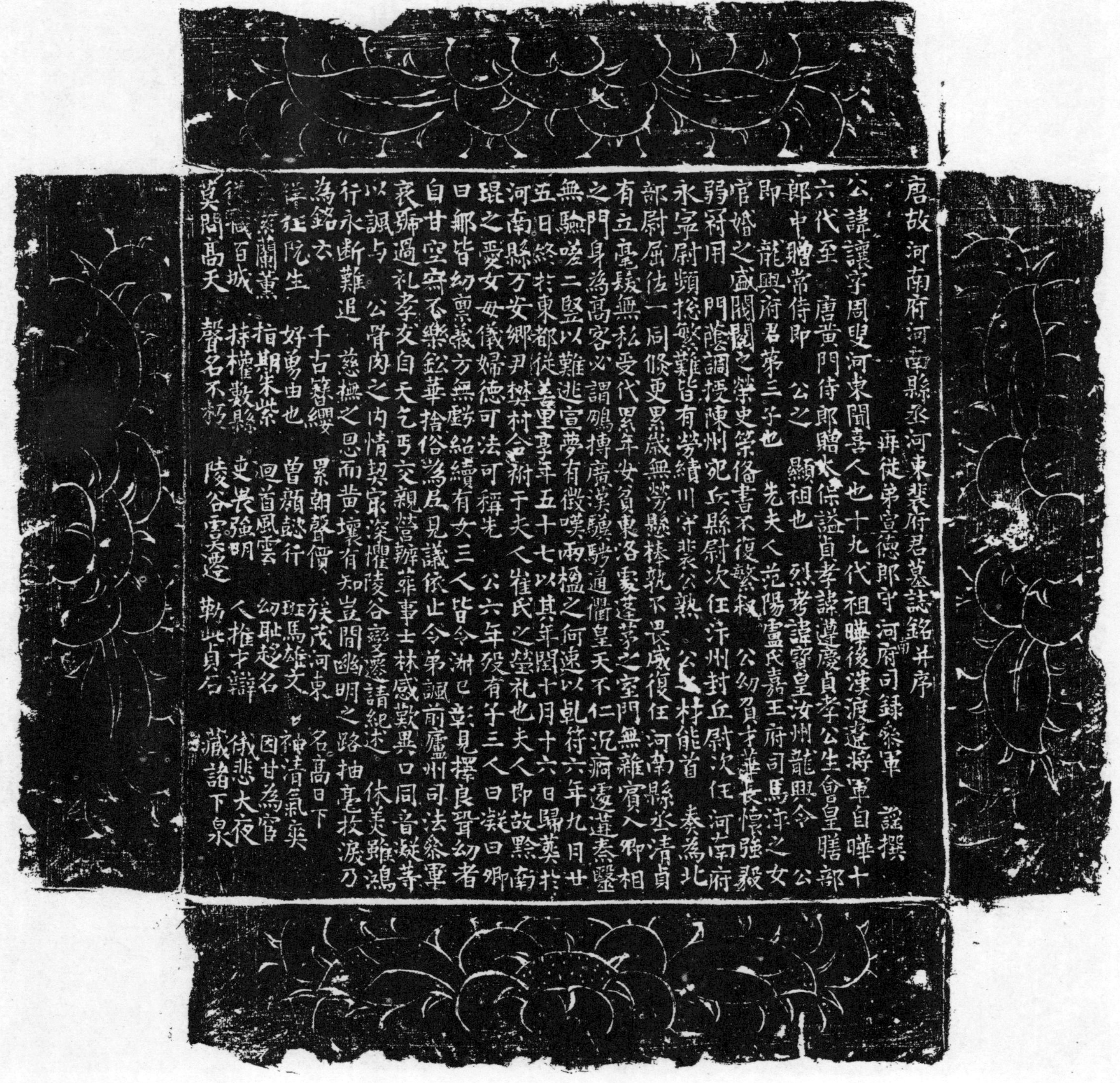

四七一　唐裴讓墓誌

首題："唐故河南府河南縣丞河東裴府君墓誌銘并序"

共 26 行，满行 26 字　340×345×70

乾符六年（879）九月二十五日卒　閏十月十六葬　裴謡撰

1998 年，河南省洛陽市伊川縣萬安山出土。

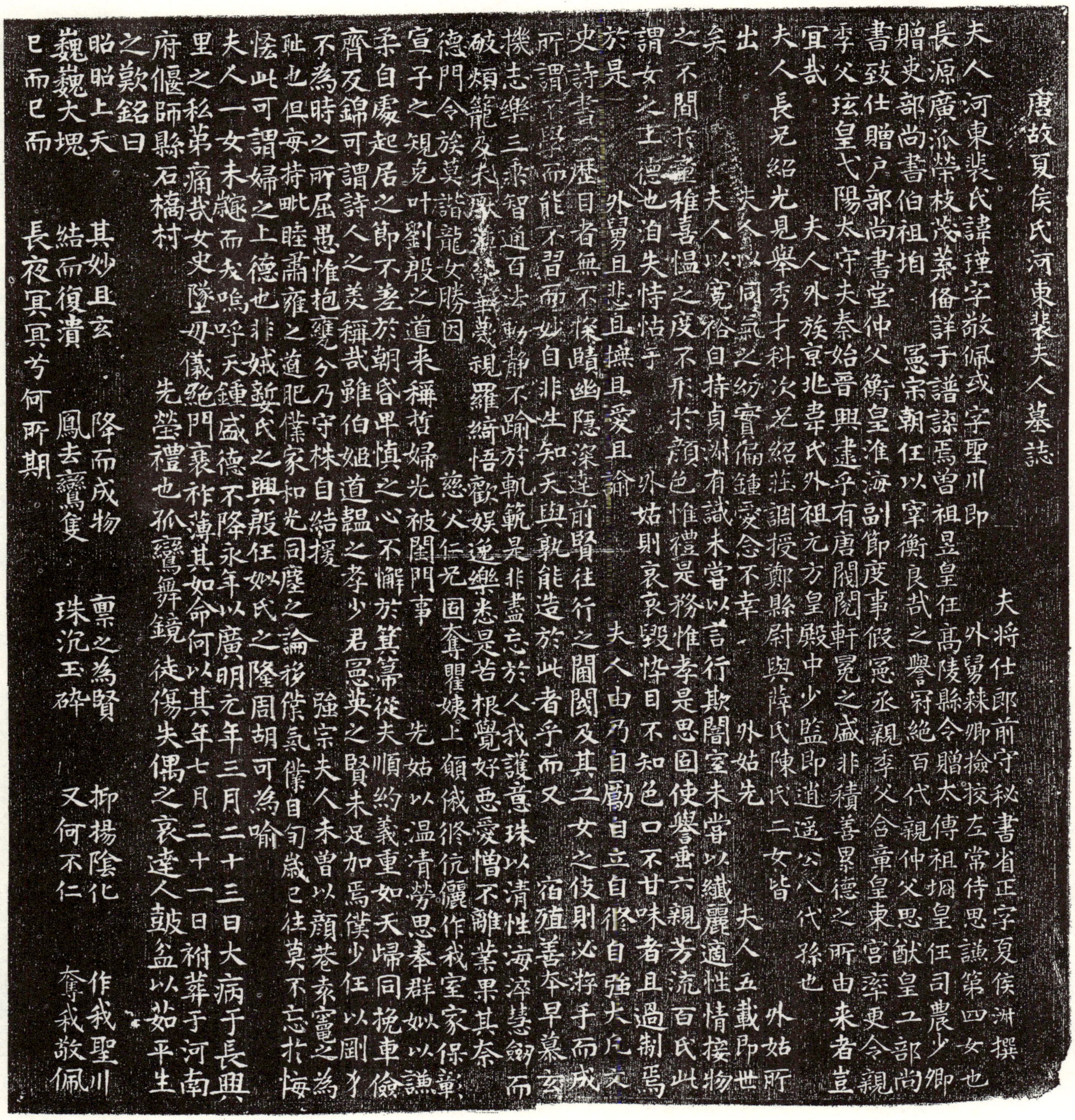
唐故夏侯氏河東裴夫人墓誌
夫将仕郎前守秘書省正字夏侯淑撰
夫人河東裴氏諱瑾字敬佩或字聖川即　外舅棘卿撿挍左常侍思謙第四女也
長源廣派榮枝茂葉備詳于譜諜焉曾祖昱皇任髙陵縣令贈太傅祖𢘿皇任司農少卿
贈吏部尚書伯祖垍　憲宗朝任以宰衡良弼之譽冠絕百代親仲父思猷皇工部尚
書致仕贈戶部尚書堂仲父衡皇淮海副節度事假憲丞親季父含章皇東宮率更令親
季父玹皇弋陽太守夫㤗始晋興逮乎有唐閥閱軒冕之盛非積善累德之所由來者豈
宜哉
夫人外族京兆韋氏外祖元方皇殿中少監即逍遥公八代孫也　外姑所
夫人長兄紹光見舉秀才科次兄紹莊調授鄭縣尉與陸氏陳氏二女皆
出　夫人以同氣之紛實偏鍾愛念不幸　外姑先　夫人五載即世
矣　夫人以寬裕自持貞淑有識未嘗以言行欺闇室未嘗以纖麗適性情接物
之不間於童稚喜愠之度不形於顔色惟禮是務惟孝是思固使譽垂六親芳流百氏此
謂女之工德也洎失恃怙于　外姑則哀哀毀悴目不知色口不甘味者且過制焉
於是　外舅且悲且撫且愛且諭　夫人由乃自勵自立自修自強大凡文
史詩書一歷目者無不探賾幽隱深造前賢往行之閫閾及其工女之役則必游手而成
所謂不學而能不習而如自非生知天與孰能造於此者乎而又
機志樂三乘智通百法動靜不踰於軌範是非盡忘於人我護意珠以清性海淬慧劍而
破煩籠及夫[illegible]華叢覩羅綺悟歡娛遊樂悲是苦根覺好惡愛憎不離業果其奈
德門令族莫諧龍女勝因　慈父仁兄固奪瞿姨上願俄從伉儷作我室家保華
宣子之規克叶劉殷之道来稱哲婦光被閨門事　先姑以温凊勞思奉群姒以謙
柔自處起居之節不差於朝昏卑慎之心不懈於箕箒從夫順約義重如天婦同挽車儉
齊反錦可謂詩人之美稱哉雖伯姬道韞之孝少君憲英之賢未足加焉僕少任以剛介
不為時之所屈愚惟抱甕分乃守株自結擾　強宗夫人未曾以顏巷箪瓢之為
耻也但每持毗睦肅雍之道肥儻家知光同塵之論移僕氣像自旬歲已往莫不忘於悔
恡此可謂婦之上德也非娀姜氏之興殷任姒氏之隆周胡可為喻
夫人一女未齔而夭嗚呼天鍾盛德不降永年以廣明元年三月二十三日大病于長興
里之私第痛哉女史墜毋儀絶門衰祚薄其如命何以其年七月二十一日祔葬于河南
府偃師縣石橋村　先塋禮也孤鸞舞鏡徒傷失偶之哀達人鼓盆以茹平生
之歎銘曰　其妙且玄　降而成物　禀之為賢　抑揚陰化　作我聖川
昭昭上天　結而復潰　鳳去鸞隻　珠沉玉碎　又何不仁　奪我敬佩
巍巍大塊　長夜冥冥兮何所期
已而已而

四七二　唐夏侯君夫人裴瑾墓誌

首題："唐故夏侯氏河東裴夫人墓誌"

共 32 行，滿行 34 字　595×600

廣明元年（880）三月二十三日卒　七月二十一日葬　夏侯淑撰

2005 年秋，河南省洛陽偃師市出土，旋歸洛陽豫深文博城張氏。

四七三　唐李叔沙與妻安夫人合葬墓誌

首題："唐□義軍作方軍副將雲麾將軍試太僕卿故隴西李府君并妻安定郡安氏夫人合葬墓誌銘序"

共 24 行，滿行 30、28 字不等　460×460

廣明元年（880）七月二十一日卒　中和二年（882）閏七月二十四日葬

2004 年冬初，河南省洛陽市孟津縣送莊鄉西嶺頭村出土，旋歸洛陽老城西關麗景門某氏。

四七四　唐祁振墓誌

首題："唐故太原祁府君墓誌銘并序"

共25行，滿行22字　485×535

卒年不詳　中和三年（883）十月四日葬　趙玭撰

2003年秋，河南省鄭州鞏義市出土，旋歸洛陽市白馬寺鎮王氏。

四七五　唐張測墓誌并蓋

唐張測墓誌并蓋

首題:“唐故昭義軍節度都押衙銀青光禄大夫檢校左散騎常侍兼御史大夫清河郡張府君墓誌并序”

共25行,滿行24字　455×460

誌蓋楷書:“唐清河張府君之墓誌”　3行,行3字　250×250

乾寧三年(896)八月十四日卒　十一月十四日葬　陳祥撰并書

2005年秋,河南省洛陽市孟津縣出土,旋歸洛陽豫深文博城唐氏。

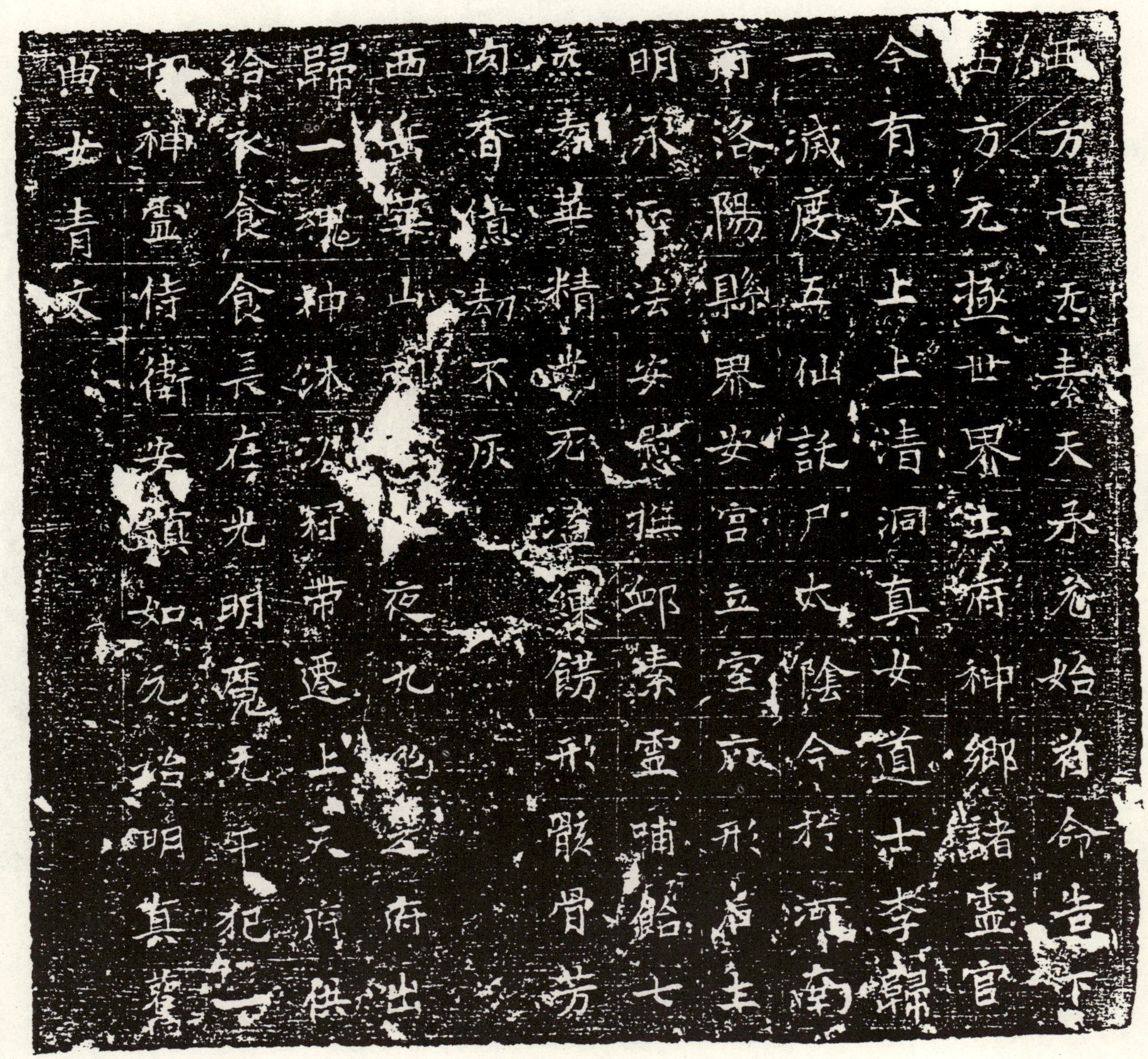

四七六　唐李道士墓誌

無首題

共 13 行，滿行 13 字　295×305

卒葬年月不詳，讀誌推斷，當在唐代中葉

2003 年冬，河南省洛陽市孟津縣出土，先歸洛陽潞澤文博城朱氏，旋歸孟氏。

四七七 唐築亭記殘碑

無首題

碑陽共 14 行,滿行 15 字 505×490 碑陰 16 行,滿行 17 字 620×605 韓擇撰 李元振書

河南省洛陽偃師市出土,時間不詳。2004 年 3 月,歸洛陽古玩城李氏。碑在唐代已毁,殘碑上刻有“大唐故盧府君墓誌銘”3 行,行 3 字。

按:《書史會要·補遺》有李元振等善八分書之記載。

大□子高位公其嗣之子□公之神有與天
公往小宗伯時肆其明往小家宰時休其正
新元之後七載厥有婚厥要事而黜我天揩
之德教後以刑罰於是□入康靖美物阜昌
澤庭平榛極滯蒼近則洪流順地衡濤曲折
也其中亭前橫陽耀後亭□其上則合棟造
室有中以瞰青陸□均適□尺均界高徹以
成之之異也公之不弟玄□質而蹤遠文而
以成政時以體物陟常□□莫廢之聯地道
於是命厥繪事獻厥天倫庶湘水不足以及
□之西方辟之內故滄洲在□社席蜿虹在□
□其氣全民子聞之則嘉其正直兄弟聞之則
□命小史書于亭上大雅之嗣也於戲屋辟講
□京臺之與濠梁蓋一時也夫大賢建之其次
月廿四日
□懷率府兵曹參軍韓擇交元振書

四七八　黄帝鎮神文

首題："中央黄帝安靈鎮神文"
共 5 行，滿行 6 字　355×355
誌主卒葬年月不詳，據文字風格應爲唐物
1997 年，河南省洛陽市出土。

四七九　梁鄭璩墓誌

首題："故衛尉卿僕射滎陽鄭府君墓誌并銘"

共 28 行，滿行 38 字　615×610

開平二年（908）五月十七日卒　開平三年（909）八月四日葬

裴殷裕撰　沈廷威書

2004 年冬，河南省洛陽市關林鎮南王村出土，歸洛陽何氏。

四八〇　梁牛存節墓誌并蓋

梁牛存節墓誌并蓋

首題："梁故天平軍節度使鄆曹齊棣等州觀察處置等使檢校太尉同中書門下平章事贈太師牛公墓誌"

共35行，滿行32字　570×590

誌蓋楷書："梁故贈太師牛公墓誌"　3行，行3字　660×645

乾化五年（915）六月十九日卒　貞明二年（916）七月二十四日葬　盧文度撰

2006年春，河南省洛陽市孟津縣送莊鄉出土，旋歸洛陽豫深文博城唐氏。

四八一　梁雷景從墓誌并蓋

梁雷景從墓誌并蓋

首題："梁贈太傅馮翊雷公墓誌銘并序"

共 45 行，滿行 45 字　870×865×170

誌蓋篆書："梁贈太傅雷公墓誌銘"　3 行，行 3 字　460×460

龍德元年（921）七月十五日卒　十一月二十一日葬　吴澄撰并書兼篆蓋

2003 年，河南省洛陽市孟津縣出土，旋歸洛陽師範學院。

四八二　唐左環墓誌并蓋

唐左環墓誌并蓋

首題："唐故金紫光禄大夫檢校尚書右僕射守柳州刺史兼御史大夫上柱國丹陽郡左公墓誌銘并序"

共39行，滿行40字　665×665

誌蓋篆書："故丹陽郡左公墓誌銘"　3行，行3字　365×355

乾寧四年（897）十二月三日卒　同光二年（924）十一月二十六日葬

張樞撰　左繼真書　韓重鐫

2003年冬，河南省洛陽市孟津縣出土，旋歸洛陽古玩城積雪齋。

四八三　唐李重吉墓誌并蓋

唐李重吉墓誌并蓋

首題："大唐故金紫光禄大夫檢校司徒行亳州團練使充太清宫副使上柱國兼御史大夫贈太尉隴西李公墓誌銘并序"

共43行，滿行40字　740×735

誌蓋篆書："唐故隴西李公墓誌銘"　3行，行3字　760×770

清泰元年（934）十二月十九日葬　李慎儀撰　權令珣書

2005年秋，河南省洛陽市孟津縣送莊鄉出土，旋歸洛陽某氏。

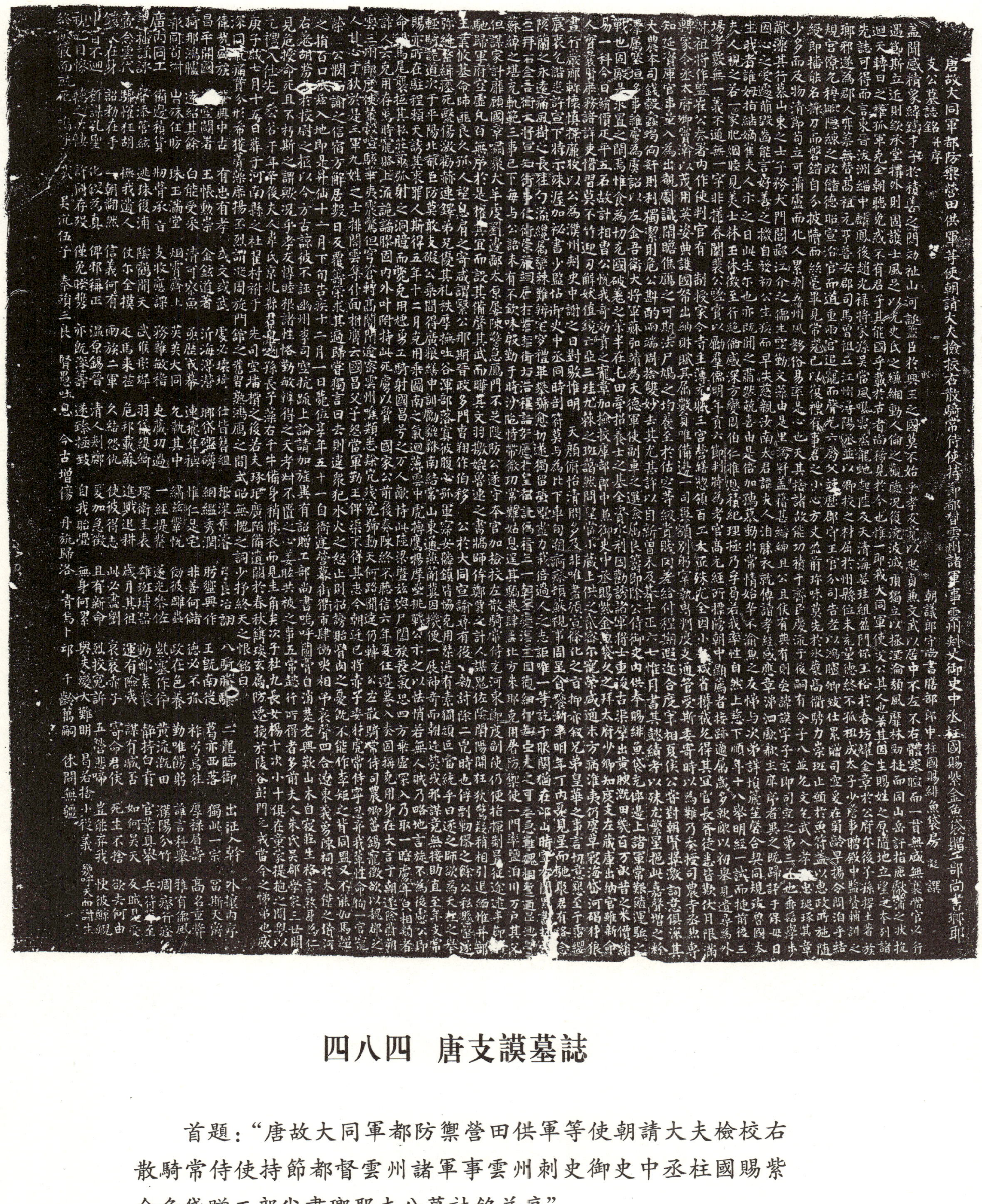

四八四　唐支謨墓誌

首題："唐故大同軍都防禦營田供軍等使朝請大夫檢校右散騎常侍使持節都督雲州諸軍事雲州刺史御史中丞柱國賜紫金魚袋贈工部尚書瑯耶支公墓誌銘并序"

共56行，滿行60字　755×755

天福四年(939)十二月一日卒　天福五年(940)七月十五日葬　房凝撰

2004年9月，河南省洛陽市孟津縣出土，旋歸洛陽古玩城李氏，余以《李苕墓誌》拓本易得一枚。

四八五　周開欽裕墓誌并蓋

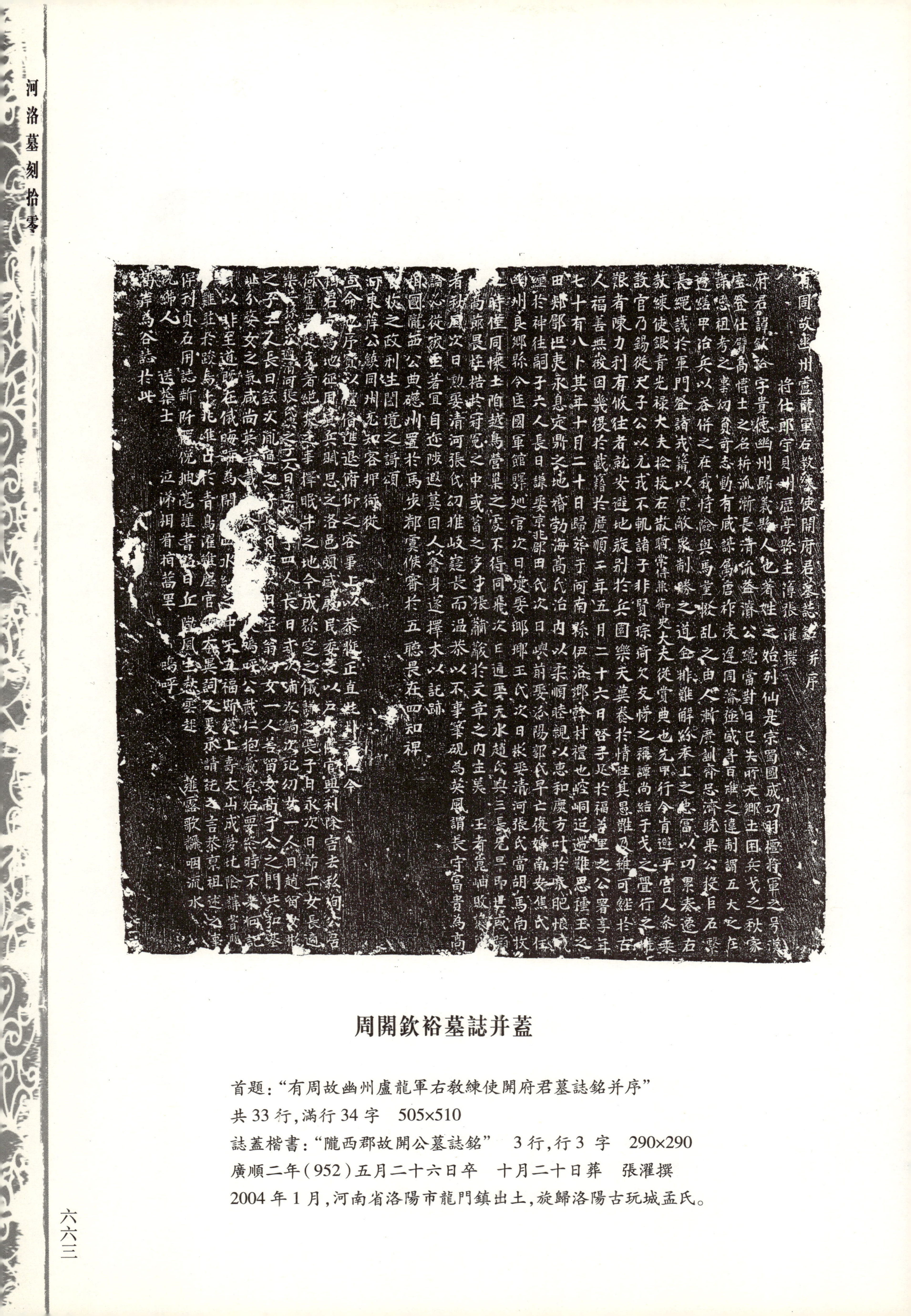

周閞欽裕墓誌并蓋

首題："有周故幽州盧龍軍右教練使開府君墓誌銘并序"

共33行，滿行34字　505×510

誌蓋楷書："隴西郡故閞公墓誌銘"　3行，行3字　290×290

廣順二年（952）五月二十六日卒　十月二十日葬　張濯撰

2004年1月，河南省洛陽市龍門鎮出土，旋歸洛陽古玩城孟氏。

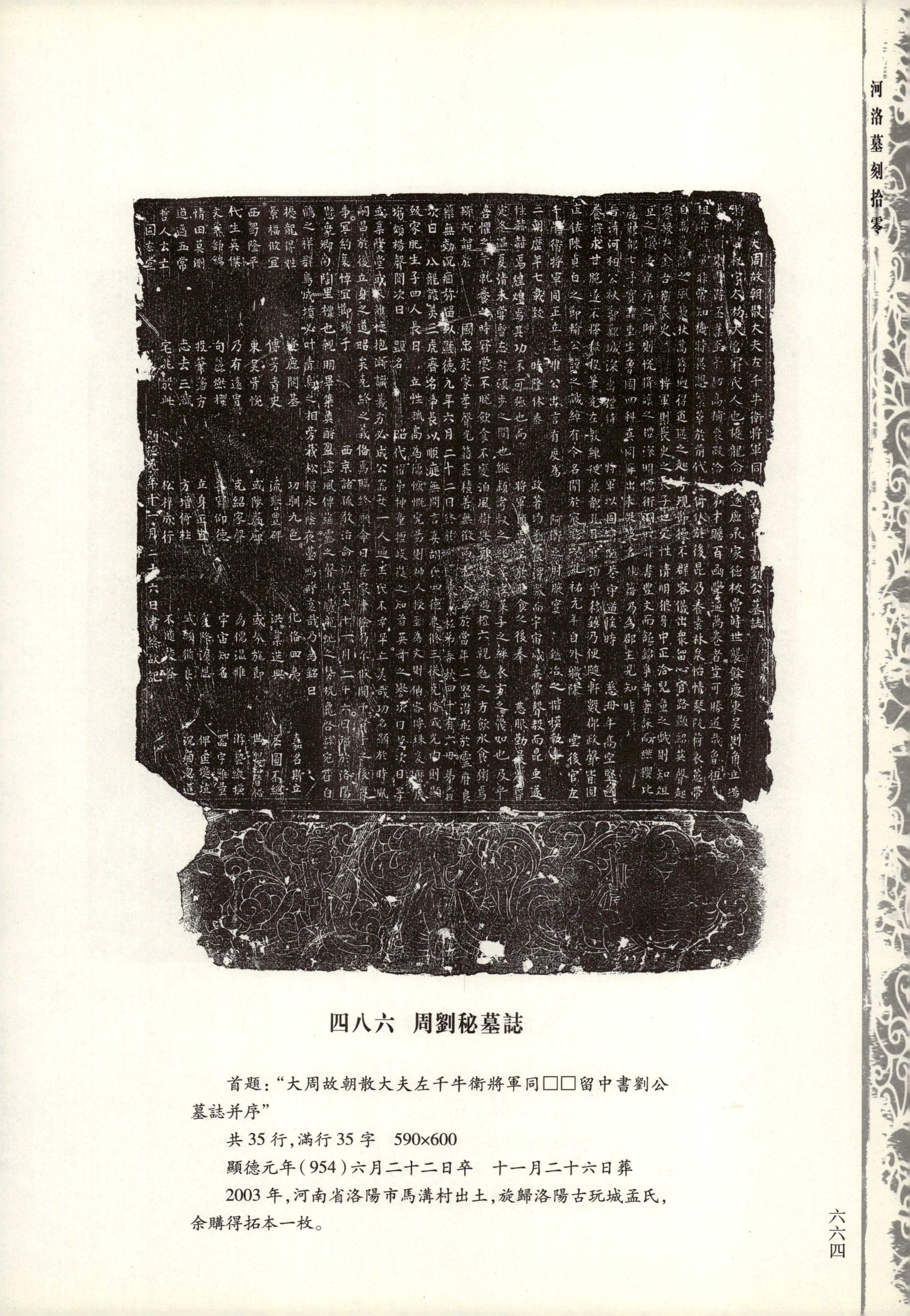

四八六　周劉秘墓誌

首題:“大周故朝散大夫左千牛衛將軍同□□留中書劉公墓誌并序”

共35行,滿行35字　590×600

顯德元年(954)六月二十二日卒　十一月二十六日葬

2003年,河南省洛陽市馬溝村出土,旋歸洛陽古玩城孟氏,余購得拓本一枚。

四八七　周段延勳墓誌并蓋

周段延勳墓誌并蓋

首題："大周故山南東道節度副使銀青光禄大夫檢校户部尚書兼御史大夫上柱國京兆郡段公墓誌銘并序"

共20行，滿行28字　450×535

誌蓋篆書："京兆郡段司徒誌銘記"　3行，行3字　270×360

顯德五年（958）八月二十二日卒　十二月十八日葬　左華撰

1950年12月，河南省洛陽市孟津縣七里頭村北300米村民下窑院中發現，旋歸洛陽何氏，傳拓贈余。

四八八　宋竇儀墓誌并蓋

宋竇儀墓誌并蓋

首題："大宋故翰林學士中大夫守禮部尚書上柱國扶風縣開國男食邑三百户賜紫金魚袋贈左僕射竇公墓誌銘并序"

共40行，滿行38字　670×680

誌蓋楷書："大宋故贈左僕射竇公墓志銘"　4行，行3字　445×450

乾德四年（966）十一月二十一日卒　開寶五年（972）十一月十七日葬　扈蒙撰　張正一書

2002年春，河南省洛陽市孟津縣平樂鎮出土，旋歸偃師張氏。

四八九　宋李昭墻墓誌

首題："大宋故右班殿直前福州兵馬監押兼在城巡檢隴西李公墓誌銘并序"

共30行，滿行31字　460×470

咸平五年（1002）七月二十九日卒　咸平六年（1003）二月二十四日葬　李夢松撰　李夢澤書

2003年春，河南省洛陽市龍門鎮出土，旋歸洛陽豫深文博城劉氏。

四九〇　宋石中立墓誌并蓋

宋石中立墓誌并蓋

首题："宋故朝奉郎守國子博士上騎都尉樂陵石府君墓誌銘并序"　共25行，滿行25字　620×605×165

誌蓋篆書："宋故國子博士石府君墓誌銘"　3行，滿行3字　310×310

皇祐元年（1049）十月十五日卒　十二月一日葬　宋定國撰　王珣琇書并篆蓋　陳永昌刋

2003年春，河南省洛陽市孟津縣出土，旋歸洛陽古玩城某氏，余購得拓本一枚。

四九一　宋石元孫墓誌

首題:"宋故前忠果雄勇功臣殿前都虞侯邕州管内觀察使金紫光禄大夫檢校左散騎常侍使持節邕州兼軍事邕州刺史兼御史大夫上輕車都尉太原郡開國公食邑二千六百户食實封肆佰户石公墓誌銘并序"

共49行,滿行60字　900×900×175

嘉祐九年(1064)八月十七日卒　治平二年(1065)五月一日葬　李端卿撰　薛仲孺書　楊南仲篆蓋　王克明鐫

新中國建國初年在河南省洛陽市孟津縣出土,旋遺失,近年被發現。

按:嘉祐僅八年,九年即爲治平元年(1064),疑因作者忽略而致,誤將治平元年依嘉祐順寫爲九年。

四九二　宋潘承裕及夫人王氏墓誌

首題："宋故贈太子左衛率府率潘君及其夫人仁壽縣太君王氏墓誌銘"

共24行，滿行27字　610×600

天聖五年（1027）七月六日卒　熙寧二年（1069）四月二十三日葬　陳舜俞撰　宋保孫書并篆蓋

2003年，河南省洛陽市孟津縣出土，旋歸白馬寺鎮王氏。

宋故天章
閣待制沈
公墓誌銘

四九三　宋沈邈墓誌并蓋

宋沈邈墓誌并蓋

首題："宋故朝散大夫尚書刑部郎中充天章閣待制知延州軍州事兼管内勸農使充鄜延路馬步軍都總管經略安撫使上輕車都尉吴興縣開國男食邑三百户賜紫金魚袋贈工部侍郎沈公墓誌銘"

共32行，滿行39字　820×825

誌蓋隸書："宋故天章閣待制沈公墓誌銘"　3行，行4字　480×480

慶曆七年（1047）五月一日卒　熙寧四年（1071）十一月九日葬　陸經撰　錢景裕書　張湍題蓋

2003年冬，河南省洛陽市孟津縣出土，旋歸洛陽古玩城李氏。

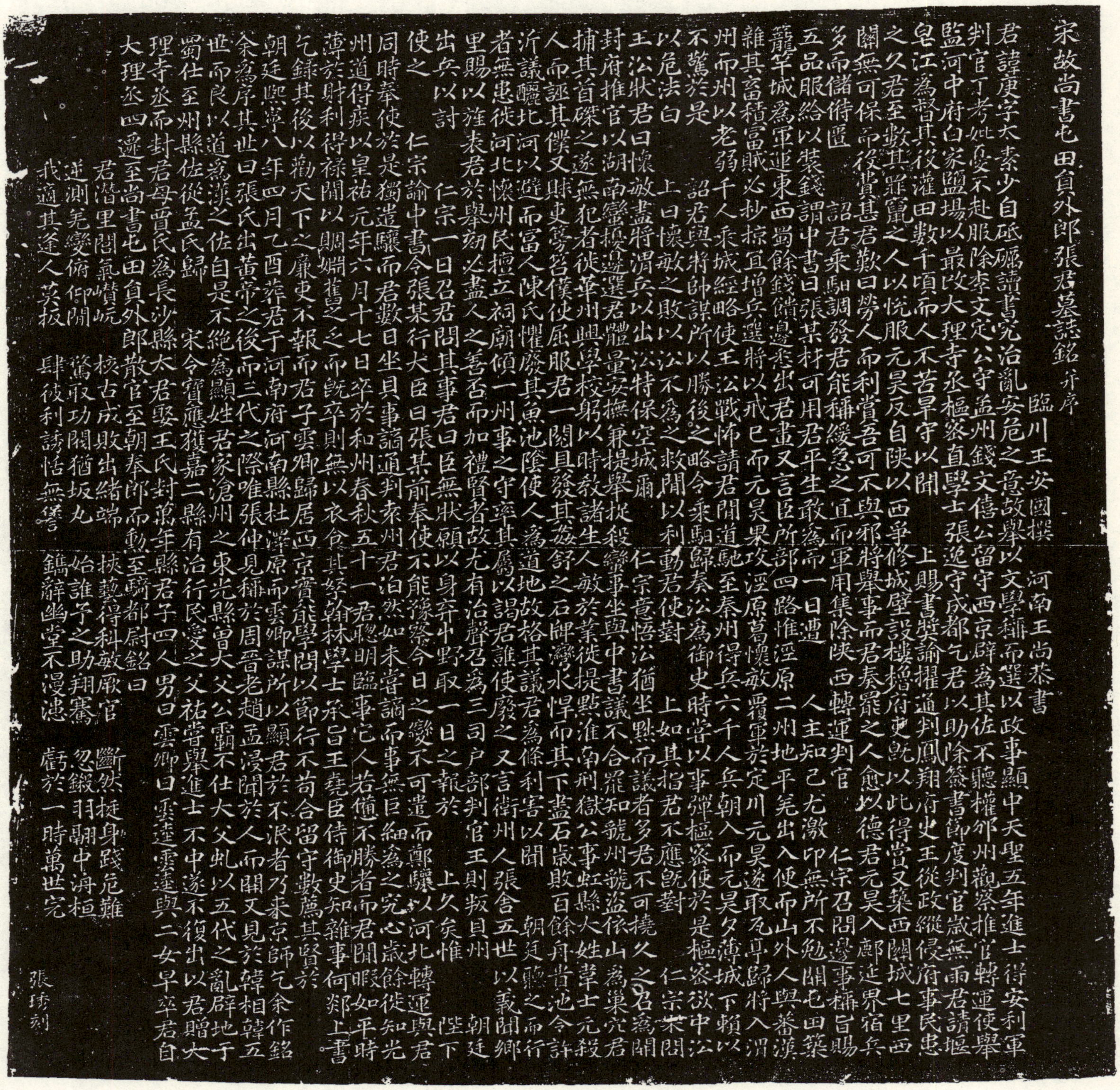

四九四　宋張庚墓誌

首題:“宋故尚書屯田員外郎張君墓誌銘并序”

共37行,滿行42字　785×790

皇祐元年(1049)六月十七日卒　熙寧八年(1075)四月二十四日葬　王安國撰　王尚恭書　張琇刻

2004年春,河南省洛陽市孟津縣朝陽鄉楊凹村北出土,旋歸洛陽何氏。

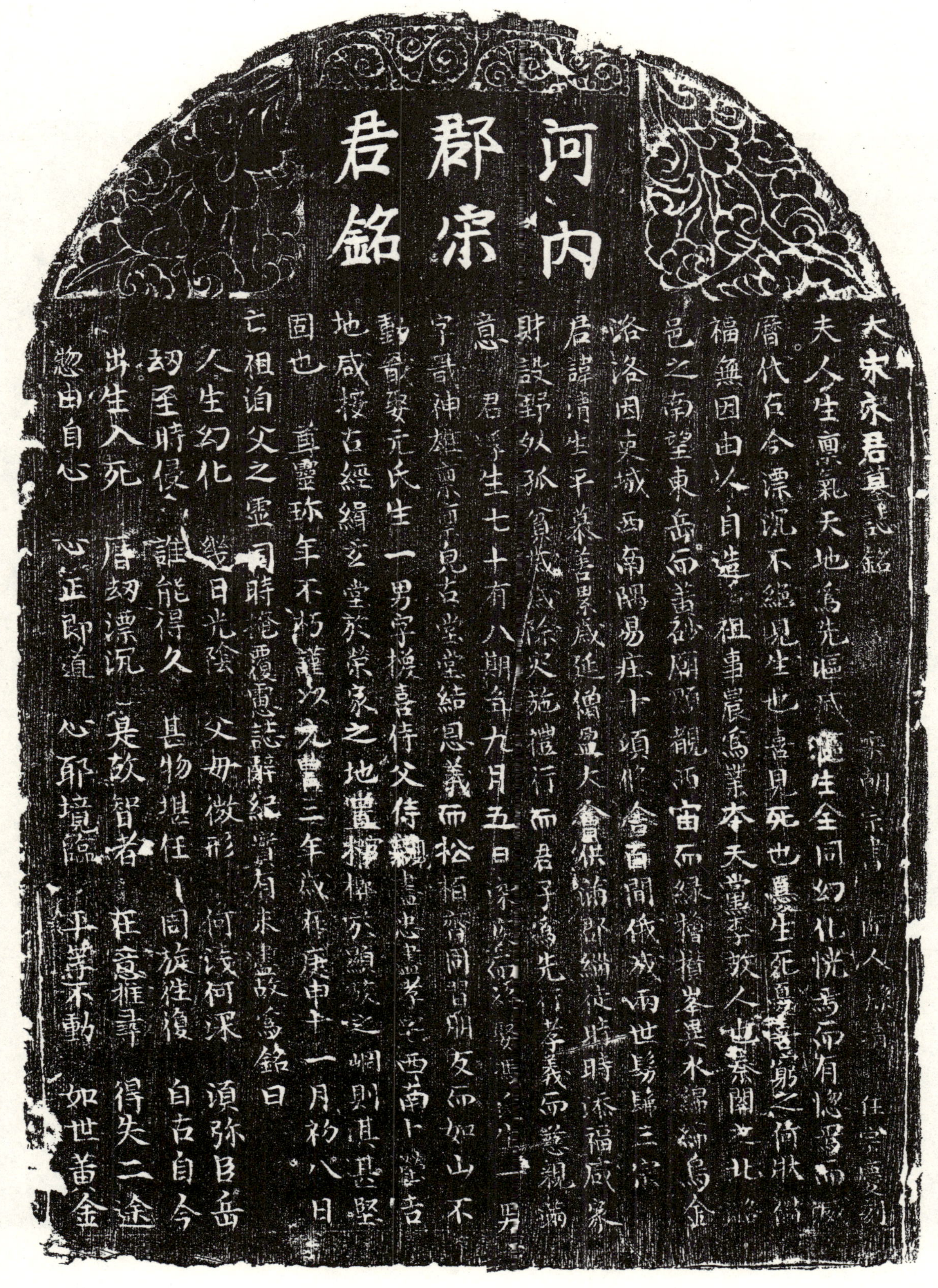

四九五　宋宋清墓誌

首題："大宋宋君墓誌銘"

共 18 行，滿行 25 字　535×375

元豐三年（1080）九月五日卒　十一月八日葬　宋朝宗書　孫清、任宗慶刻

2003 年秋，河南省洛陽市出土，旋歸白馬寺鎮王氏。

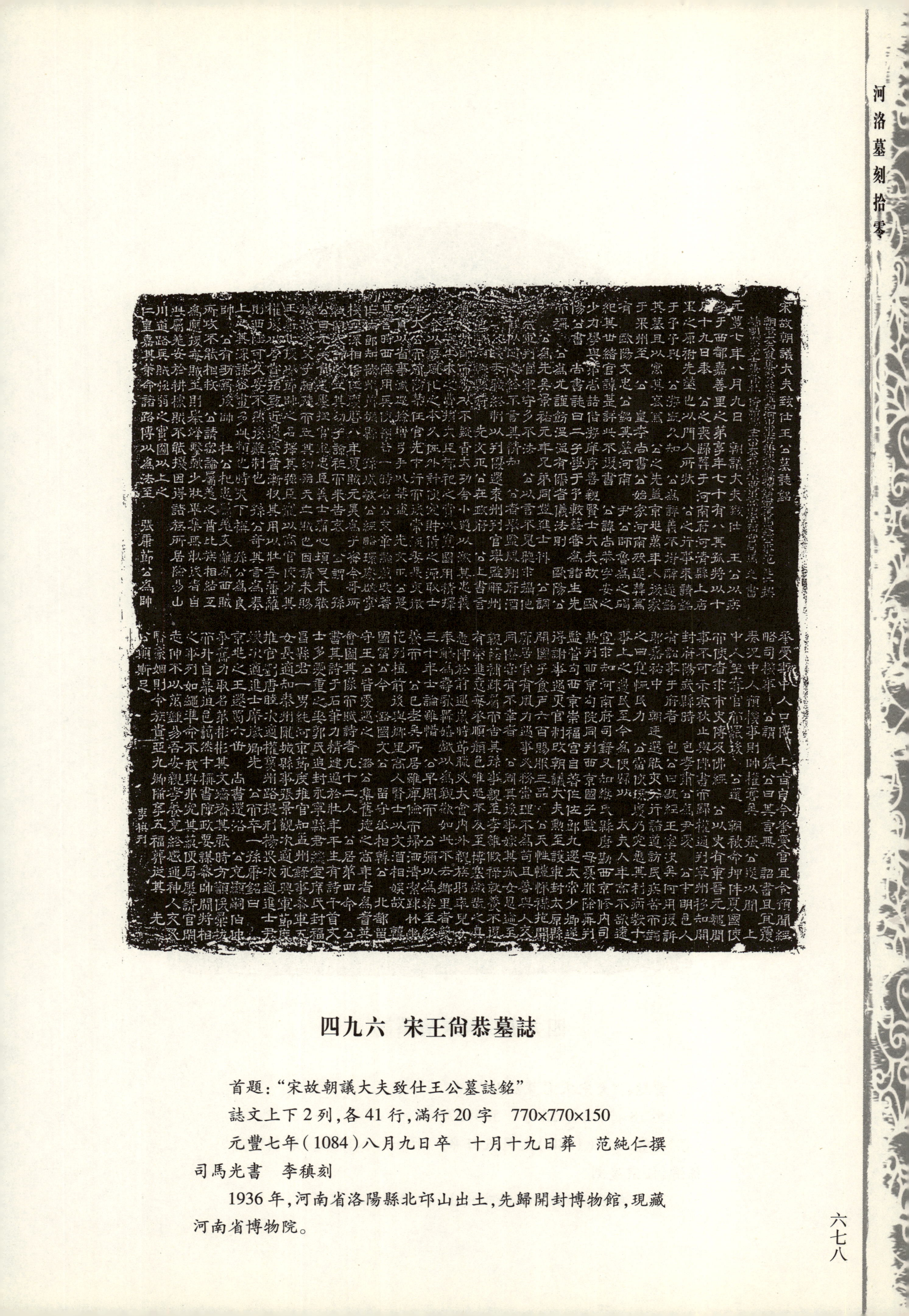

四九六 宋王尙恭墓誌

首題:“宋故朝議大夫致仕王公墓誌銘”

誌文上下2列,各41行,滿行20字　770×770×150

元豐七年(1084)八月九日卒　十月十九日葬　范純仁撰

司馬光書　李稹刻

1936年,河南省洛陽縣北邙山出土,先歸開封博物館,現藏河南省博物院。

乳母徐氏景祐四年丁丑歲入
趙韓王宅乳　觀察第七女迨至和
甲午歲女適　石秦王宅　太原公
第九男宗永九隨之官六任享年八
十二元豐八年乙丑歲四月二十四
日以壽終元祐七年壬申歲九月十
九日己亥葬于洛陽宣武村梓澤原
秦武烈王故塋之西南謹誌
所乳女　韓王重孫瑞安縣君趙氏
女夫　秦王重孫文思副使石宗永
孫男況演濬澈四人並皆祿仕
孫女二人已聘仕流
重孫男女十人尚幼
崇德院主賜紫惠遇書丹

四九七　宋石宗永妻趙氏乳母徐氏墓誌

無首題

共 14 行，滿行 14 字　460×460

元豐八年（1085）四月二十四日卒　元祐七年（1092）九月十九日葬　惠遇書

1994 年 9 月，河南省洛陽市孟津縣常袋鄉石碑凹村農民澆地塌方發現，先歸村民某氏。2004 年 4 月，孟津謝光林先生傳拓贈余。

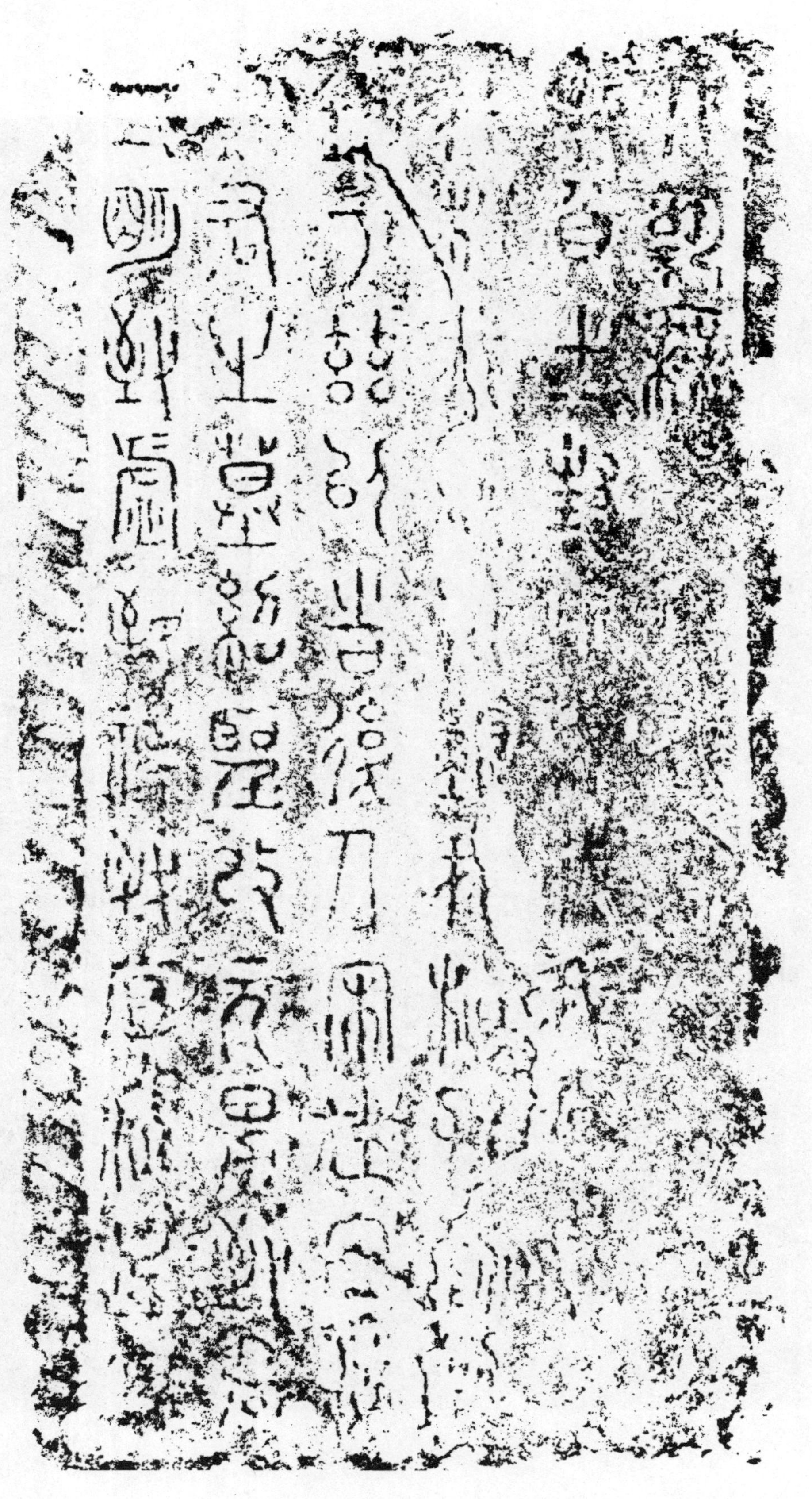

四九八　宋紹聖磚誌

無首題

共6行，滿行11字　410×250

磚誌出土時地不詳，其上有“紹聖改元”(1094)字樣，現藏聶曉輝先生處。2003年秋，余得拓本一枚。

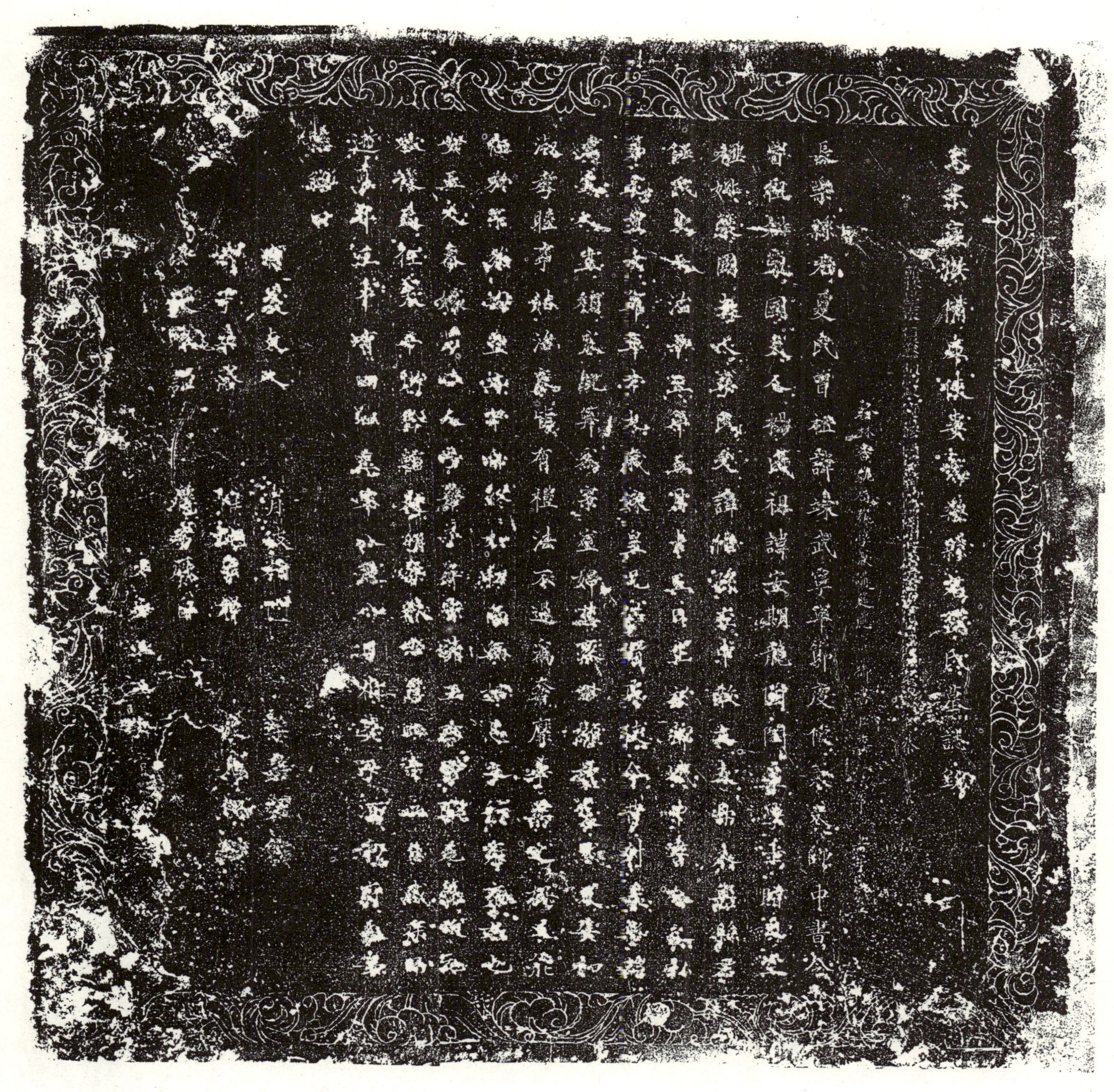

四九九 宋夏氏墓誌

首題:“宋宗室供備庫使妻長樂縣君夏氏墓誌銘”
共19行,滿行22字 690×690
卒年不詳 元符三年(1100)八月八日葬 蔡京撰 李安中書
2000年,河南省鄭州鞏義市出土,旋歸偃師市某氏。

五〇〇　宋李景融妻張夫人墓誌

首題:“宋故仁壽縣君張夫人墓誌”

共19行,滿行21字　555×565

元符元年(1098)四月二日卒　大觀二年(1108)正月十六日葬　張羽撰　張植書

2005年8月,河南省洛陽市龍門鎮出土,旋歸洛陽孫氏。

五〇一　明林崇墓誌

首題:"故伊府引禮舍人林公墓誌銘"

共27行,滿行18字　350×485

天順六年(1462)五月十六日卒　五月二十日葬　許翰書

2003年秋,河南省洛陽市孟津縣出土,旋歸洛陽豫深文博城孟氏。

五〇二　明尹倫墓誌

首題："明故奉訓大夫山西遼州知州尹公墓誌銘"

共25行，滿行30字　665×655

嘉靖十五年（1536）十二月十六日卒　嘉靖十六年（1537）三月十八日葬　秦川撰　甄汝勤書并篆　武進忠鐫

2004年春，河南省洛陽市出土，旋歸洛陽何氏。

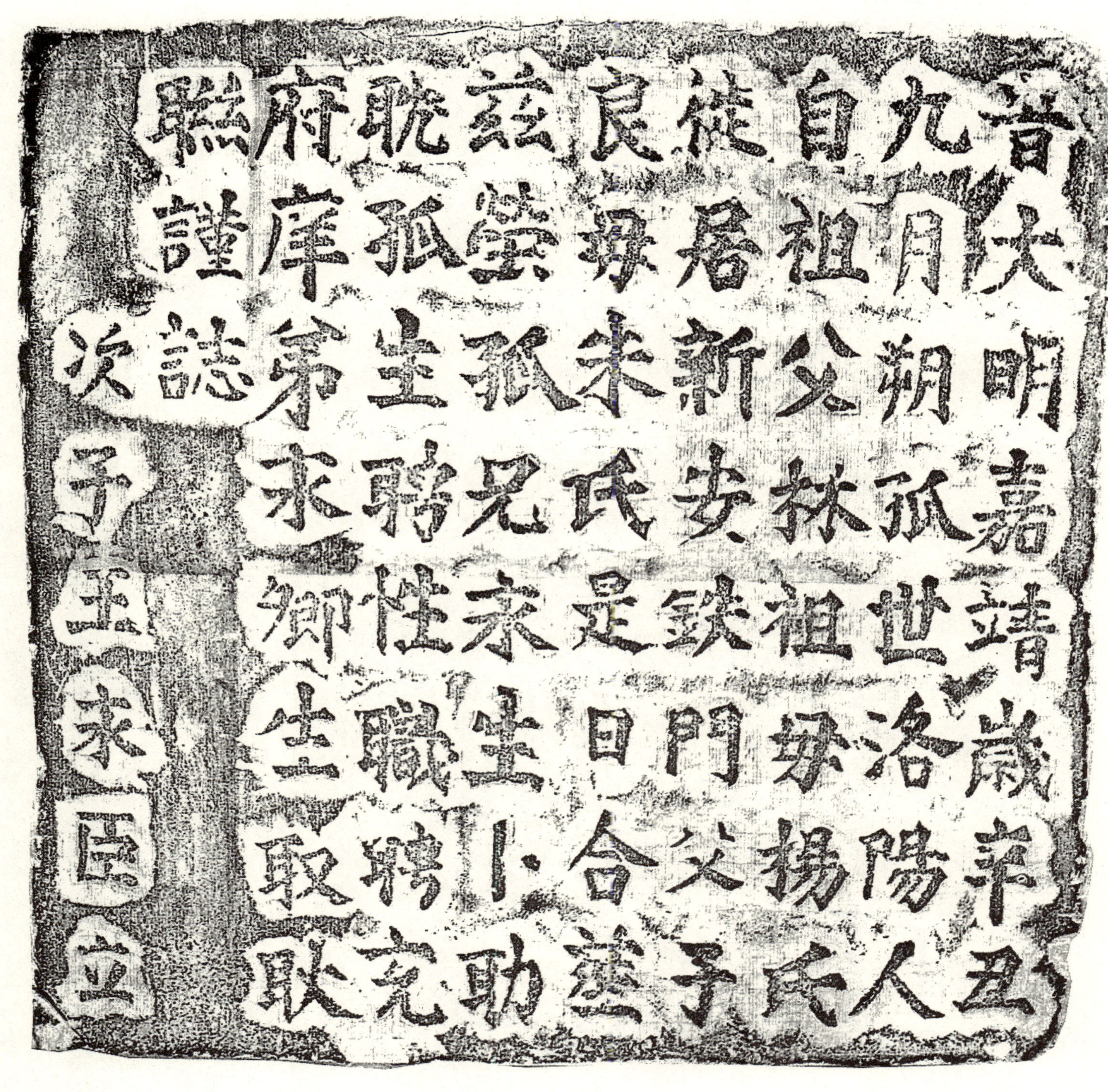

五〇三　明王子良夫妻合葬磚誌

無首題

共10行,滿行8字　305×305

卒年不詳　嘉靖二十年(1541)九月一日葬　王永臣立

2006年秋,河南省洛陽市新安縣出土,旋歸洛陽魏氏。

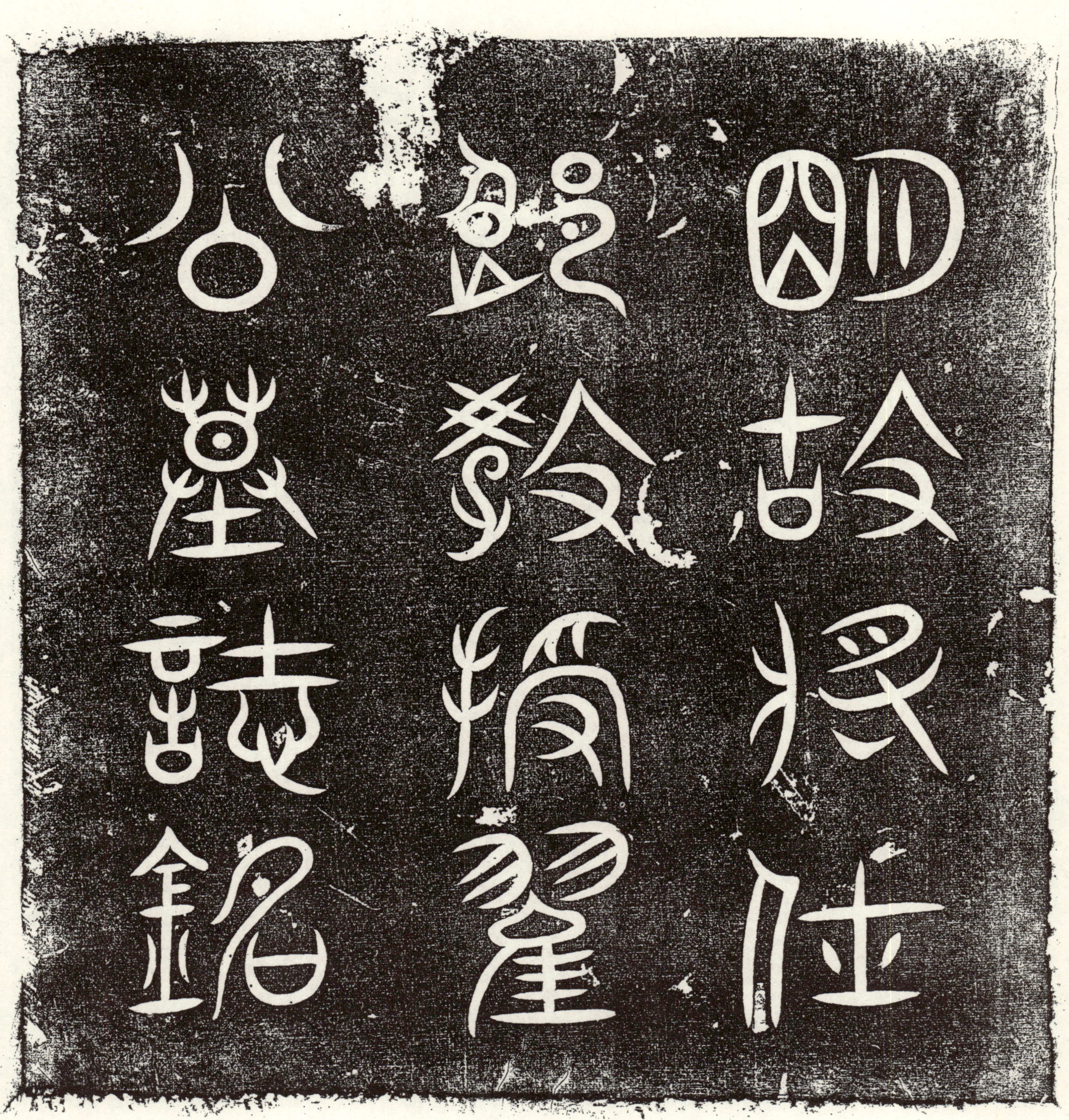

五〇四　明翟琦墓誌并蓋

明翟琦墓誌并蓋

首題："明故將仕郎教授澗松翟公墓誌銘"

共32行，滿行39字　775×775

誌蓋篆書："明故將仕郎教授翟公墓誌銘"　3行，行4字　480×460

嘉靖二十六年（1547）七月四日卒　九月二十二日葬　翟鑣撰并書蓋　劉策鐫

2003年冬，河南省洛陽市出土，旋歸洛陽古玩城孟氏。

五〇五　明楊氏墓誌

首題："明故史母楊氏墓誌銘"

共32行，滿行23字　420×695

嘉靖三十二年（1553）三月二十四日卒　嘉靖三十三年（1554）十月二十七日葬　趙繼先撰

2005年夏，河南省洛陽市出土，旋歸洛陽古玩城孟氏。

五〇六　明許守和墓誌并蓋

明昭信校尉河南衛百户松亭許公墓誌銘
賜進士出身户部廣東清吏司主事洛陽望中董用威撰
賜進士出身通議大夫大理寺卿前翰林院庶吉士兩室吴三樂書
賜進士出身中憲大夫　恩加從二品俸整飭天津等處兵備山東參議郡人中臺徐學古篆
許氏先世盧州合肥人始祖諱武從
高皇帝起義兵征進有功授浙江仁和衛世襲實授百户洪武四年以戎籍隸河南衛遂家焉
武生文襲祖職尋卒弟敬繼敬生誠誠生通通生鸞俱前官皆綰篆以賢能著聞嗣是鸞
生子三人氏族頗大長諱元襲百户次諱光充府庠生次諱堯累封監察御史先是光堯
二公各育一子稍長獨元娶安人葉氏安人程氏俱早卒繼娶安人王氏乃千户英之次
女四旬尚未嗣復求次室曹氏專以積德為念其最著者如嘉靖戊子歲歉賑給恤孤瘞
不能瘞者以千數乃曹氏先一年生子守中嘉靖丙申乃王氏生子守和人咸謂陰德所
感云二子方六七歲慈父即見背光堯二公教愛悉如己出故一時兄弟五人相敬如同
胞然洛人皆不能及也昨歲在丁丑秋八月侍御許純吾君奉
命巡按真定等處以省問過閭里一日囑余曰吾弟守和幸承奕業大振家聲吾門之幸也第
任大責重日勞勞焉切以為憂幸與君有内親誼望有以教之恒懦不過為常談爾乃
今年萬曆戊寅二月二十日遂以疾卒于正寢嗚呼侍御君其能前知耶抑亦愛弟之誠
耶傷哉越數日厥兄庠生坤以狀來請余銘按狀許公諱守和字順先别號松亭以嫡襲
河南衛中所百户聰慧仁恕喜觀書史事母極盡孝敬善承意旨慈愛士卒如撫嬰兒遇
構訟者亦不事鞭扑人咸稱平一時撫按悉以公賢委用殆無虛日故今年緝[illegible]徒明年
巡河防又明年守嵩盧之大青馬槽等堡隨試輒效當道獎薦先後凡四次無不以公為
首稱萬曆丙子復當軍政考選之期巡按河南監察御史兩河劉公設為
朝廷得人大破時格委掌五篆軍政吁劉公誠知人矣乎但五篆視一衛為獨冗錢糧軍馬
将過其半松亭膺是任思當當道意朝夕運籌廢寢畢舉恐恐焉惟曠職懼五軍方樂其
有父母也甫逾二載而腭疾大作遂至不起侍御君之所憂者意在是與惜其才未大用
卒使封侯之業賫志以終識者其有遺憾也哉松亭生於嘉靖丙申五月初七日卒於萬
曆戊寅三月二十日享年四十有三娶王氏封安人百户道之女先卒繼娶高氏封安人
舍人品之女生子二長克纘次喜慶尚幼女一許字千户高尚古應襲為先俱高氏出厥
兄坤携克纘卜今年七月十二日奉松亭之柩窆于邙山祖塋之次其遭際建立莫之與
傳宜勒貞珉以垂不朽因系之以銘曰盧陽之系兮嶽星翊運之勛兮肖銘户侯分茅兮
維屏奠食洛土兮啚青七世再興兮英雄挺一握五篆兮軍士寧胡天不慭兮德罔壽齡
幽宅斯壟兮玉韞山靈
石工劉策鐫

明許守和墓誌并蓋

首題:"明昭信校尉河南衛百户松亭許公墓誌銘"

共 31 行,满行 35 字　670×670

誌蓋篆書:"明誥封昭信校尉河南衛百户松亭許公墓誌銘"共 5 行,满行 4 字　675×675

萬曆六年(1578)三月二十日卒　七月十二日葬　董用威撰　吴三樂書　徐學古篆　劉策鐫

2005 年冬,河南省洛陽市孟津縣出土,旋歸洛陽古玩城孟氏。

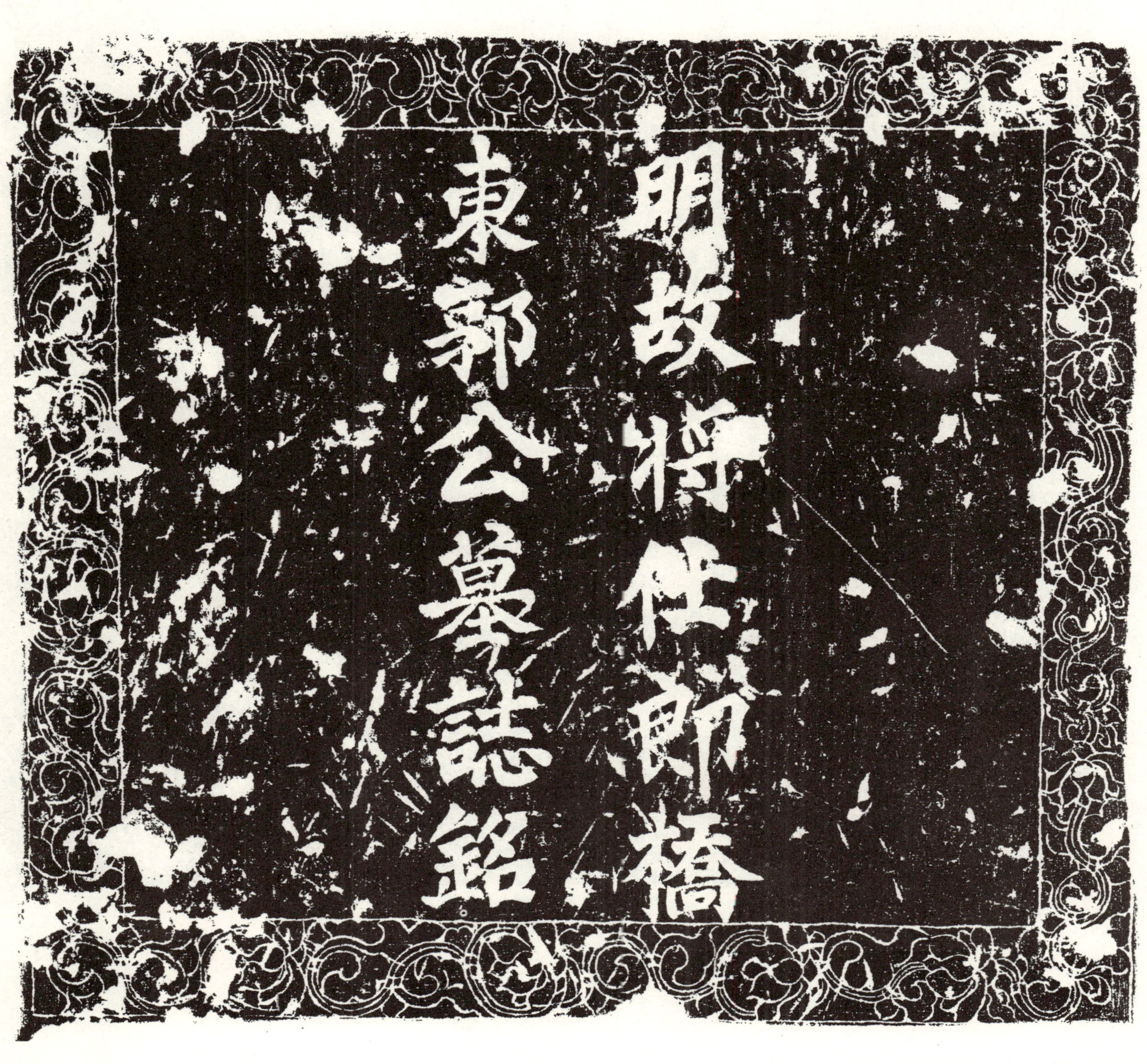

五〇七　明郭天民墓誌并蓋

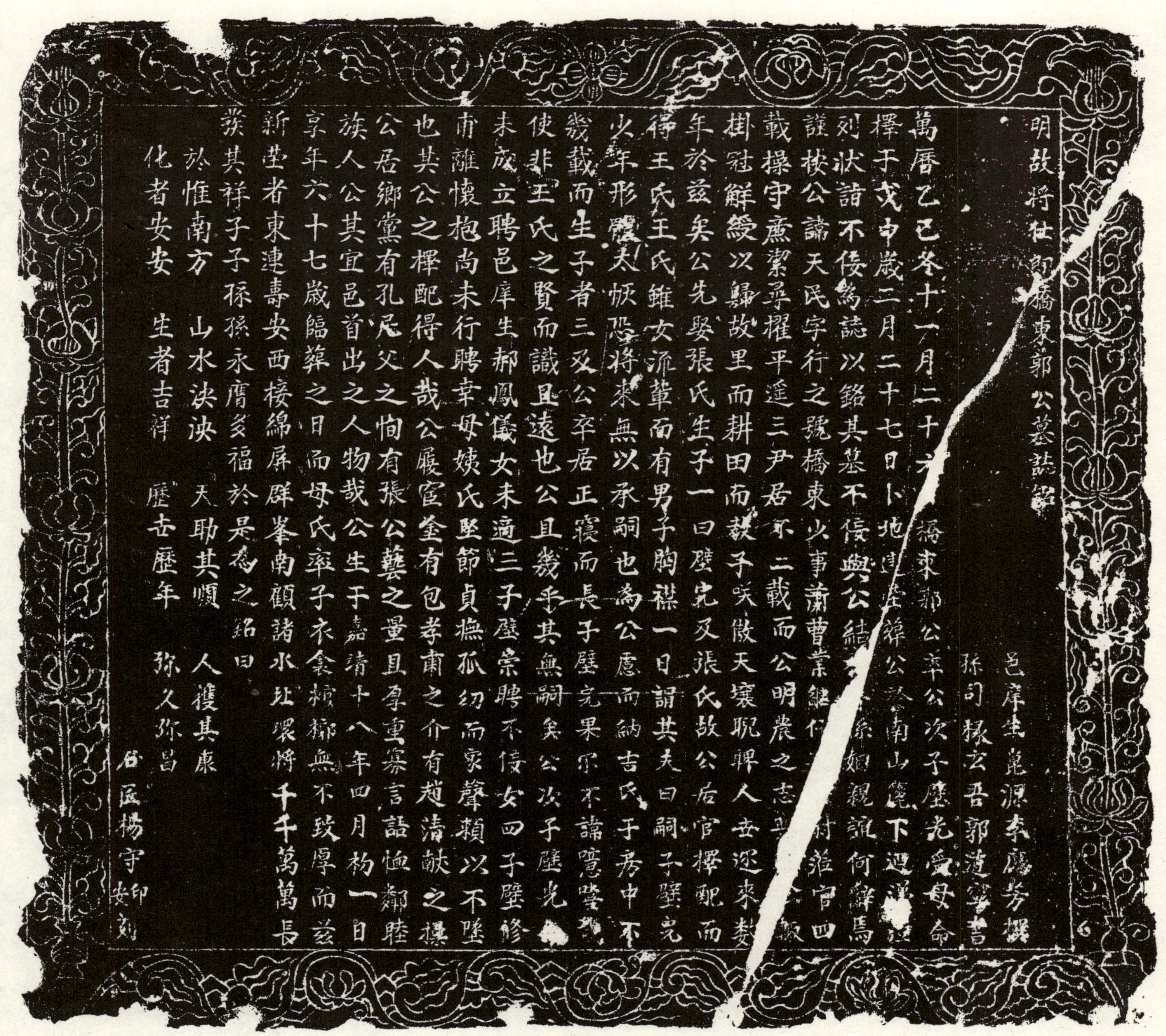

明郭天民墓誌并蓋

首題："明故將仕郎橋東郭公墓誌銘"

共25行，滿行25字　535×600

誌蓋楷書："明故將仕郎橋東郭公墓誌銘"　2行，行6字　445×490

萬曆三十三年（1605）十一月二十六日卒　萬曆三十六年（1608）二月二十七日葬　李庶芳撰　郭道寧書　楊守印、楊守安刻

1998年，河南省洛陽市出土。

五〇八　明張一鶴及妻連氏合葬墓誌

首題："明故庠生館溪張公孺人連氏合葬墓誌銘"

共 32 行，滿行 32 字　615×615

萬曆三十七年（1609）十月三日卒　萬曆三十八年（1610）正月八日葬　張以謙撰　李時馥書　彭鯤化篆

2004 年，河南省洛陽市出土，旋歸洛陽何氏傳拓。

五〇九　清魏錫齡及夫人陳氏墓誌

清登仕郎魏君暨德配陳孺人墓志銘
洛陽林東郊撰書
洛甯張華祖篆蓋
君諱錫齡姓魏氏世居洛陽性謹厚鄉里偁
[illegible]者幼讀書清同治初太平軍起南北騷然
以謀生計西遊洛甯經營商業忠於任事壹
然諾負時望卒於清光緒六年三月九日
距生於清道光二十七年三月念四日春
秋三十四配陳孺人嫻內則幼失怙恃依兄
嫂存活于歸後克盡婦道君没家境蕭然備
歷艱苦撫子成立家小康孺人居心慈善饋
貧周急宗族戚鄰偁道無間言卒於民國二
十一年六月二十六日　距生於道光三
十年二月二十三日　壽八十有三子同
科萬國紅十字會洛陽分會理事長孫一女
孫三曾孫一女曾孫一將於民國二十三年
二月四日即夏曆癸酉十二月二十一日葬
於邙嶺新阡銘曰
瞻彼洛襟帶絡鬱佳城息壤厝玉蘿山清德
疇行以礪禮以約物望孚松筠。若竟叅世所
立卓銘不誣九原作
李清義刻石

清魏錫齡及夫人陳氏墓誌

首題：“清登仕郎魏君暨德配陳孺人墓志銘”

共22行，满行17字　340×485

誌蓋篆書：“清登仕郎魏君暨德妃陳孺人墓志銘”　5行，行3字　295×440

光緒六年（1880）三月九日卒　民國二十二年（1933）十二月二十一日葬　林東郊撰書　張華祖篆蓋　李清義刻

2005年秋，河南省洛陽市孟津縣出土，旋歸洛陽古玩城李氏。

後記

《邙洛碑誌三百種》的續編《河洛墓刻拾零》一書，終於在各位專家和同仁的支持下出版了。在該書付梓之際，首先要感謝的是在編著、出版該書過程中給予鞭策與支持的我國著名學者、書法家、教育家歐陽中石先生。記得戊寅年冬，爲出版《邙洛碑誌三百種》一書，經友人王友誼介紹，余有幸拜訪了歐陽中石先生，先生當時正應邀準備編輯出版《中國旅遊文化叢書》。余向先生言明來意，先生當即表態説，你編此書用意甚好，只是假如要把此書納入《中國旅遊文化叢書》，我以爲將此改爲《洛陽碑誌研究》最好。余聽後欣然同意，并着手與出版社商談有關出版資金等問題。雖然該書因種種原因未能出版，但先生對余的支持與鞭策，使余終生難忘。時隔不久，《邙洛碑誌三百種》一書終由中華書局出版，但該書出版後，尚餘很多珍貴資料，竊以爲仍需公諸社會，於是便有出續編的想法。因在所餘資料中，不僅有墓誌，而且有石棺、墓莂等物上的文字，所以余就着意編著一本可廣泛收羅石刻文字之書，并取名《河洛墓刻拾零》。因有此念，遂函寄友人言明此意，以求支持。孰料事未及月，王友誼先生便將歐陽先生題寫之書名寄來，余捧讀手教疊誦再三，真令人如沐春風，喜不自勝。其次，還要感謝的是中華書局的資深編審張忱石先生，在聞知此書稿完成後，不顧工作繁忙，撥冗爲余審閱稿件，并向北京圖書館出版社鼎力推薦此書，終襄成此不朽之功。另外，還應感謝對該書編排體例等予以指導和認真審訂書稿的賈貴榮和宋志英二位女士。若沒有以上諸位師友的教誨、鞭策與支持，要出好此書是萬萬不可能的，在此一并致以謝意。